Beck-Rechtsberater im dtv

Meine Rechte als
Wohnungseigentümer

dtv

Beck-Rechtsberater

Meine Rechte als
Wohnungs-eigentümer

Gebrauch, Sondernutzung, Verwaltung, Versammlung, Bauen, Information etc.

Von Dr. Oliver Elzer, Richter am Kammergericht, Berlin

2. Auflage

Deutscher Taschenbuch Verlag

www.dtv.de
www.beck.de

Originalausgabe

Deutscher Taschenbuch Verlag GmbH & Co. KG,
Friedrichstraße 1a, 80801 München
© 2013. Redaktionelle Verantwortung: Verlag C.H. Beck oHG
Druck und Bindung: Druckerei C.H. Beck, Nördlingen
(Adresse der Druckerei: Wilhelmstraße 9, 80801 München)
Satz: Fa. ottomedien, Darmstadt
Umschlaggestaltung: Design Concept Krön, Puchheim,
unter Verwendung eines Fotos von GettyImages
ISBN 978-3-423-50735-6 (dtv)
ISBN 978-3-406-64860-1 (C. H. Beck)

9 783406 648601

Vorwort

Die erste Auflage des Rechtsberaters »Meine Rechte als Wohnungseigentümer« wurde sehr gut angenommen und war schnell ausver-
kauft. Dies machte dem Verlag und mir Mut, den begangenen Weg
fortzuschreiten und den Band bereits nach zwei Jahren in aktuali-
sierter, verbesserter und stark erweiterter Form erneut vorzulegen.
Ziel war und ist es, möglichst umfassend in einer möglichst leichten
und klaren Sprache sämtliche Rechte eines Wohnungseigentümers
vorzustellen und zu erläutern. Zu diesem Zweck wurden wiederum
alle seit der Erstauflage veröffentlichten Entscheidungen des Bun-
desgerichtshofs sowie die inzwischen erschienene umfangreiche
Literatur verarbeitet. Ferner habe ich versucht, auf Veranstaltungen
an mich herangetragene Fragen von Wohnungseigentümern, Bei-
räten und Verwaltern angemessen zu berücksichtigen und allge-
meinverständlich in den Ratgeber einzuarbeiten. Aus diesem Anlass
neu sind unter anderem die Abschnitte zum Grundsatz der Gleichbehandlung der Wohnungseigentümer, zu den Schadenersatzansprüchen eines Wohnungseigentümers, zu den Steuern im Wohnungseigentumsrecht, zur vermieteten Eigentumswohnung und
eine Vielzahl von neuen und erweiterten Checklisten. Für die kriti-
sche Durchsicht des Textes auf Lesbarkeit und formale Richtigkeit
danke ich meinem Freund Günther Liedke.

Sind aus Lesersicht trotz allem wichtige Fragen offen geblieben oder
sind die gegebenen Antworten nicht klar genug, freue ich mich weiterhin über Beanstandungen und Anregungen per Mail an: oelzer
@aol.com. Im Übrigen verweise ich auf das Vorwort zur ersten Auflage. Die dortigen Ausführungen haben von Ihrer Richtigkeit nichts
eingebüßt.

Berlin, im Juni 2013   *Dr. Oliver Elzer*

Geleitwort

Der Erwerb von Wohnungseigentum erlebt einen ungebrochenen Boom. Gerade in Zeiten steigender Immobilienpreise ist Wohnungseigentum die Form der Eigentumsbildung, die für viele noch erschwinglich ist. Doch viele Käufer sind sich nicht darüber im Klaren, dass sie nicht Alleineigentümer eines Hauses werden, sondern dass sie Miteigentum an einem Grundstück verbunden mit dem Sondereigentum an einer Wohnung erwerben. Damit sind sie mit den anderen Miteigentümern in einer Gemeinschaft verbunden, die ihr Eigentum gemeinsam verwaltet und somit viele Entscheidungen gemeinsam treffen muss. Manche Mehrheitsentscheidung scheint dem Wohnungseigentümer jedoch nur schwer erträglich.

Das Miteinander der Wohnungseigentümer geht noch darüber hinaus. Denn das Zusammenleben in der Wohnanlage gestaltet sich sehr viel enger als bei Einfamilien-, Doppel- oder Reihenhäusern. Mangelnde Rücksichtsnahme anderer Bewohner oder die Notwendigkeit, die eigenen Lebensgewohnheiten aus Rücksicht auf andere einzuschränken, können das Wohlbefinden einschränken.

Hier setzt der Ratgeber an, der nun in 2. Auflage erschienen ist. Untergliedert in die verschiedenen Fragenkomplexe, die im Leben des Wohnungseigentümers auftreten, erläutert er die Rechte, die ein Eigentümer hat, und zeigt auf, wie er diese Rechte wahrnehmen kann. Das ist wichtig. Denn nicht alle Wohnungseigentümer sind sich bewusst, dass ihre Rechte immer wieder von den Rechten anderer beschnitten werden, wenn es beispielsweise um Schränke im Hausflur oder das Aufstellen eines Gartenhäuschens geht. Noch viel weniger ist bekannt, wie diese Rechte im Einzelnen durchgesetzt werden können und müssen. Diese und viele andere Fragen beantwortet der Ratgeber. Und das praxisgerecht und auf die Belange der Wohnungseigentümer abgestimmt, wie die bereits in kurzer Zeit veröffentlichte 2. Auflage zeigt.

Doch auch noch so gute und umfassende Informationen können im Einzelfall die Fragen nicht immer vollständig beantworten, die individuellen Probleme nicht immer lösen. Dann stehen Ihnen professionelle Verbände zur Seite, die die Lösung von Problemen und die Antwort auf Fragen rund um die Immobilie zu ihrem Markenzeichen gemacht haben. Diese professionelle Hilfe finden Eigentümer und Vermieter bei uns – bei Haus & Grund. Wir beraten unsere Mitglieder bei allen immobilienrechtlichen Fragen und eben auch bei Fragen zum Wohnungseigentum. Dabei spielt es keine Rolle, ob es um das Miteinander der Wohnungseigentümer geht, um Pflichten des Verwalters, um den Erwerb von Wohnungseigentum oder um spezielle Fragen aus der Vermietung von Wohnungseigentum.

Sie finden uns ganz in Ihrer Nähe. Haus & Grund Bayern ist der größte Landesverband der insgesamt 22 Landesverbände umfassenden Haus & Grund-Organisation. Mit 110 Ortsvereinen sind wir bayernweit zu finden und vertreten die Interessen der über 122.000 bei uns organisierten privaten Haus-, Wohnungs- und Grundeigentümer. Wir beraten Sie nicht nur bei Ihren Fragen rund um die Immobilie. Mindestens genauso wichtig ist die Vertretung Ihrer Interessen, also der Interessen der privaten Haus-, Wohnungs- und Grundeigentümer in Politik, Wirtschaft und Gesellschaft. Und das schaffen wir durch unsere dreigliedrige Organisation: die Ortsvereine in den Kommunen, die Landesverbände in den Bundesländern und der Bundesverband auf der Bundesebene. Haus & Grund Bayern ist dazu gut aufgestellt. Wir vertreten schlagkräftig Ihre Interessen im Freistaat Bayern. Und wenn Sie Probleme vor Ort haben – z. B. mit einem Miteigentümer, dem Hausverwalter oder Ihrem Mieter –, finden Sie die notwendige Hilfe in einem unserer Ortsvereine auch in Ihrer Nähe.

Dr. Ulrike Kirchhoff
Vorstand Haus & Grund Bayern
Landesverband Bayerischer
Haus-, Wohnungs- und Grundbesitzer e.V.

Inhaltsübersicht

Inhaltsverzeichnis

1. Kapitel

Kurze Einführung in Grundbegriffe

I. Wohnungseigentümer

1. Überblick

Das Gesetz regelt nicht, welche Person „Wohnungseigentümer" ist; es setzt den Begriff voraus. Das ist in der Regel kein Problem. Letztendlich ist natürlich klar, welche Personen man als „Wohnungseigentümer" verstehen kann und muss. Im Einzelfall kann es aber auch zu Problemen kommen.

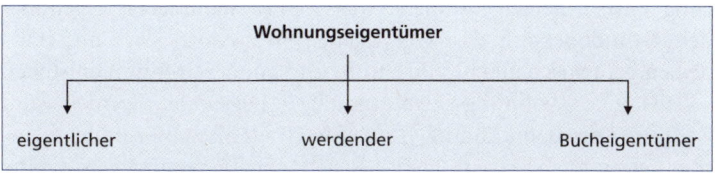

Der Wohnungseigentümer

Wohnungseigentümer ist grundsätzlich, wer **zu Recht** als Eigentümer eines Wohnungseigentums (umgangssprachlich: Eigentumswohnung) im „Wohnungsgrundbuch" (für jeden „Miteigentumsanteil" am gemeinschaftlichen Eigentum ist ein besonderes Grundbuchblatt angelegt, eben das Wohnungsgrundbuch) eingetragen ist. Steht eine Eigentumswohnung **mehreren** gemeinschaftlich zu, besteht etwa eine Erbengemeinschaft oder gehört die Wohnung Eheleuten gemeinsam, ist **jeder** von ihnen Wohnungseigentümer. Den Miteigentümern stehen daher die Rechte zu, die das Gesetz, eine Vereinbarung oder ein Beschluss einem „Wohnungseigentümer" zuweisen. Jeder Mitberechtigte ist beispielsweise getrennt zu laden, darf das gemeinschaftliche Eigentum gebrauchen und die Rechte eines Wohnungseigentümers geltend machen.

Erwerb außerhalb des Wohnungs-grundbuchs

Wohnungseigentümer ist – obwohl es (noch) an einer Eintragung fehlt – auch, wer eine Eigentumswohnung ersteigert hat oder wer Erbe eines Wohnungseigentümers ist.

Ein Eigentümer kann seinen „Status" als Wohnungseigentümer überwiegend verlieren. Dies ist der Fall, wenn sein Wohnungseigentum wegen wirtschaftlicher Schwierigkeiten von einem Dritten verwaltet wird (dazu S. 177 ff.).

2. Werdender Wohnungseigentümer

Wird durch eine **Teilungserklärung** (Teilungserklärung ist die Erklärung eines Alleineigentümers, meist eines Bauträgers, gegenüber dem Grundbuchamt, dass sein Alleineigentum untergehen und stattdessen gemeinschaftliches Eigentum und Sondereigentum entstehen sollen) eine Wohnungseigentumsanlage begründet, werden vom Zeitpunkt der Beurkundung des Kaufvertrags bis zur Grundbucheintragung eines Erwerbers in der Regel Monate verstreichen; häufig sind es sogar Jahre. Um den Erwerber zu schützen, wird auf ihn als „werdenden Wohnungseigentümer" das Wohnungseigentumsgesetz unter den folgenden Voraussetzungen vorzeitig angewandt:

- zwischen (ehemaligen) Alleineigentümer und Erwerber liegt ein gültiger Erwerbsvertrag vor;
- für den Erwerber ist eine Auflassungsvormerkung im Wohnungsgrundbuch eingetragen;
- der Erwerber hat die Wohnung in Besitz genommen.

Bis vor kurzem ging man davon aus, dass jemand nur „werdender Wohnungseigentümer" sein kann, wenn die genannten drei Voraussetzungen **vor** Entstehung einer Gemeinschaft von Wohnungseigentümern vorliegen. Dies hat sich geändert. Man muss vielmehr davon ausgehen, dass jeder vom (ehemaligen) Alleineigentümer Erwerbende „werdender Wohnungseigentümer" wird, wenn sich in seiner Person die Voraussetzungen erfüllen. Etwas anderes kann nur für solche Erwerber gelten, die viel später als die anderen Erwerber kaufen. Eine Grenze könnten 5 Jahre nach Abnahme des gemeinschaftlichen Eigentums bilden.

Die Mitglieder einer werdenden Gemeinschaft von Wohnungseigentümern haben die **gleichen Rechte und Pflichten** wie ein richtiger Wohnungseigentümer. Überblick:

- **Vereinbarungen:** Ein werdender Wohnungseigentümer kann gemeinsam mit dem ehemaligen Alleineigentümer und weiteren (ggf. auch werdenden) Wohnungseigentümern Vereinbarungen treffen.

- **Gebrauchsrechte:** Einem werdenden Wohnungseigentümer stehen sämtliche Gebrauchsrechte zu.

- **Kosten und Lasten:** Ein werdender Wohnungseigentümer ist zur Zahlung von Hausgeldern, Sonderumlagen und Zahlungen auf eine Jahresabrechnung verpflichtet.

- **Beseitigungs- bzw. Unterlassungsansprüche:** Der werdende Wohnungseigentümer besitzt Beseitigungs- und Unterlassungsansprüche.

- **Eigentümerversammlung:** Der werdende Wohnungseigentümer ist zu einer Eigentümerversammlung zu laden und besitzt dort sämtliche Rechte.

- **WEG-Verfahren:** Ein werdender Wohnungseigentümer muss und kann seine Rechte in einem WEG-Verfahren wahrnehmen.

Sachenrecht

Der „werdende Wohnungseigentümer" ist noch kein Eigentümer. Seine Gläubiger können also nicht auf die Eigentumswohnung als Haftungsobjekt zugreifen.

Verkauft nicht der (ehemalige) Alleineigentümer, sondern ein „normaler Wohnungseigentümer" Wohnungseigentum, spricht man von einem **Zweiterwerb.** Zweiterwerber bilden anders als werdende Wohnungseigentümer mit den bereits eingetragenen Wohnungseigentümern vor ihrer Eintragung keine Gemeinschaft. Vor seiner Eintragung im Grundbuch hat der Zweiterwerber weder ein eigenes Stimmrecht noch ein Klagerecht; er schuldet auch kein Hausgeld. Die Haftung des Zweiterwerbers kann sich nur aus seinem Erwerbsvertrag ergeben. Der Veräußerer kann den Erwerber allerdings **ermächtigen,** seine Rechte als Vertreter wahrzunehmen (dazu S. 5).

3. Bucheigentümer

Fehlt es jemandem an einem wirksamen Recht an „seiner" Eigentumswohnung – ist beispielsweise die Veräußerung der Eigentumswohnung wegen eines völlig überhöhten Kaufpreises **wegen Sittenwidrigkeit nichtig** oder fehlt es an einer Veräußerungszustimmung – spricht man von einem bloßen „Bucheigentümer".

Rechte und Pflichten

Der Bucheigentümer ist nicht Wohnungseigentümer, hat keine Rechte und Pflichten, schuldet beispielsweise kein Hausgeld.

4. Kaufverträge

Der Veräußerer einer Eigentumswohnung bleibt bis zur Eigentumsumschreibung im Sinne des Wohnungseigentumsgesetzes der „Wohnungseigentümer", mag er auch schon lange oder gar nie in der Wohnungseigentumsanlage gewohnt haben. Bis zur Umschreibung des Eigentums im Grundbuch hat daher er und nicht etwa der Erwerber beispielsweise die Lasten und Kosten des gemeinschaftlichen Eigentums zu tragen oder ist zur Versammlung der Wohnungseigentümer zu laden und darf dort abstimmen. Wer eine gebrauchte Eigentumswohnung kauft, aber noch nicht im Wohnungsgrundbuch eingetragen ist, ist hingegen noch kein Wohnungseigentümer, mag er auch in der Wohnungseigentumsanlage wohnen.

Will ein Käufer Rechte als „Wohnungseigentümer" wahrnehmen, muss ihn der Verkäufer dazu **ermächtigen**. Auf eine solche Ermächtigung – etwa im Kaufvertrag erteilt – sollte der Erwerber unbedingt Wert legen. Umgekehrt wird der Veräußerer in aller Regel mit Übergang des Besitzes darauf achten, dass jedenfalls im Innenverhältnis der Kaufvertragsparteien der Erwerber verpflichtet ist, die Kosten und Lasten zu tragen.

> **Muster Vollmacht des Erwerbers**
> Ich erteilte Herrn und Frau ___ [Name und Adresse] eine Vollmacht, meine sämtlichen Rechte als Wohnungseigentümer in der Wohnungseigentumsanlage ___ [Adresse] und der dortigen Wohnungseigentümergemeinschaft in meinem Namen wahrzunehmen.

II. „Rechtsquellen" des Wohnungseigentumsrechts

Für die Rechte eines Wohnungseigentümers gibt es **zwei** gleich bedeutungsvolle „**Rechtsquellen**": Eine leider etwas dürftige Quelle ist das **Gesetz**, das Wohnungseigentumsgesetz, nachrangig das Bürgerliche Gesetzbuch. Vor allem das Wohnungseigentumsgesetz trifft zu den Rechten eines Wohnungseigentümers an ganz unterschiedlichen Stellen Regelungen. Den Gesetzen ist jeweils gemein, dass sie in aller Regel eine Frage sehr allgemein behandeln und nur abstraktgenerell eine Auskunft über das, was erlaubt oder verboten ist, geben.

Dies gilt in der Regel nicht für die zweite wichtige Rechtsquelle: die **Gemeinschaftsordnung**. Mit dem Begriff Gemeinschaftsordnung – ein Begriff, den das Gesetz selbst gar nicht kennt – werden üblicherweise die Vereinbarungen der Wohnungseigentümer einer Wohnungseigentumsanlage oder die Anordnungen des ehemaligen Alleineigentümers gemeint, die zum Inhalt der jeweiligen Sondereigentumsrechte gemacht werden (man nennt dies „Verdinglichung"). Diese Vereinbarungen treffen häufig ganz konkrete Bestimmungen und geben den Wohnungseigentümern Rechte oder engen das den Wohnungseigentümern von Gesetzes wegen erlaubte Verhalten ein.

> Das Gesetz verlangt etwa, dass jeder Wohnungseigentümer das Sondereigentum in einer Art und Weise gebrauchen soll, dass keinem der anderen Wohnungseigentümer ein **vermeidbarer Nachteil** erwächst. Die Wohnungseigentümer können – und sollten – diese Anordnung **konkretisieren** und etwa für die Musikausübung oder Tierhaltung im Einzelnen bestimmen, wo ein vermeidbarer Nachteil beginnt und wo er endet.

Grundsätzlich besteht für Vereinbarungen **Vertragsfreiheit** und es kann nach Belieben der Vertragschließenden alles geregelt werden. Eine natürliche Grenze sind gleichwohl die anderen Gesetze, die guten Sitten, Treu und Glauben, das die Wohnungseigentümer verbindende Gemeinschaftsverhältnis sowie der – allerdings seinen Grenzen nach schwammige – „Kernbereich des Wohnungseigentums". Mit Blick auf diesen Kernbereich können die Wohnungseigentümer zum Beispiel **nicht** vereinbaren, dass der, der mit seinem Hausgeld säumig ist, nicht in der Versammlung abstimmen darf.

III. „Gemeinschaftsverhältnis"

1. Überblick

Die Wohnungseigentümer stehen als Miteigentümer des gemeinschaftlichen Eigentums in einer **besonderen** schuldrechtlichen Sonderbeziehung, dem auf einem gesetzlichen Schuldverhältnis beruhenden „Gemeinschaftsverhältnis". In diesem „wurzeln" umfangreiche ungeschriebene Rechte. Das Gemeinschaftsverhältnis ist anzuwenden, wenn die Wohnungseigentümer keine abweichenden Vereinbarungen getroffen haben.

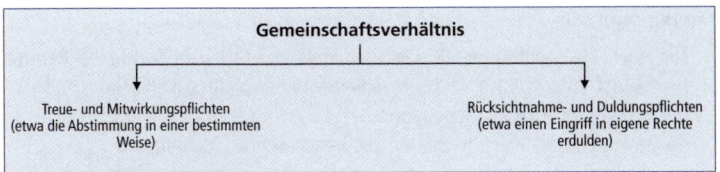

Gemeinschaftsverhältnis

2. Einzelheiten

Aus dem Gemeinschaftsverhältnis kann vor allem das Recht erwachsen, die **Änderung der sachenrechtlichen Grundlagen**, etwa einer Änderung der Größe der Miteigentumsanteile, verlangen zu können. Aus dem Gemeinschaftsverhältnis folgt ferner das **Recht auf Rücksichtnahme**, beispielsweise die Pflicht, in bestimmten Fällen Rechte nicht auszuüben, etwa sich einer Vereinbarung zu unterwerfen, oder die Verpflichtung, einen bestimmten unzulässigen Gebrauch zu dulden. Ferner kommt etwa Folgendes in Betracht:

- Behebung von Mängeln, etwa wenn die Teilungserklärung Fehler aufweist;

- Schaffung der finanziellen Grundlagen der Wohnungseigentümergemeinschaft durch zwingende Beschlussfassung über Wirtschaftsplan, Jahresabrechnung und Sonderumlagen;

- zwingende, nicht zögerliche Instandsetzung des gemeinschaftlichen Eigentums;

- Mitwirkung an einer ordnungsmäßigen Verwaltung des gemeinschaftlichen Eigentums, etwa einen Beschluss mitzufassen.

IV. Miteigentumsanteil

Die Wohnungseigentümer sind **Miteigentümer** des Grundstücks und der darauf stehenden Gebäude. Jeder Wohnungseigentümer hat am Grundstück einen **Miteigentumsanteil** („MEA"). Die Größe der jeweiligen Miteigentumsanteile wird in der Regel in 10.000stel, 1.000stel oder 100stel des Ganzen ausgedrückt.

Sondereigentum

Für jeden Miteigentumsanteil wird von Amts wegen ein **besonderes Grundbuchblatt** (Wohnungsgrundbuch, Teileigentumsgrundbuch) angelegt. Auf diesem werden zwei Dinge eingetragen:
- Das zu dem Miteigentumsanteil gehörende Sondereigentum.
- Als Beschränkung die Einräumung der zu den anderen Miteigentumsanteilen gehörenden Sondereigentumsrechte.

Die Miteigentumsanteile können **dieselbe** Größe haben. So kann es etwa in einer Anlage fünf Miteigentumsteile geben, deren Größe jeweils $^{20}/_{100}$ (oder ebenbürtig $^1/_5$) beträgt. Vorstellbar – und die Regel – ist allerdings, dass die Anteile eine **verschiedene** Größe haben, etwa zwei Miteigentumsanteile mit einer Größe von jeweils $^{40}/_{100}$ und zwei mit einer Größe von jeweils $^{10}/_{100}$. Wie das Verhältnis der Miteigentumsanteile festgelegt wird und welche Gesichtspunkte dabei berücksichtigt werden, hat das Gesetz der **freien Bestimmung** durch die Wohnungseigentümer überlassen. Zwar ist eine Übereinstimmung des Beteiligungsverhältnisses am gemeinschaftlichen Eigentum mit dem Verhältnis des Wertes der Sondereigentumsrechte **wünschenswert**. Es ist aber den Wohnungseigentümern überlassen, diese Übereinstimmung herbeizuführen.

Das Verhältnis der Miteigentumsanteile zueinander – ihre jeweilige Größe – ist **gesetzlicher Verteilungsschlüssel** für die Kosten (Betriebs- und Verwaltungs- sowie Erhaltungskosten), die Lasten sowie die Nutzungen des gemeinschaftlichen Eigentums (S. 37). Ihre jeweilige Größe gibt ferner an, in welcher Höhe ein Wohnungseigentümer einem Dritten für Verbindlichkeiten der Wohnungseigentümergemeinschaft haftet und wann eine Versammlung beschlussfähig ist. Auch für Abstimmungen spielt die Höhe eines Miteigentumsanteils schließlich eine Rolle.

Unbillige Bestimmung

Das Verhältnis der Miteigentumsanteile zueinander bestimmt in der Regel der frühere Alleineigentümer mit seiner Teilungserklärung. Ist die Bestimmung unbillig – was durchaus vorkommt – können die Wohnungseigentümer das Verhältnis ändern. In besonderen Fällen hat ein Wohnungseigentümer sogar einen Anspruch auf eine solche Änderung und kann auf eine Änderung klagen. Meist hilft es allerdings schon, einfach einen anderen Verteilungsschlüssel für die Betriebs- oder/und Verwaltungskosten zu wählen.

V. Eigentumssphären

1. Überblick

Für die Frage, welche Rechte ein Wohnungseigentümer hat, ist es ebenso tatsächlich wie rechtlich sehr wichtig, zwischen dem **gemeinschaftlichen** (= Miteigentum aller Wohnungseigentümer) und dem **Sondereigentum** (= Alleineigentum des Wohnungseigentümers) zu unterscheiden. Als Sondereigentum versteht das Gesetz sowohl das Wohnungs- als auch das Teileigentum:

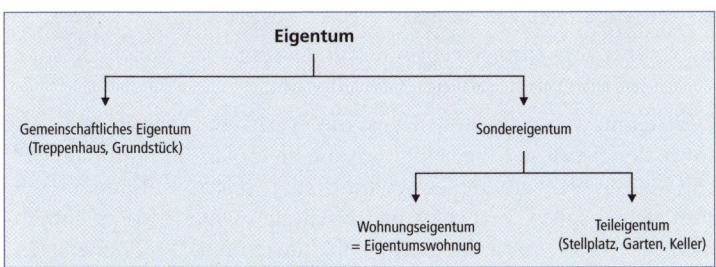

Die verschiedenen Eigentumsarten

Alleineigentum

Wenn man von gemeinschaftlichem Eigentum und Sondereigentum spricht, meint man immer das Grundstück und das Gebäude und seine wesentlichen Bestandteile. Nicht angesprochen ist das „übrige" Eigentum. Kauft ein Wohnungseigentümer etwa im Baumarkt einen Hammer, bezahlt er diesen vollständig und hängt diesen mit einem Nagel an die Wand seiner Eigentumswohnung,

> kann man die Frage, ob der Hammer im gemeinschaftlichen Eigentum oder im Sondereigentum steht, nicht sinnvoll stellen: Der Hammer ist weder das eine oder das andere. Er steht schlicht im Eigentum des Käufers.

An der sorgfältigen Unterscheidung von gemeinschaftlichem und Sondereigentum und der richtigen Antwort hängen **wesentliche Weichenstellungen** ab, vor allem die Fragen:

- wer Eigentümer ist;
- wer die Kosten zu tragen hat für:
  - den Betrieb,
  - die Verwaltung,
  - eine Instandsetzung oder -haltung (Erhaltung),
  - Baumaßnahmen;
- wer Lasten zu tragen hat;
- welcher Gebrauch (noch) zulässig ist;
- wer Nutzungen ziehen darf;
- wer das Verwaltungsrecht inne- und damit auch, welche Kompetenzen unter anderem der Verwalter hat.

Der Teilungsvertrag oder – das ist die Regel – die Teilungserklärung sowie der diesen stets beigefügte „Aufteilungsplan " bestimmen, welche Räume nicht im gemeinschaftlichen, sondern im **Sondereigentum** stehen sollen. Ferner ist den genannten Unterlagen zu entnehmen, wo die Grenzen des gemeinschaftlichen und des Sondereigentums verlaufen. Die tatsächlichen Verhältnisse, etwa wie Mauern errichtet sind, sind für eine Einordnung hingegen unerheblich.

Isolierter Spitzboden

Ist etwa ein nicht besonders zugewiesener Spitzboden nur durch ein Sondereigentum zugänglich (manche reden hier vom einem „faktischen Sondernutzungsrecht ") macht diese Lage ihn nicht zum (weiteren) Gegenstand des Sondereigentums. Der Spitzboden ist vielmehr ohne ausdrückliche Zuweisung gemeinschaftliches Eigentum. Seine Lage kann im Einzelfall sogar dazu führen, dass auch das „Durchgangssondereigentum" gemeinschaftliches Eigentum wird.

Nur ein **Raum** kann zum Sondereigentum **erklärt** werden. Als Raum werden neben „normalen" Räumen auch Balkone, Dachterrassen, Garagenstellplätze und Loggien angesehen, hingegen keine Außenstellplätze, Carports oder Gartenterrassen. Teile, Anlagen oder ähnliches, die zu einem Raum „gehören", können nicht **durch** eine Erklärung zum Sondereigentum **definiert** werden. Soweit sich daher in vielen Teilungserklärungen eine Liste findet, welche Raumbestandteile zum Sondereigentum gehören, etwa Leitungen, Türen, Fenster und so weiter, ist hierin im Ergebnis nur eine **unverbindliche Beschreibung** zu sehen, welche Raumbestandteile nach Ansicht des beurkundenden Notars zu einem im Sondereigentum stehenden Raum gehören und deshalb **von Gesetzes wegen** im Sondereigentum stehen. Diese Listen sind zudem häufig falsch, unvollständig und daher mit großer Vorsicht zu genießen.

Fehlerhafte Zuweisung

Ist eine Zuweisung **unzulässig**, kann die gewollte Zuordnung eines Raums zum Sondereigentums im Einzelfall als Sondernutzungsrecht (dazu S. 26) und die Zuordnung eines wesentlichen Gebäudebestandteils zum Sondereigentum als **Kostenvereinbarung** ausgelegt oder umgedeutet werden. Dieser „Kunstgriff" wird vor allem dann unternommen, wenn es **sachgerecht** erscheint, dass ein Wohnungseigentümer für einen wesentlichen, im gemeinschaftlichen Eigentum stehenden Gebäudebestandteil die **Kosten**, vor allem Kosten der Instandhaltung- und Instandsetzung, etwa eines Fensters, tragen soll.

2. Sondereigentum

a) Allgemeines

Sondereigentum ist **Alleineigentum**. Am Sondereigentum bestehen prinzipiell ein **alleiniges Gebrauchs-** und ein **alleiniges Nutzungsrecht**. Verwaltet wird das Sondereigentum von seinem Eigentümer, dem Wohnungseigentümer, oder einem von ihm eingesetzten „Sondereigentumsverwalter" (das kann auch der WEG-Verwalter sein; dafür bedarf es aber eines gesonderten Vertrags). Sondereigentum ist aus der gemeinschaftlichen Berechtigung der Miteigentümer des Grundstücks „gelöst". Es ist unter anderem durch das Grundgesetz geschützt. In das Sondereigentum kann von einem Gläubiger – auch von der Wohnungseigentümergemeinschaft als Gläubigerin des Hausgelds! – vollstreckt werden (möglich sind: Sicherungshypothek, Zwangsverwaltung und Zwangsversteigerung). Überblick:

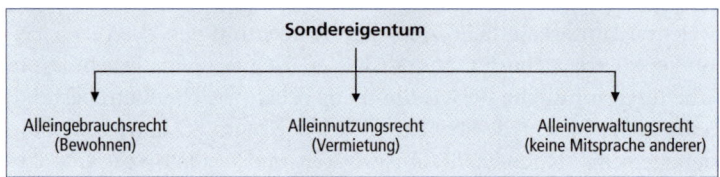

Die Rechte des Sondereigentümers

Mit seinem Sondereigentum kann ein Wohnungseigentümer grundsätzlich **beliebig** umgehen. Sondereigentum kann:

- vermietet werden (S. 187);
- vererbt werden;
- veräußert oder teilweise veräußert werden (dazu S. 157 ff.);
- belastet werden, beispielsweise mit einem Grundpfandrecht wie einer Hypothek oder Grundschuld (dazu S. 161 ff.).

b) Wohnungseigentum

Wohnungseigentum ist das Sondereigentum an einer **Wohnung** in Verbindung mit einem Miteigentumsanteil (S. 7) am gemeinschaftlichen Eigentum. Im normalen Sprachgebrauch wird Wohnungseigentum als „Eigentumswohnung" verstanden.

c) Teileigentum

Teileigentum ist ein Sondereigentum an **nicht zu Wohnzwecken dienenden Räumen** eines Gebäudes in Verbindung mit dem Miteigentumsanteil (S. 7) an dem gemeinschaftlichen Eigentum, zu dem es gehört.

Teileigentum
Nicht zu Wohnzwecken dient ein Sondereigentum beispielsweise dann, wenn es vollständig oder teilweise **gewerblich** genutzt wird als:
- Arztpraxis;
- Büro;
- Labor;
- Laden;
- Kino;
- Restaurant;
- Werbeagentur.

Teileigentum findet sich häufig in **Einkaufszentren**, aber auch im Erdgeschoss einer Wohnungseigentumsanlage. Wohnungs- und Teileigentum können auch „verbunden" sein: so kann einem Wohnungseigentümer eine Wohnung als Wohnungseigentum und ein Keller oder ein Stellplatz als Teileigentum zustehen. Es ist sogar möglich, die Räume einer Wohnung teilweise als Sonder- und teilweise als Teileigentum zu widmen. Da für Teileigentum die Vorschriften über das Wohnungseigentum von Gesetzes wegen **entsprechend** gelten, ist – außer notwendigerweise für den Gebrauch: hier Wohnen, dort stets gewerbliche Nutzung – eine Unterscheidung entbehrlich.

Teileigentum als „Falle"

Wenn man eine Eigentumswohnung erwirbt, sollte man darauf achten, ob bestimmte Räume – häufig im Untergeschoss – eventuell kein Wohnungs-, sondern nur Teileigentum sind. Diese Räume dürfen nämlich nicht dauerhaft bewohnt werden; möglich ist nur eine Hobbyausübung. Gebraucht ein Wohnungseigentümer sein Teileigentum dennoch zu Wohnzwecken, kann er auf Unterlassung in Anspruch genommen werden, wenn und soweit die Wohnzwecke die Miteigentümer mehr stören. Um dieses Problem zu umgehen, müssen die im Teileigentum stehenden Räume umgewidmet werden. Dies verlangt eine Vereinbarung, was bedeutet, dass alle Wohnungseigentümer mitwirken müssen.

3. Gemeinschaftliches Eigentum

Jeder Wohnungseigentümer ist nicht nur Sondereigentümer. Er ist zugleich auch **Miteigentümer** des Grundstücks und des Gebäudes, soweit dieses nicht im Sondereigentum steht, und hat am Grundstück und dem Gebäude – dem gemeinschaftlichen Eigentum – einen Miteigentumsanteil. Das Gesetz geht bei der Beschreibung, was Wohnungseigentum ist, vom Miteigentumsanteil aus. Auf dem für den Miteigentumsanteil angelegten Grundbuchblatt wird nämlich das dazu gehörende Sondereigentum als „Beschränkung" eingetragen.

Am gemeinschaftlichen Eigentum hat jeder Wohnungseigentümer im Grundsatz ein **Mitgebrauchs- und Mitnutzungsrecht.** Die Verwaltung des gemeinschaftlichen Eigentums obliegt gemeinsam dem Verwalter und den Wohnungseigentümern sowie gegebenenfalls einem Verwaltungsbeirat. Kein Mitgebrauchs- und in der Regel auch kein Mitnutzungsrecht besteht allerdings an einer Fläche des gemeinschaftlichen Eigentums, wenn daran mit der Entstehung einer Gemeinschaft von Wohnungseigentümern oder später ein **Sondernutzungsrecht** begründet wurde (dazu S. 26).

4. Unterscheidungen

Welche **Räume** im Sondereigentum stehen, ist in der Regel klar. Probleme bestehen zum einen dort, wo ein Raum zum Sondereigentum erklärt wurde, die anderen Wohnungseigentümer ihn aber **brauchen.** Dann ist die Erklärung nämlich nichtig und der Raum steht im gemeinschaftlichen Eigentum. Zum anderen gibt es bei Räumen Probleme, wenn **vergessen** wurde, sie zuzuweisen, sie aber eigentlich Sondereigentum sein sollten und auch könnten. So liegt der Fall etwa, wenn innerhalb einer Wohnung vergessen wurde, einem Raum die gleiche Nummer wie den anderen Räumen zu geben.

Welche **Anlagen, Teile, Gegenstände** usw. Sondereigentum sind und welche im gemeinschaftlichen Eigentum stehen, ist hingegen stets eine **Frage des Einzelfalls** und der baulichen Gegebenheiten.

Außerdem hängt die Zuordnung manchmal auch von Wertungen ab, etwa welche Bestandteile des Gebäudes man eigentlich als „wesentlich" ansieht und wann man meint, dass die anderen Wohnungseigentümer durch die Veränderung eines Bauteils einen Nachteil haben.

> **Rohre**
> Etwa ein Rohr kann in der einen Anlage zu einem im Sondereigentum stehenden Raum gehören und daher von Gesetzes wegen im Sondereigentum stehen, in einer anderen Anlage aber nicht. Entsprechendes gilt für Heizkörper, Stränge und Ventile, für Bodenheizungen oder für den Estrich.

In den Einzelheiten ist manches leider **äußerst** streitig. Eine Liste, die die herrschende Meinung bei den jeweiligen Zuordnungen anführt, ist im **Anhang** zu finden. Welche Zuordnung in einer konkreten Anlage richtig ist, ist allerdings in der Regel eine des Einzelfalls und der dortigen baulichen Gegebenheiten.

5. Sonderfall Balkon

a) Eigentum

Die Lage, was an einem Balkon Eigentum wessen Eigentümers ist, ist etwas „verwickelt". Das durch eine Balkonbrüstung begrenzte „Gebiet" wird zwar überwiegend als ein „Raum" angesehen. Ist dieser Raum dem Sondereigentum zugeordnet, ist er dann auch Sondereigentum. Fehlt eine solche Bestimmung aber, ist der Raum gemeinschaftliches Eigentum (diese merkwürdige Lage soll aber nicht dazu führen, dass die anderen Wohnungseigentümer zu einem Mitgebrauch berechtigt wären; zum Teil spricht man hier von einem „faktischem Sondernutzungsrecht"), oder man sieht den Balkon als wesentlichen Bestandteil des Sondereigentums, dem er räumlich zugeordnet ist (dies setzt voraus, dass ein Bestandteil außerhalb eines Raums wegen seines „räumlichen-funktionalen Zusammenhangs" wesentlicher Bestandteils des Raums sein kann).

Konstruktive Bestandteile

Die Balkonbrüstung, eine etwa vorhandene Balkondecke, die Bodenplatte des Balkons sowie sonstige konstruktiv notwendige Teile, Balkontüren und die Isolierschicht sind stets gemeinschaftliches Eigentum. Wesentlicher Bestandteil des Balkonraums kann – ist der Raum zum Sondereigentum erklärt – ein Bodenbelag sein oder der Innenanstrich an der Balkonbrüstung.

b) Gebrauch

Der Gebrauch eines Balkons muss sich im **Rahmen seiner Zweckbestimmung** halten. Die Zweckbestimmung entspricht dem „zugehörigem" Sondereigentum. Bei einem Wohnungseigentum kann auf dem Balkon also grundsätzlich gemacht werden, was auch dort zulässig ist. Bei einem Teileigentum hingegen ist kaum etwas erlaubt. In jedem Falle muss der Wohnungseigentümer beim Gebrauch des Balkons **Rücksicht** auf die anderen Wohnungseigentümer nehmen. Etwa Rauchen auf dem Balkon soll danach zulässig sein, wenn auch nur ein maßvolles. **Unzulässig** ist es zum Beispiel, Futterkästen für Tauben aufzustellen oder häufig geruchsintensive Duftkerzen abzubrennen. Blumenkästen sollten in der Regel innen befestigt werden.

6. Wohnungserbbaurecht

Ein Grundstück kann in der Weise „belastet" werden, dass demjenigen, zu dessen Gunsten die Belastung erfolgt (dem Berechtigten), das Recht zusteht, auf oder unter der Oberfläche des Grundstücks ein Bauwerk zu haben (Erbbaurecht). Steht ein Erbbaurecht **mehreren gemeinschaftlich nach Bruchteilen** zu, etwa einem Ehepaar und seinen Kindern, können die Anteile in der Weise beschränkt werden, dass jedem der Mitberechtigten ein **Wohnungserbbaurecht** (dieses entspricht einem Wohnungseigentum) oder ein **Teilerbbaurecht** (dieses entspricht einem Teileigentum) eingeräumt wird. Der Unterschied der Wohnungserbbaurechte zu einem Wohnungs- und Teileigentum besteht darin, dass die Berechtigten nur Miteigentümer des Gebäudes, **nicht** aber Miteigentümer des Grundstücks sind (das Grundstück steht im Eigentum des Grundstückseigentümers). Für das Wohnungserbbaurecht gelten die Vorschriften über das Wohnungseigentum entsprechend, für das Teilerbbaurecht gelten die für das Teileigentum entsprechend.

Welche **Rechte und Pflichten die Wohnungserbbauberechtigten** untereinander haben, richtet sich nach normalen WEG-Bestimmungen. Im Verhältnis zum Grundstückseigentümer gelten hingegen das Erbbaurechtsgesetz sowie die Vereinbarungen der Erbbauberechtigten mit dem Grundstückseigentümer. Ein Erbbaurecht kann mit Zustimmung des Grundstückseigentümers aufgehoben werden.

Umwandlung der Wohnungserbbaurechte in Wohnungseigentum

Für eine Umwandlung der Wohnungserbbaurechte in Wohnungseigentum ist ein Vertrag der Miteigentümer über die Aufteilung des Grundstücks in Wohnungseigentum erforderlich. Eleganter wäre es, wenn die Wohnungserbbaugemeinschaft das Grundstück erwerben könnte und den Wohnungseigentümern den Erbbauzins erließe. Ob das geht, ist allerdings noch streitig. Das Grundstück kann jedenfalls den Wohnungserbbaurechten nicht als Bestandteil zugeschrieben werden.

VI. Gleichbehandlung der Wohnungseigentümer

Ein Wohnungseigentümer kann verlangen, bei einer Beschlussfassung **gleichbehandelt** zu werden. Der auch in anderen Bereichen anerkannte Gleichbehandlungsgrundsatz besagt, dass **gleiche Sachverhalte gleich behandelt** werden müssen. Der Gleichbehandlungsgrundsatz erlaubt eine Ungleichbehandlung. Eine Ungleichbehandlung ist aber nur dann zulässig, wenn es für eine Differenzierung der eigentlich gleich liegenden Fälle einen Sachgrund gibt. Fehlt es hieran, liegt ein **Beschlussmangel** vor, der auf eine Anfechtung hin zur Ungültigkeitserklärung des Beschlusses führt.

Vermietung

Mietet ein Wohnungseigentümer gemeinschaftliches Eigentum an und will er es **untervermieten**, bedarf er einer Erlaubnis der Gemeinschaft der Wohnungseigentümer. Verzichtet er hierauf, kann er auf Unterlassung in Anspruch genommen werden. Haben mehrere mietende Wohnungseigentümer untervermietet, müssen alle auf Unterlassung in Anspruch genommen werden.

VII. Anspruchsgrundlagen im Wohnungseigentumsrecht

Wenn ein Wohnungseigentümer seine Rechte als Wohnungseigentümer spätestens vom Gericht mit einem Urteil **bestätigt** bekommen will und die Rechte im Anschluss im Wege der Zwangsvollstreckung dann **durchzusetzen** kann, bedarf er zunächst einer so genannten „Anspruchsgrundlage" – also einer Bestimmung, die ihm bei Erfüllung bestimmter Voraussetzungen ein Recht einräumt. Diese Anspruchsgrundlage wird regelmäßig eine gesetzliche Vorschrift sein. Eine Anspruchsgrundlage kann aber auch einem Vertrag entspringen, etwa wenn mein Nachbar mir dort verspricht, nicht auf seinem Balkon zu rauchen.

Die wichtigsten **wohnungseigentumsrechtlichen Anspruchsgrundlagen** sind folgende:

■ Verlangen gegenüber einem Wohnungseigentümer nach **Treue und Rücksichtnahme** (etwa Durchgangsrecht durch eine Sondernutzungsfläche)

– Anspruchsgrundlage: Gemeinschaftsverhältnis der Wohnungseigentümer nach Treu und Glauben (dazu S. 6)

– Voraussetzung: außergewöhnliche Umstände

■ Verlangen nach **Änderung der sachenrechtlichen** Grundlagen (etwa der Grenzen von Sonder- und gemeinschaftlichem Eigentum)

– Anspruchsgrundlage: Gemeinschaftsverhältnis der Wohnungseigentümer nach Treu und Glauben (dazu S. 6)

- Voraussetzungen: außergewöhnliche Umstände, die ein Festhalten an der geltenden Regelung als unbillig und als gegen Treu und Glauben verstoßend erscheinen lassen

■ Verlangen einer **Vereinbarung** (etwa neuer Umlageschlüssel für Balkonreparaturen)

- Anspruchsgrundlage: § 10 Absatz 2 Satz 3 WEG
- Voraussetzung: Festhalten an der geltenden gesetzlichen oder vereinbarten Regelung ist unbillig

■ Verlangen eines **Beschlusses** (etwa einer Gebrauchsregelung)

- Anspruchsgrundlage: § 21 Absatz 4 WEG
- Voraussetzung: ausschließlich der verlangte Beschluss entspricht dem Gesetz oder den Vereinbarungen und Beschlüssen und, soweit solche nicht bestehen, dem Interesse der Gesamtheit der Wohnungseigentümer nach billigem Ermessen
- Anspruchsgrundlage: § 21 Absatz 8 WEG
- Voraussetzung: nur ein Beschluss entspricht dem Gesetz oder den Vereinbarungen und Beschlüssen und, soweit solche nicht bestehen, dem Interesse der Gesamtheit der Wohnungseigentümer nach billigem Ermessen

■ Verlangen nach **Schadenersatz**

- Anspruchsgrundlage: § 14 Nummer 4 Halbsatz 2 WEG
- Voraussetzung: Duldung des Betretens und der Benutzung der im Sondereigentum stehenden Gebäudeteile, soweit dies zur Instandhaltung und Instandsetzung des gemeinschaftlichen Eigentums erforderlich war
- Anspruchsgrundlage §§ 280 Absatz 1, 281 BGB
- Voraussetzung: Pflichtverletzung der anderen Wohnungseigentümer (etwa eine verzögerte Reparatur des gemeinschaftlichen Eigentums, siehe dazu S. 100)

■ Verlangen nach **Unterlassung einer Störung und/oder ihre(r) Beseitigung** (etwa gegen einen zu laut musizierenden Wohnungseigentümer)

- Anspruchsgrundlage: § 15 Absatz 3 WEG

– Voraussetzung: ein anderer Wohnungseigentümer macht einen Gebrauch vom Sondereigentum oder vom gemeinschaftlichen Eigentum, der nicht dem Gesetz, den Vereinbarungen und Beschlüssen oder dem Interesse der Gesamtheit der Wohnungseigentümer nach billigem Ermessen entspricht

■ Verlangen nach **Veräußerung** des Wohnungseigentums (etwa gegen einen Wohnungseigentümer, der einen ständig beleidigt)

– Anspruchsgrundlage: § 18 Absatz 1 WEG

– Voraussetzung: Fortsetzung der Gemeinschaft mit einem Wohnungseigentümer kann nicht zugemutet werden

■ Verlangen nach **Aufwendungsersatz** (etwa für eine Notgeschäftsführung)

– Anspruchsgrundlagen: § 21 Absatz 2 WEG, §§ 677, 683, 670, 812 ff. BGB

– Voraussetzung: ein Wohnungseigentümer hat eine Verpflichtung der anderen Wohnungseigentümer und/oder der Wohnungseigentümergemeinschaft erfüllt

■ Verlangen nach **ordnungsmäßiger Verwaltung** (etwa Abbestellung des Verwalters)

– Anspruchsgrundlage: § 21 Absatz 4 WEG

– Voraussetzung: die Verwaltung entspricht nicht dem Gesetz oder den Vereinbarungen und Beschlüssen und, soweit solche nicht bestehen, dem Interesse der Gesamtheit der Wohnungseigentümer nach billigem Ermessen

■ Verlangen nach **Einberufung der Versammlung**

– Anspruchsgrundlage: § 24 Absatz 2 WEG

– Voraussetzung: schriftliches Verlangen unter Angabe des Zweckes und der Gründe von mehr als einem Viertel der Wohnungseigentümer

■ Verlangen nach **Hausgeld** (etwa gegen Hausgeldschuldner aufgrund des Wirtschaftsplans)

– Anspruchsgrundlage: § 28 Absatz 5 WEG

– Voraussetzung: Hausgeldbeschluss

2. Kapitel

Die Wohnungseigentümerrechte im Einzelnen

I. Überblick

Ist man ein Wohnungseigentümer, so hat man eine ganze Reihe von spezifischen **Wohnungseigentümerrechten**. Diese Rechte betreffen das Sondereigentum, aber auch das gemeinschaftliche Eigentum. Welches seiner Rechte für einen Wohnungseigentümer die **größte Bedeutung** hat, wird jeder für sich selbst und zu verschiedenen Zeiten möglicherweise auch unterschiedlich betrachten. Im Folgenden sollen die Wohnungseigentümerrechte – soweit wie möglich und sachgerecht – ihrer gesetzlichen Reihenfolge nach vorgestellt, nicht aber „bewertet" werden. Nur ein Hinweis sei erlaubt. Übt ein Wohnungseigentümer ein Recht aus, ist damit möglicherweise eine **Pflicht eines anderen** berührt. Die Pflicht kann etwa darin liegen, „Lärm" zu dulden (was Lärm ist, wird häufig unterschiedlich bewertet) oder die von einem selbst als atavistisch (einem früheren, primitiven Stadium der Menschheit entsprechend) angesehene Dekoration einer Wohnungseingangstür oder einen Gartenzwerg zu „ertragen". Verlangt ein Wohnungseigentümer daher sein „gutes Recht", sollte seine Rechtsausübung **sorgsam** und **zurückhaltend** sein und die Belange des Gegenübers angemessen einbeziehen. Eine Rechtsausübung verlangt immer Augenmaß!

Im Überblick und systematisch geordnet stellen sich die Rechte eines Wohnungseigentümers so dar:

- **Gebrauchsrechte**: wie darf ich mich verhalten, was darf ich tun?
- **Nutzungsrechte**: wie darf ich mein Eigentum nutzen?
- **Kostenrechte**: kann ich verlangen, dass sich mein Miteigentümer an den Kosten beteiligt?
- **Recht auf Entziehung**: kann ich einen Miteigentümer zum Verkauf zwingen?
- **Verwaltungsrechte**: wie bin ich an der Verwaltung beteiligt?
- **Baurechte**: darf ich meine Eigentumswohnung baulich verändern, was sind die Grenzen?
- **Versammlungsrechte**: welche Rechte habe ich in der Versammlung?
- **Informationsrechte**: wer muss mich wie wann informieren?
- **Verfahrensrechte**: kann ich klagen und gegen wen und wie?
- **Sachenrechtliche Rechte**: wann darf ich meine Wohnung verkaufen, kann ich sie belasten, kann ich Störungen abwehren?

II. Die Gebrauchsrechte eines Wohnungseigentümers

1. Überblick

Für den Gebrauch, der einem Wohnungseigentümer in einer Wohnungseigentumsanlage erlaubt ist, ist zwischen **Sondereigentum** (Eigentumswohnung) und **gemeinschaftlichem Eigentum** zu unterscheiden (die Unterscheidung zwischen diesen Bereichen wird sich im Folgenden permanent wiederholen; sie ist für das Verständnis des Wohnungseigentumsrechts grundsätzlich). Für das Maß des erlaubten Gebrauchs kommt es immer darauf an, ob es sich um Sonder- oder gemeinschaftliches Eigentum handelt.

Mit seiner Eigentumswohnung kann jeder Wohnungseigentümer – wie es das Gesetz sagt – soweit nicht Normen oder Rechte Dritter entgegenstehen, „nach Belieben verfahren". Anders ist es naturgemäß beim gemeinschaftlichen Eigentum. Das gemeinschaftliche Eigentum, etwa das Treppenhaus, den Spielplatz oder den Wäschekeller, kann jeder Wohnungseigentümer nur in den gesetzlichen und von den Wohnungseigentümern selbst gewillkürten Grenzen „mit-"gebrauchen.

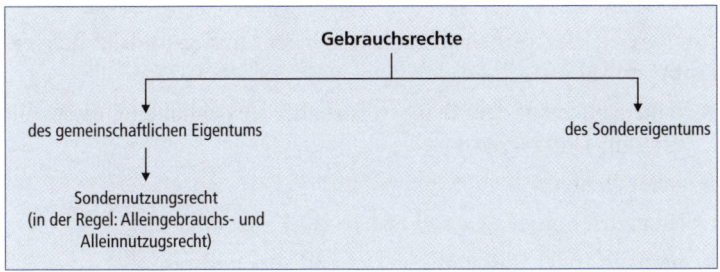

Gebrauchsrechte

2. Gebrauch des gemeinschaftlichen Eigentums

a) Grundsatz

Am gemeinschaftlichen Eigentum, beispielsweise am Dachboden oder Keller, hat jeder Wohnungseigentümer ein **Mitgebrauchsrecht**. Von diesem Mitgebrauchsrecht darf ein Wohnungseigentümer nur wie alle anderen Wohnungseigentümer und nur in einer Weise Gebrauch machen, dass dadurch keinem der anderen Wohnungseigentümer über das bei einem geordneten Zusammenleben unvermeidliche Maß hinaus ein „Nachteil" erwächst.

Begriff des Nachteils

Nachteil ist jede nicht ganz unerhebliche, konkrete und objektive Beeinträchtigung. Beeinträchtigung meint Verschlechterung. Unvermeidbar sind Beeinträchtigungen, die beim Zusammenleben nicht zu umgehen sind oder auf die man einen „Anspruch" hat, etwa auf das Schreien eines Babys. Es besteht eine Tendenz, bereits bei geringen Beeinträchtigungen einen Nachteil anzunehmen.

Wohnungseigentümer treffen vor allem in ihrer Hausordnung (dazu S. 50) Bestimmungen zum Mitgebrauch, zum noch erlaubtem Lärm oder für die Frage, ob im Treppenhaus Schuhe abgestellt werden dürfen. Mitgebrauch sind auch Vermietung oder Verpachtung gemeinschaftlicher Flächen, beispielsweise die Vermietung von Kellern oder Stellplätzen.

Im Bereich des gemeinschaftlichen Eigentums **grundsätzlich erlaubt** ist:

- grillen, auch auf dem Balkon (dort aber zurückhaltend; dieses gilt auch für Duftkerzen);
- gehen, laufen;
- Haustürschmuck, etwa zu Ostern ein Kranz oder Eier;
- zur Welt- oder Europameisterschaft Fahnen hissen;
- im angemessenen, kindlichen Rahmen das Spielen von Kindern;
- Sonnenbaden;
- im Einzelfall Sport, etwa Federball auf einer Wiese;
- Werbeschilder, wenn man erlaubter Weise einen Beruf in der Anlage praktiziert oder einen Laden betreibt.

Im gemeinschaftlichen Eigentum **unzulässig** sind hingegen in der Regel etwa:

- Spruchbänder an der Hauswand;
- das dauerhafte Aufhängen von Fahnen;
- das Abstellen von Schränken im Treppenhaus (in der Regel möglich – Frage des Einzelfalls – sind hingegen Kinderwagen oder Rollatoren);
- das dauerhafte Abstellen von Autos;
- frei laufende „Kampfhunde" (streitig ist, ob es Kampfhunde überhaupt gibt und welche Hunderassen gegebenenfalls hierzu gehören; Wohnungseigentümer können definieren, welche Hunde in ihrer Anlage als „Kampfhunde" gelten sollen).

In den Grenzen eines Mitgebrauchsrechts hält sich ein Wohnungseigentümer noch, wenn er etwa beim Durchgang von der Straße in seine Wohnung im Treppenhaus raucht. Sucht ein Wohnungseigentümer hingegen das Treppenhaus **extra** zum Rauchen auf, dürfte anderes gelten. Auch auf Grund einer fallbezogenen Abwägung der grundrechtlich geschützten Interessen der Raucher und Nichtraucher dürfte es ohne weiteres zumutbar sein, außerhalb des Treppenhauses zu rauchen, vor allem in der eigenen Wohnung, nach manchen auch auf dem Balkon (vgl. noch S. 29).

Weihnachtszeit

Im Grundsatz gilt: In seiner Eigentumswohnung darf ein Wohnungseigentümer machen, was ihm gefällt. Hier ist man sein eigener Herr. Selbst der Christbaum darf mit dem Glanz echter Kerzen geschmückt werden – wenn auch im Einzelfall der Verlust des Versicherungsschutzes droht. Anders ist es indessen, wenn Töne, Gerüche oder Licht aus der Wohnung nach außen gelangen. In einem solchen Fall muss naturgemäß auch auf die Bedürfnisse anderer Rücksicht genommen werden. Ist etwa Nachbars Nachtruhe durch blinkende Dekorationen gestört, muss diese ausgeschaltet werden. Auch Duftkerzen im Treppenhaus müssen sich Miteigentümer nicht gefallen lassen. **Außerhalb** der Eigentumswohnung müssen Wohnungseigentümer selbstverständlich noch mehr Rücksicht nehmen. Bringen Wohnungseigentümer in der Advents- und Weihnachtszeit Kranzschmuck an der Außenseite einer Wohnungsabschlusstür an, ist das nach überwiegender Ansicht freilich für einen gewissen Zeitraum hinzunehmen. Hinzunehmen ist es wohl auch noch, wenn Wohnungseigentümer auf ihrem Balkon Weihnachtsschmuck aufstellen. Streng zu betrachten ist es hingegen, wenn an der Fassade eine Figur, etwa der immer beliebter werdende „kletternde Weihnachtsmann", angebracht werden soll. Hier sollte der Wohnungseigentümer die anderen Wohnungseigentümer am besten fragen. Einen Anspruch auf Zustimmung gibt es jeweils nicht. Außerdem muss beachtet werden, dass eine solche Figur andere gefährden kann und daher sicher angebracht sein muss. In allen Fällen gilt im Übrigen: Kommt es zu einer Auseinandersetzung, sollten die Wohnungseigentümer in Fragen des Nachbarrechts eine einvernehmliche Lösung anstreben – und das nicht nur in der Weihnachtszeit.

b) Sondernutzungsrechte

Wie schon erwähnt (S. 11), kann man zwar nur an einem „Raum" Sondereigentum einräumen. Es gibt aber ein praktisches Bedürfnis, einem Wohnungseigentümer auch an „Nichträumen" Alleinrechte einzuräumen. Um dieses Bedürfnis zu befriedigen, haben die Juristen die Sondernutzungsrechte erfunden. Ein Sondernutzungsrecht besteht darin, dass an einer bestimmten, in seinen Grenzen **genau** bezeichneten Fläche des gemeinschaftlichen Eigentums oder einer bestimmten Anlage oder einem Gegenstand – zum Beispiel einem Wasserhahn – nur ein Wohnungseigentümer ein Gebrauchs- und in der Regel auch alleiniges Nutzungsrecht haben soll. Alle anderen Wohnungseigentümer sollen hingegen vom Mitgebrauch ausgeschlossen sein. Der Berechtigte eines Sondernutzungsrechts muss stets Wohnungseigentümer der konkreten Wohnungseigentumsanlage sein. Dritten kann man ein Sondernutzungsrecht nicht einräumen.

In Frage kommende Flächen
Für ein Sondernutzungsecht am gemeinschaftlichen Eigentum kommen etwa in Betracht:
- Bodenräume;
- Dachböden;
- Garagen;
- Gartenflächen (Regelfall);
- Keller;
- Stellplätze für Autos im Außenbereich (Regelfall);
- Terrassen (Regelfall);
- als gemeinschaftliche Sondernutzungsrechte auch Treppenhäuser.

Dogmatisch betrachtet ist ein Sondernutzungsrecht eine Vereinbarung – ein Vertrag – der Wohnungseigentümer für ihr **Verhältnis untereinander,** der jederzeit geschlossen werden kann, wohingegen die Begründung durch einen Beschluss nicht möglich ist. In der Praxis werden Sondernutzungsrechte allerdings bereits vom Alleineigentümer angelegt und von den Erwerbern gekauft, denen er sie **zuweist.** Solche Zuweisungsrechte sind zwar anerkannt. Hier ist freilich Vorsicht geboten. Die Flächen, die einem Sondernutzungsrecht unterliegen sollen, müssen nach Lage und Größe **genau** bestimmt und am besten vermaßt sein.

Welche Rechte der Sondernutzungsberechtigte am gemeinschaftlichen Eigentum hat, muss in der Regel im Wege der Auslegung geklärt werden. Unstreitig ist, dass es dem Sondernutzungsberechtigten erlaubt ist, sein Sondernutzungsrecht allein zu gebrauchen, es auf einen anderen Wohnungseigentümer zu **übertragen** und es gegen Störungen Dritter zu verteidigen. Der Sondernutzungsberechtigte ist ferner in der Regel befugt, die dem Sondernutzungsrecht unterliegenden Flächen zu vermieten und die Miete zu behalten.

Ob es einem Sondernutzungsberechtigten erlaubt sein soll, seine Flächen zu „bebauen", ist hingegen eine Frage des Einzelfalls. Im Prinzip gilt, dass bauliche Veränderungen grundsätzlich der Zustimmung aller Wohnungseigentümer bedürfen. Eine solche Zustimmung kann indes bereits in der „Zuweisung" des Sondernutzungsrechts enthalten sein, soweit bauliche Veränderungen Eingang in die Beschreibung des Sondernutzungsrechts gefunden haben.

Bauliche Maßnahmen
Dem Sondernutzungsberechtigten ist es nach bisher herrschender Meinung diesen Grundsätzen zufolge **nicht erlaubt,**
– einen Zaun,
– eine Pergola,
– ein Gartenhaus oder
– einen Carport zu bauen.
Die **vorübergehende** Errichtung einer Schaukel, eines Trampolins oder Anpflanzungen sollen hingegen zulässig sein. Nach einer **jüngeren**, noch nicht abgesicherten Rechtsprechung sollen indes aus solche baulichen Veränderungen möglich sein, die nach dem Inhalt des jeweiligen Sondernutzungsrechts „üblicherweise" vorgenommen werden und der Wohnungseigentumsanlage dadurch kein anderes Gepräge verleihen.

In der Regel können die Wohnungseigentümer zum Gebrauch eines Sondernutzungsrechts eine **konkretisierende Gebrauchsrege-**

lung treffen. Bei einem unzulässigen Gebrauch des Sondernutzungsrechts bestehen Ansprüche auf Beseitigung – zum Beispiel auf Rückschnitt einer Hecke – oder/und auf Unterlassung. Die **Kostentragungspflicht für Erhaltungsmaßnahmen** von Flächen des gemeinschaftlichen Eigentums, die einem Sondernutzungsrecht unterliegen, trifft alle Wohnungseigentümer, falls nicht anders vereinbart. Eine derartige Vereinbarung ist wichtig und kann sich gegebenenfalls auch aus den Umständen ergeben.

Verkehrspflichten

Dass ein Sondernutzungsberechtigter für die seinem Alleingebrauchsrecht unterliegenden Flächen verkehrssicherungspflichtig ist, etwa Schnee, Eis und nasses Laub von seinem Stellplatz entfernen muss, muss vereinbart werden. Fehlt es hieran, steht grundsätzlich die Wohnungseigentümergemeinschaft in der Pflicht.

---

3. Gebrauch des Sondereigentums

a) Überblick

Ein Wohnungseigentümer darf – soweit nicht das Gesetz oder Rechte Dritter entgegenstehen – von den im Sondereigentum stehenden Gebäudeteilen **jeden möglichen Gebrauch** machen. Der Wohnungseigentümer darf im Sondereigentum vor allem – ist nichts anderes bestimmt, was beispielsweise in Hotel- und Ferienanlagen der Fall sein kann – **wohnen** und nach seinem Belieben das tun, was in Wohnungen üblich ist.

Wie im gemeinschaftlichen Eigentum darf ein Wohnungseigentümer allerdings nur einen Gebrauch in der Weise machen, dass dadurch **keinem** der anderen Wohnungseigentümer über das bei einem geordneten Zusammenleben unvermeidliche Maß hinaus ein **Nachteil** (siehe S. 23) erwächst. Dieser Rahmen ist im Sondereigentum natürlich **weiter gesteckt** als im gemeinschaftlichen Eigentum. Zu einem zulässigen Gebrauch gehören etwa:

- normale Wohngerüche und -geräusche, nicht aber,
  - häufiges Geschrei,
  - Trampeln,
  - häufiges Springen,
  - dauerndes Möbelrücken,
  - häufiges Türknallen;
- Spielen von Kindern.

Rauchen

Einem Wohnungseigentümer ist es **grundsätzlich auch erlaubt**, in seiner Wohnung zu rauchen. Etwas anderes kann bei einem schlecht isolierten Altbau mit „Strohdecken" gelten: Übermäßiges Rauchen dürfte dort nicht zulässig sein. Rauch, der in Schlaf- und Ruheräume eindringt, ist dort „vermeidbar". Im Übrigen dürfte Rauchen in der eigenen Wohnung aber stets zulässig sein, sofern nichts anderes vereinbart ist.

b) Musizieren

Jeder Wohnungseigentümer darf in seinem Sondereigentum in moderater Lautstärke Musik abspielen oder dort natürlich auch selbst musizieren. Das Musizieren innerhalb der eigenen Wohnung ist Bestandteil eines **sozial üblichen Verhaltens** und „Element der Zweckbestimmung der Wohnanlage". Musizieren, das **außerhalb** der eigenen Wohnung **nicht** zu hören ist, kann nicht durch Gebrauchsregelungen beschränkt werden, weil durch ein solches Musizieren kein anderer Wohnungseigentümer beeinträchtigt wird. Anders lautende Bestimmungen dürften nichtig sein.

Allgemeine Ruhezeiten

Ist nichts Besonderes durch Vereinbarung oder Beschluss bestimmt, sind jedenfalls die allgemein in einer **Gemeinde geltenden Ruhezeiten** einzuhalten. Diese Ruhezeiten konkretisieren unter den Wohnungseigentümern, was ein „vermeidbarer Nachteil" ist.

c) Tierhaltung

Tierhaltung ist in einer Eigentumswohnung zulässig, wenn von ihr Störungen der anderen Wohnungseigentümer nicht ausgehen können. Ist **nichts** Besonderes durch Vereinbarung oder Beschluss **bestimmt**, darf jeder Wohnungseigentümer daher in **angemessenen Grenzen** und ohne weiteres vor allem Kleintiere halten. Als „Kleintiere" zu verstehen sind unter anderem:

- Aquarienfische;
- Eidechsen;
- Hamster;
- Kleinvögel;
- Mäuse;
- Meerschweinchen;
- Zwergkaninchen;
- möglicherweise auch Leguane oder Chinchillas.

Ob Tierhaltung im Übrigen zulässig ist, ist normalerweise eine **Frage des Einzelfalls**. Stets ist dann unter Abwägung sämtlicher beteiligter Interessen zu entscheiden, ob und möglicherweise welche Tiere in welcher Anzahl gehalten werden dürfen. Eine solche Abwägung lässt sich nicht allgemein vornehmen. Die zu berücksichtigenden Umstände sind so individuell und vielgestaltig, dass sich jede schematische Lösung verbietet. Zu bedenken sind insbesondere Art, Größe, Verhalten und Anzahl der Tiere, Art, Größe, Zustand und Lage der Wohnung sowie des Hauses, in dem sich die Wohnung befindet, Anzahl, persönliche Verhältnisse, namentlich Alter, und berechtigte Interessen der Mitbewohner und Nachbarn, Anzahl und Art anderer Tiere im Haus. Unzulässig ist daher in der Regel eine **große Anzahl von Tieren**, etwa 100 Papageien oder sehr viele Katzen oder Tiere, von denen ein unangenehmer Geruch ausgeht.

Bestimmte Tiere gelten im Übrigen generell als „gefährlich", unter anderem:

- Affen;
- Bären;

- Giftnattern oder giftige Spinnen;
- Grubenottern;
- Hyänen;
- Krokodile;
- Riesenschlangen;
- Seeschlangen;
- Skorpione;
- Trugnattern;
- Wildhunde oder -katzen;
- Vipern.

Katzen und **Hunde** dürfen grundsätzlich gehalten werden, soweit sie nicht „gefährlich" sind. Anderes gilt für bestimmte Hunde: Zu diesen zählen in der Regel Pitbull-Terrier, American Staffordshire-Terrier, Bullterrier oder Kreuzungen dieser Rassen.

4. Gebrauchsregelungen

a) Überblick

Die Wohnungseigentümer sind befugt, sich für den Gebrauch des gemeinschaftlichen Eigentums, aber auch des Sondereigentums **Gebrauchsregelungen** zu geben.

Überblick zu den Gebrauchsregelungen

Als Gebrauchsregelungen sind zu verstehen:
- Zweckbestimmungen im „weiteren" Sinne
  - Wohnungseigentum
  - Teileigentum
- Zweckbestimmungen im engeren Sinne
  - Vereinbarungen (etwa als „Arztpraxis", „Restaurant" oder „Laden")
  - Beschlüsse (etwa zum Grillen oder zum Aufhängen nasser Wäsche)

Die **zulässigen Grenzen** folgen vor allem aus dem Grundsatz von Treu und Glauben, dem Gebot der guten Sitten und aus dem die Wohnungseigentümer als Miteigentümer verbindenden Schuldverhältnis („Gemeinschaftsverhältnis "; dazu S. 6 ff.).

b) Gebrauchsregelungen im weiteren Sinne

Bestimmte Gebrauchsregelungen („im weiteren Sinne") finden sich in aller Regel in jeder Wohnungseigentumsanlage. Sie bestehen in der „Widmung" eines Sondereigentums als **Wohnungs-** oder als **Teileigentum.** In einem Wohnungseigentum darf man nur „wohnen", in einem Teileigentum hingegen nur „nichtwohnen" (siehe auch S. 12 ff.).

- In einem Wohnungseigentum darf keine Arztpraxis mit erheblichem Patientenverkehr, ein Aussiedlerheim, ein Laden, ein Pflegeheim betrieben oder Prostitution ausgeübt werden. Zulässig soll hingegen eine psychologische Einzelpraxis sein. Für die Frage, ob die Nutzung als Büro zulässig ist, kommt es auf die Umstände an.

- Im Teileigentum stehende Kellerräume dürfen nur als Keller oder in einer Weise genutzt werden, die nicht mehr stört oder beeinträchtigt, beispielsweise als Lager- oder Abstellraum.

- Auch zu Hobbyzwecken darf Teileigentum in der Regel genutzt werden. Ferner ist eine Nutzung als Party-, Werk- oder Abstellraum sowie Waschküche zulässig. Der Gebrauch eines im Teileigentum stehenden Hobbyraums zu nicht nur vorübergehenden Wohnzwecken ist hingegen unzulässig.

c) Gebrauchsregelungen im engeren Sinne

Ob es in einer Wohnungseigentumsanlage neben den Gebrauchsregelungen „im weiteren" Sinne auch solche im „engeren Sinne" gibt, ist eine Frage des Einzelfalls. Ein **Zwang,** Gebrauchsregelungen im engeren Sinne zu vereinbaren oder zu beschließen, **besteht natürlich nicht.** Ob Wohnungseigentümer eine Gebrauchsbestimmung vereinbaren oder beschließen, steht – wie grundsätzlich alle Maßnahmen im Wohnungseigentumsrecht – in ihrem Ermessen. Nur im Einzelfall kann eine Gebrauchsregelung im engeren Sinne erstritten werden, etwa eine Stellplatzregelung oder Regelungen zum Lärm. Außerdem hat jeder Wohnungseigentümer einen Anspruch auf eine **Hausordnung** (dazu S. 50).

Jede Gebrauchsbeschränkung ist **vereinbar,** nach überwiegender Ansicht auch eine völliges Musizier- oder Tierhaltungsverbot oder das Verbot der Anbringung von festen und/oder mobilen Parabolantennen. Ob eine solche vereinbarte Gebrauchsbeschränkung immer durchsetzbar ist, ist allerdings Frage des Einzelfalls und von Treu und Glauben.

> **Blindenhund**
> Ist in einer Anlage ein absolutes Tierhaltungsverbot vereinbart – wobei streitig ist, ob hierunter auch Kleintiere fallen – darf ein Wohnungseigentümer mit Einschränkungen in der Regel dennoch einen Blinden- oder anderen **Hilfshund** halten.

Durch **Beschluss** können hingegen nur **ordnungsmäßige Gebrauchsbeschränkungen** angeordnet werden. Erwächst ein eine eigentlich unzulässige Gebrauchsbeschränkung anordnender Beschluss in Bestandskraft, gilt allerdings auch diese. Im Einzelfall kann indes gefragt werden, ob eine bloß beschlossene Gebrauchsbeschränkung derart in die Rechte eines Wohnungseigentümers eingreift, dass sie als **unwirksam** angesehen werden muss, wenn ihr der Wohnungseigentümer nicht wenigstens nachträglich zustimmt. Entschieden wurde dieses für Parabolantennen, auf deren Anbringung ein Wohnungseigentümer im Einzelfall einen Anspruch haben kann. Vergleichbares muss aber auch für ein **generelles** Verbot der **Tierhaltung** oder für ein **völliges Musizierverbot** gelten. Musizieren darf zwar auf bestimmte Zeiten und einen bestimmten Umfang beschränkt, nicht jedoch **insgesamt** verboten werden. Die Beschränkung des Musizierens auf Zimmerlautstärke, also so, dass das Musizieren in anderen Wohnungen nicht zu hören ist, kann dem völligen Ausschluss eines Musizierens gleichkommen.

d) Hausordnung

Typischer Ort für Gebrauchsbeschränkungen ist eine „Hausordnung". Die Aufstellung einer Hausordnung wird vom Gesetz ausdrücklich begrüßt und kann in jeder Anlage erzwungen werden. Zu den Einzelheiten siehe S. 50.

e) Eintragungen im Aufteilungsplan

Ist in einem Aufteilungsplan für einen Raum eine Gebrauchsangabe enthalten (zumeist Eintragungen des Architekten in der Bauzeichnung), beispielsweise „Kinderwagenkeller", „Trockenraum", aber auch „Laden", handelt es sich in der Regel um einen **unverbindlichen Gebrauchsvorschlag**, aus dem sich **keine** Rechte herleiten lassen. Soll der Aufteilungsplan **ausnahmsweise** den Gebrauch verbindlich regeln, muss dies **eindeutig** aus der Bezugnahme in der Teilungserklärung oder der Gemeinschaftsordnung hervorgehen.

Aufteilungsplan

Einen Aufteilungsplan gibt es in jeder Wohnungseigentumsanlage. Er ist eine von der Baubehörde mit Unterschrift und Siegel oder Stempel versehene **Bauzeichnung**. Seine Aufgabe ist es, die Aufteilung des Gebäudes sowie die Lage und Größe der im Sondereigentum und der im gemeinschaftlichen Eigentum stehenden Gebäudeteile ersichtlich zu machen, und nicht, die Rechte der Wohnungs- und Teileigentümer über die Bestimmung der Grenzen des jeweiligen Eigentums hinaus zu erweitern oder zu beschränken.

5. Abwehransprüche

Gebraucht ein Wohnungseigentümer – oder mit seinem Einverständnis ein Dritter – ein Sonder- oder das gemeinschaftliche Eigentum unter Verstoß gegen das Gesetz oder eine von den Wohnungseigentümern angeordnete Gebrauchsbestimmung, kann der Störer auf **Unterlassung** in Anspruch genommen werden. Eine Unterlassung kann jeder Wohnungseigentümer verlangen. Alternativ können sämtliche Wohnungseigentümer gegen den Störer vorgehen oder der Störungsbeseitigungsanspruch wird der Wohnungseigentümergemeinschaft zur Ausführung übertragen.

Vergemeinschaftung

Fühlen sich mehrere Wohnungseigentümer etwa durch einen Kampfhund (S. 24) gestört, sollte der Unterlassungsanspruch der Wohnungseigentümergemeinschaft zur Ausführung zugewiesen und der Verwalter ermächtigt werden, gegen den Störer unter Einschaltung eine Rechtsanwalts auch gerichtlich vorzugehen („Vergemeinschaftung"). Vgl. noch S. 147 f.

6. Gebrauch des Nachbargrundstücks (Hammerschlags- und Leiterrecht)

Nach den Bestimmungen der jeweiligen Nachbarrechtsgesetze der Länder ist es vorstellbar, dass ein Eigentümer, Pächter oder Mieter die Betretung und Benutzung **seines** Grundstücks und der darauf errichteten Bauwerke durch die benachbarten Wohnungseigentümer **dulden** muss (Hammerschlags- und Leiterrecht). Dies gilt unter der Voraussetzung, dass die Wohnungseigentümer Bau-, Instandsetzungs- und Unterhaltungsarbeiten an ihrem Gebäude auf dem Nachbargrundstück vorbereiten oder durchführen wollen. Weitere Voraussetzungen sind, dass die Arbeiten am Haus der anfragenden Wohnungseigentümer anders nicht oder nur unter unverhältnismäßig hohen Kosten durchgeführt werden können, dass die mit der Duldung verbundenen Nachteile nicht unverhältnismäßig zu dem erstrebten Vorteil stehen und dass das Vorhaben nach den öffentlich-rechtlichen Bestimmungen zulässig ist. Sind all diese Bedingungen erfüllt, ist es erlaubt, zum Beispiel zur Reinigung einer Dachrinne, zum Streichen oder Verputzen der Fassade oder zur Instandsetzung von Fensterläden auch auf des Nachbars Grund Arbeiten durchzuführen. Benötigt man für diese Arbeiten Gerüste und Geräte oder muss man Baustoffe kurzfristig auf dem fremden Grund lagern, ist auch das zulässig.

Verschönerungsmaßnahmen

Reine Verschönerungsmaßnahmen, bei denen lediglich das Aussehen der Baulichkeit verändert wird, ohne dass dafür eine objektive Notwendigkeit besteht, räumen kein Hammerschlags- und Leiterrecht ein. Der bloße Wunsch des Eigentümers nach einer solchen Veränderung rechtfertigt nicht den Eingriff in das von der Rechtsordnung besonders geschützte Eigentums- bzw. Besitzrecht des Grundstücksnachbarn.

Das **Hammerschlags- und Leiterrecht** steht den Wohnungseigentümern als Grundstückseigentümern zu. Die Wohnungseigentümer können das Recht aber nicht ausüben. Für die Ausübung ist die Wohnungseigentümergemeinschaft zuständig. Soll die Wohnungseigentümergemeinschaft das Hammerschlags- und Leiterrecht etwa im Rahmen einer **energetischen Sanierung** ausüben, bedarf es hierzu allerdings grundsätzlich keines Beschlusses. Es reicht, dass der Verwalter mit dem Grundstücksnachbarn die notwendigen Absprachen trifft und alles Weitere in die Wege leitet. Etwas anderes gilt allerdings, wenn Schadenersatz oder eine Nutzungsentschädigung drohen. Will der Nachbar das Hammerschlags- und Leiterrecht nicht gewähren und muss deswegen geklagt werden, müssen die Wohnungseigentümer darüber beschließen.

III. Die Nutzungsrechte eines Wohnungseigentümers

1. Überblick

Das Wohnungseigentumsgesetz unterscheidet bei Nutzungen zwischen **Gebrauch** (dazu S. 22 ff.) und **sonstigen Nutzungen**. Sonstige Nutzungen sind im Gegensatz zum Gebrauch „unmittelbare und mittelbare Sach- und Rechtsfrüchte". Sach- und Rechtsfrüchte eines Wohnungseigentums sind die **Erträge** des gemeinschaftlichen Eigentums und des Sondereigentums. Früchte sind beispielsweise geerntete Birnen, aber auch Miete oder Pacht. Für die Frage, welche Person **berechtigt** ist, Nutzungen zu ziehen (d. h. einen Vorteil daran zu haben) und nach welchem Maßstab Nutzungen eigentlich unter die Wohnungseigentümer zu verteilen sind, ist zwischen dem gemeinschaftlichen und dem Sondereigentum zu unterscheiden:

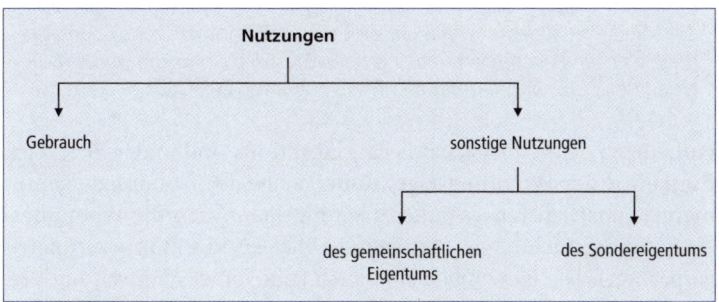

Nutzungsrechte

2. Nutzungen des gemeinschaftlichen Eigentums

Die Nutzungen des **gemeinschaftlichen Eigentums**, zum Beispiel Erzeugnisse unbebauter Grundstücksflächen wie Blumen, Gemüse oder Obst sowie das Holz gefällter oder durch Unwetter entwurzelter Bäume, Nutzungsentschädigungen aus rechtsgrundloser Bereicherung oder – vor allem – Mieten stehen jedem Wohnungseigentümer zu. Die Verteilung erfolgt nach der Höhe der jeweiligen Miteigentumsanteile.

Etwas anderes gilt, wenn an einer Fläche des gemeinschaftlichen Eigentums ein **Sondernutzungsrecht** begründet wurde. In diesem Falle wird man nämlich in aller Regel davon ausgehen können, dass dem Sondernutzungsberechtigten neben dem Gebrauch der dem Sondernutzungsrecht unterliegenden Fläche des gemeinschaftlichen Eigentums auch die Nutzungen allein zustehen sollen, beispielsweise Mieten oder geerntetes Obst.

Miete

Ist die im gemeinschaftlichen Eigentum stehende Hausmeisterwohnung oder eine gemeinschaftliche Fläche vermietet, gebührt jedem Wohnungseigentümer an der Miete ein Anteil. Dieser ist ihm über die Einzelabrechnung zuzuweisen, sofern die Wohnungseigentümer die Miete nicht für einen anderen Zweck bestimmen, etwa für die Instandhaltungsrückstellung. Die Höhe des jeweiligen Anteils bestimmt die Höhe des Miteigentumsanteils: Hat ein Wohnungseigentümer 10/100 und beträgt eine erwirtschafte Miete nach Abzug aller Unkosten 1.200 EUR, erhält der Wohnungseigentümer beispielsweise 120 EUR.

Nutzungen des gemeinschaftlichen Eigentums sind in der Regel eine **Einnahme der Wohnungseigentümer**, keine der Wohnungseigentümergemeinschaft (etwas anderes kann gelten, wenn die Wohnungseigentümergemeinschaft gemeinschaftliches Eigentum vermietet/verpachtet). Die Nutzungen sind auch kein Teil des Verwaltungsvermögens; das ist allerdings streitig. Die den Wohnungseigentümern zustehenden Nutzungen muss der Verwalter in der Abrechnung über den Wirtschaftsplan darstellen. Sie sind den Wohnungseigentümern anteilig zuzuweisen, wenn die Wohnungseigentümer nichts anderes bestimmen.

Zuweisung zur Instandhaltungsrückstellung

Vorstellbar und praktisch üblich – wenn auch nicht zwingend – ist es, erwirtschaftete Gelder der Instandhaltungsrückstellung zuzuweisen. Dies gilt auch für Zinsen auf einem Festgeldkonto.

3. Nutzungen des Sondereigentums

An den Nutzungen seines Sondereigentums hat jeder Wohnungseigentümer ein **alleiniges** Recht. Nutzungen des Sondereigentums sind in der Regel als dessen „Früchte" die Einnahme einer Miete oder einer Pacht. Jedem Wohnungseigentümer ist es – falls nichts anderes vereinbart (ein Beschluss wäre nichtig!) – erlaubt, sein Sondereigentum zu vermieten oder zu verpachten. Zur Vermietung eines Sondereigentums siehe S. 187.

IV. Das Recht auf Entziehung

1. Überblick

Wenn ein Wohnungseigentümer seine Pflichten gerade als Wohnungseigentümer so **schwer verletzt**, dass sein Verbleiben in der Gemeinschaft für die übrigen Wohnungseigentümer **unzumutbar** wird, können die anderen Wohnungseigentümer von ihm die Veräußerung seines Wohnungseigentums verlangen („Abmeierung"). Überblick:

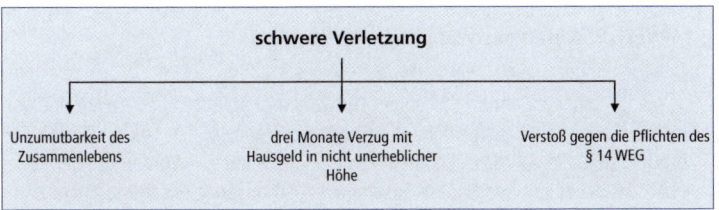

schwere Verletzung

| Unzumutbarkeit des Zusammenlebens | drei Monate Verzug mit Hausgeld in nicht unerheblicher Höhe | Verstoß gegen die Pflichten des § 14 WEG |

Entziehungsgründe

Bei der Entscheidung der Frage, ob eine Pflichtverletzung des Störers zu einem Anspruch auf Veräußerung des Wohnungseigentums führt, muss man im Einzelfall **genau hinsehen**. Es ist dabei zu berücksichtigen, dass die Entziehung des Wohnungseigentums **nur als letztes Mittel** dienen kann. „Mildere" Maßnahmen, etwa klärende Gespräche oder eine Abmahnung des Störers, dürfen keinen Erfolg gebracht haben. Die Pflichtverletzung muss grundsätzlich der Störende verursachen. Im Einzelfall reicht es aber auch, dass sich seine Haushalts- oder Familienangehörigen oder seine Mieter schlecht benehmen.

Trinkgelage

Eine Entziehung kann beispielsweise bei Trinkgelagen des Mieters eines Wohnungseigentümers verlangt werden, wenn wiederholte polizeiliche Einsätze keinen Erfolg hatten, eine Kündigung des Mieters möglich wäre, der vermietende Wohnungseigentümer davon aber keinen Gebrauch macht.

Ein Entziehungsverlangen setzt nicht voraus, dass der Störer „vorwerfbar" handelt. Auch wenn sich beispielsweise ein Wohnungseigentümer aufgrund einer psychischer Erkrankung oder Drogenabhängigkeit schlecht verhält, ist er im Einzelfall unzumutbar.

2. Regelbeispiele für eine schwere Verletzung

Ein Veräußerungsverlangen ist insbesondere dann gerechtfertigt, wenn der Wohnungseigentümer trotz Abmahnung **wiederholt gröblich** gegen die ihm nach § 14 WEG obliegenden Rücksichtnahmepflichten verstößt.

§ 14 WEG. Pflichten des Wohnungseigentümers

Jeder Wohnungseigentümer ist verpflichtet:
1. die im Sondereigentum stehenden Gebäudeteile so instand zu halten und von diesen sowie von dem gemeinschaftlichen Eigentum nur in solcher Weise Gebrauch zu machen, dass dadurch keinem der anderen Wohnungseigentümer über das bei einem geordneten Zusammenleben unvermeidliche Maß hinaus ein Nachteil erwächst;
…

Demnach muss der Wohnungseigentümer insgesamt drei schwere Pflichtverletzungen begangen haben, und zwar mindestens eine vor und zwei nach der Abmahnung, wobei sich die einzelnen Pflichtverstöße aber nach Art und Ausmaß unterscheiden können. Eine Abmahnung ist entbehrlich, wenn sie für die anderen Eigentümer unzumutbar ist oder keinen Erfolg verspricht.

Eine Veräußerung kann ferner verlangt werden, wenn ein Wohnungseigentümer mit seinen Hausgeldzahlungen **maßgeblich** in Verzug gerät („Daumenregel": sechs Monate).

Entziehung durch Zwangsvollstreckung

Ist ein Wohnungseigentümer Hausgeld schuldig geblieben, kann es einfacher sein, im Rahmen der Zwangsvollstreckung des Hausgelds das Wohnungseigentum des Säumigen zur Zwangsversteigerung zu bringen. Löst kein nachrangiger Gläubiger die Wohnungseigentümergemeinschaft ab, ist der Weg einer Entziehung durch Zwangsvollstreckung einfacher, schneller und kostengünstiger.

3. Generalklausel

Ist **kein** Regelbeispiel erfüllt, kann **dennoch** eine schwere Verletzung vorliegen. Als eine solche schwere Verletzung zu verstehen sind unter anderem:

- die fortlaufend unpünktliche Erfüllung von Hausgeld und anderer Zahlungsansprüche;

- schwere, fortdauernde Beleidigungen;

- Tätlichkeiten oder Straftaten gegen die übrigen Wohnungseigentümer (etwa Einbrüche in fremde Keller und Sachbeschädigungen);

- Durchführung von Straftaten;

- Gewalttätigkeiten;

- Verschmutzungen;

- Fäkalgerüche.

4. Durchführung

Bevor gegen einen Wohnungseigentümer vorgegangen wird, muss er „abgemahnt" werden. Die Abmahnung muss das Fehlverhalten, das dem Abgemahnten zum Vorwurf gemacht wird, **konkret** bezeichnen. Denn nur dann wird die Abmahnung ihren Aufgaben gerecht, das beanstandete Fehlverhalten zu dokumentieren und den Abgemahnten darauf hinzuweisen, dass dieses Verhalten nicht mehr länger toleriert werden wird. Wer abmahnt, ist egal.

Muster

Abmahnung Adresse des Abmahnenden (etwa des Verwalters)

Adresse des Abzumahnenden

Datum

Abmahnung

Sehr geehrter Herr ___ [Name],

Sie haben am ___ [Datum] ___ [genaue, konkrete Benennung des Fehl-verhaltens]. Ich mahne Sie deshalb ab. Kommt es nochmals mehrfach zu Vergleichbarem, kommt auch in Betracht, von Ihnen die Veräußerung Ihres Wohnungseigentums zu verlangen.

Mit freundlichen Grüßen

5. Durchsetzung des Entziehungsverlangens

Das Verlangen auf Veräußerung muss grundsätzlich **beschlossen** werden. Eine Beschlussfassung ist nur dann entbehrlich, wenn die Wohnungseigentümergemeinschaft aus lediglich zwei Eigentümern besteht. Für die Beschlussfassung gelten verschärfte Mehrheitserfordernisse. Ein Entziehungsbeschluss bedarf einer **qualifizierten Mehrheit**: Mehr als 50 % sämtlicher stimmberechtigter Wohnungseigentümer (gezählt nach Köpfen) – nicht nur der in der Eigentümerversammlung Anwesenden – müssen für das Verlangen stimmen. Der Betroffene kann gegen den **Entziehungsbeschluss** vorgehen. Gegenstand dieser Anfechtungsklage ist, ob der Entziehungsbeschluss **formell ordnungsmäßig** zustande kam und ob eine **Abmahnung** vorlag. Veräußert der vom Ausschließungsbeschluss betroffene Wohnungseigentümer seine Wohnungseinheit nicht freiwillig, muss die Wohnungseigentümergemeinschaft gegen ihn Klage erheben (Entziehungsklage). Gegenstand der Entziehungsklage ist dann die Frage, ob der Sondereigentümer sein Eigentum veräußern muss. Das Gericht prüft, ob ein **Entziehungsbeschluss** und **Entziehungsgründe** vorliegen. Anders als im arbeitsrechtlichen Kündigungsschutzprozess können die Wohnungseigentümer ihr Entziehungsverlangen dabei auch auf Gründe stützen, die erst **nach** einer Klageerhebung eingetreten sind.

V. Verwaltungsrechte

1. Grundsatz

a) Überblick

Soweit nicht durch das Wohnungseigentumsgesetz – vor allem, wenn es dem Verwalter Aufgaben überträgt (dazu S. 75) – oder durch Vereinbarung etwas anderes bestimmt ist, steht die Verwaltung des gemeinschaftlichen Eigentums **gemeinschaftlich** den **Wohnungseigentümern** zu. „Gemeinschaftlich" bedeutet, dass die Wohnungseigentümer das, was gelten soll, **grundsätzlich vereinbaren** müssen. Soweit die Verwaltung nicht durch Vereinbarung geregelt ist, können die Wohnungseigentümer eine der Beschaffenheit des gemeinschaftlichen Eigentums entsprechende ordnungsmäßige Verwaltung aber auch beschließen. Zu den Verwaltungsrechten gehören auch die Informations- und Kontrollrechte (S. 136), die Versammlungsrechte (S. 115) und die Anfechtungsklagen (S. 148).

Die **Verwaltung des Sondereigentums** steht demgegenüber jedem Wohnungseigentümer selbst zu. Die anderen Wohnungseigentümer haben für die Verwaltung eines ihnen fremden Sondereigentums keine Rechtsmacht.

> ## Kein Übergriff ins Sondereigentum!
>
> Treffen Wohnungseigentümer dennoch eine Regelung und beschließen sie etwa, dass ein Sondereigentümer sein Sondereigentum nicht baulich verändern darf – in Frage kommen insoweit vor allem nicht tragende Wände –, ist der Beschluss wegen Gesetzesverstoßes nichtig.

b) Ermessen

Bei der Verwaltung des gemeinschaftlichen Eigentums haben die Wohnungseigentümer Ermessen (Ermessen bedeutet, die Wahl zwischen verschiedenen Maßnahmen zu haben), was Notwendigkeit (das „Ob") und die Zweckmäßigkeit (das „Wie") einer Maßnahme angeht. Üben die Wohnungseigentümer Ermessen aus, darf ihre Bestimmung **nicht willkürlich** sein, darf beispielsweise keinen Wohnungseigentümer grundlos benachteiligen. Der gesellschaftsrechtliche **Gleichbehandlungsgrundsatz** gilt auch im Wohnungseigentumsrecht (siehe S. 17).

Die Wohnungseigentümer müssen immer versuchen, sämtliche **Vor- und Nachteile** einer Maßnahme abzuwägen und ihre möglicherweise gegenläufigen Interessen und die betroffenen Rechte in einen „angemessenen Ausgleich" zueinander zu bringen. Sind – wie es meistens der Fall ist – mehrere Maßnahmen ermessensfehlerfrei, haben die Wohnungseigentümer eine **Wahl**, für welche der Möglichkeiten sie sich entscheiden. Ein Gericht kann in eine solche fehlerfreie Entscheidung nicht eingreifen. Beispiele für abzuwägende Punkte sind etwa:

- die Leistungsfähigkeit der Wohnungseigentümer der betroffenen Wohnungseigentumsanlage (würde eine Maßnahme, etwa eine Modernisierung, Wohnungseigentümer finanziell stark überfordern?);

- eine Kosten-Nutzen-Analyse der geplanten Maßnahme (wann rechnet sich beispielsweise eine neue Heizung?);

- die Eilbedürftigkeit der Maßnahme (wann muss eingeschritten werden?).

2. Notverwaltungsrecht

Ein Wohnungseigentümer hat prinzipiell kein Recht, die Verwaltung des gemeinschaftlichen Eigentums „in die eigenen Hände" zu nehmen. Dies gilt aber **nicht** ausnahmslos: Ein Wohnungseigentümer kann ohne Zustimmung der anderen Wohnungseigentümer wenigstens die Maßnahmen treffen, die zur Abwendung eines dem gemeinschaftlichen Eigentum **unmittelbar drohenden Schadens** notwendig sind (im Einzelfall kann das Recht zur Notgeschäftsführung dann sogar in eine **Pflicht** zur Notgeschäftsführung „umschlagen").

Ein Schaden droht dem gemeinschaftlichen Eigentum vor allem dann „**unmittelbar**", wenn:

- in die Substanz des gemeinschaftlichen Eigentums (Mauern, Dach) ohne ein Tun nachhaltig negativ „eingegriffen" werden würde (also künftig) oder wurde (es ist bereits passiert), zum Beispiel durch
  - einen Sturm,
  - eindringendes Wasser oder
  - ein Feuer;
- ein verständiger Wohnungseigentümer nicht länger abwarten würde;
- weder der Verwalter noch die Miteigentümer zur Behebung der Notlage rechtzeitig „herangezogen" (beteiligt/befragt) werden können.

Eine Maßnahme ist „**notwendig**", wenn sie den Eintritt eines unmittelbar drohenden Schadens **verhindert** und die Gefahrenlage **beseitigt**, oder einem eingetretenen Schaden – dessen Beseitigung **dringlich** ist – entgegentritt. Eine Maßnahme ist ferner notwendig, wenn der Handelnde einen **Anspruch** auf die von ihm eigenmächtig durchgeführte Maßnahme besaß. Ein solcher Anspruch ist beispielsweise zu bejahen, wenn eine Maßnahme als einzige Grundsätzen ordnungsmäßiger Verwaltung entsprach.

Unter den Begriff „Notmaßnahmen" fallen **tatsächliche** Maßnahmen, etwa die Deckung eines Daches, eine Abdichtung, Auspumpen eines vollgelaufenen Kellers, aber auch rechtliche Maßnahmen, beispielsweise die **Einleitung eines Rechtsstreits** zur Hemmung des drohenden Ablaufs der Verjährung oder die Geltendmachung eines Abwehrrechts gegen einen Nachbarn. Typische Fälle sind Notreparaturen oder Notmaßnahmen, etwa nach einem Wassereinbruch, nach einem Sturm oder bei Rohrverstopfungen. Daneben kommt präventives Handeln gegen Gefahren wie Feuer, Gas, Öl in Betracht.

Vertragsschluss

Der Wohnungseigentümer, der ein Notverwaltungsrecht in Anspruch nimmt, darf zur Gefahrenabwehr nach bisheriger Anschauung nur im eigenen Namen Verträge schließen, beispielsweise den Vertrag mit einem Werkunternehmer. Fallen für eine Notverwaltungsmaßnahme – wie meistens – Kosten an, kann der Wohnungseigentümer sie allerdings ersetzt verlangen. Vor diesem Hintergrund ist es für einen Wohnungseigentümer daher besser, den Verwalter an dessen auch bestehendes Notverwaltungsrecht zu erinnern. Anders als ein Wohnungseigentümer, kann der Verwalter im Notfall nämlich Verträge im Namen der Wohnungseigentümergemeinschaft schließen und sich dazu des Verwaltungsvermögens bedienen.

3. Recht auf eine ordnungsmäßige Verwaltung

a) Überblick

Was die Verwaltung des gemeinschaftliches Eigentum angeht, müssen die Wohnungseigentümer als Miteigentümer notwendigerweise **zusammenwirken**. Was die Wohnungseigentümer einer Wohnungseigentumsanlage für „richtig" halten, schreibt ihnen keiner vor. Wohnungseigentümer haben ein **Selbstorganisationsrecht** und stets Ermessen, was sie für richtig halten, etwa die Farbe ihres Treppenhausanstrichs oder die Inhalte ihrer Hausordnung. Im Wesentlichen gleichrangige „Instrumente" des Verwaltungshandelns sind Vereinbarungen und Beschlüsse.

Ort einer Beschlussfassung

Die Wohnungseigentümer können Beschlüsse grundsätzlich nur in einer Versammlung fassen, die zu diesem Zweck vorher von einem dazu Berechtigten einberufen wurde. Alternativ besteht nur die Möglichkeit einer schriftlichen Beschlussfassung. Dazu können alle Wohnungseigentümer auf eine Anfrage schriftlich gegenüber dem Anfragenden abstimmen oder es läuft ein Blatt um, das alle Wohnungseigentümer unterschreiben. Anders als eine Beschlussfassung in der Versammlung bedingt ein schriftlicher Beschluss, dass sich an der Abstimmung **sämtliche** Wohnungseigentümer beteiligen, auch solche, die in der Versammlung vom Stimmrecht ausgeschlossen wären.

Dass die Wohnungseigentümer über Verwaltungshandeln meistens nur Beschlüsse fassen, ist nicht weiter bedenklich. Dieses Vorgehen stößt allerdings dort auf Grenzen, wo für ein Verwaltungshandeln im Wege des Beschlusses eine **Beschlusskompetenz** fehlt.

Beispiele für fehlende Beschlusskompetenzen aus der jüngeren Rechtsprechung

- Wohnungseigentümer sind nicht berechtigt, bereits entstandene, aber noch nicht erfüllte Zahlungsverpflichtungen eines Wohnungseigentümers erneut zu beschließen und so neu zu begründen.
- Die Haftung eines Wohnungseigentümers für Rückstände seines Rechtsvorgängers kann durch einen Beschluss nicht begründet werden.
- Eine Verpflichtung der einzelnen Wohnungseigentümer, die Räum- und Streupflicht im Wechsel zu erfüllen, kann nicht durch Mehrheitsbeschluss begründet werden.
- Es besteht keine Beschlusskompetenz, einen Wohnungseigentümer, der nach einer bestehenden Vereinbarung von der Tragung bestimmter Kosten oder der Kostentragungspflicht insgesamt befreit ist, durch Beschluss erstmals an den Kosten zu beteiligen.
- Wohnungseigentümern fehlt die Kompetenz, Leistungspflichten außerhalb des Bereichs der gemeinschaftlichen Kosten und Lasten durch Mehrheitsbeschluss zu begründen. Dies gilt insbesondere, wenn es um die Rückgängigmachung einer baulichen Veränderung geht.
- Die Wohnungseigentümer sind nicht befugt, eine von Wirtschaftsplänen und Jahresabrechnungen unabhängige Kostenverteilung für viele Jahre durch Sonderumlage (nach den Abrechnungen eines Dritten) zu beschließen.
- Aus der Kompetenz, den Gebrauch (§ 15 WEG), die Verwaltung (§ 21 WEG) und die Instandhaltung oder Instandsetzung des gemeinschaftlichen Eigentums (§ 22 WEG) durch Mehrheitsbeschluss zu regeln, folgt nicht die Befugnis, den Wohnungseigentümern außerhalb der gemeinschaftlichen Kosten und Lasten Leistungspflichten aufzuerlegen.

Das Gesetz verlangt, dass das Verwaltungshandeln der Wohnungseigentümer **ordnungsmäßig** sein muss. Über die Frage, was „ordnungsmäßig" ist, kann man streiten und es wird auch gestritten. Da dieser Streit absehbar war, gibt das Gesetz zur Erleichterung des Verwaltungshandelns einige Bereiche vor, die in jeder Wohnungseigentumsanlage **stets ordnungsmäßig** sind (dazu S. 49 ff.). Fehlt es in einer Wohnungseigentumsanlage an Bestimmungen zu **diesen** Bereichen, kann sie jeder Wohnungseigentümer **verlangen** und einklagen (dazu S. 72 ff.).

Überblick zu den Beschlusskompetenzen nach herrschender Ansicht	
Vorschrift des WEG	Beschluss
§ 12 Absatz 1	Zustimmung zur Veräußerung
§ 12 Absatz 4 Satz 1	zur Beendigung einer Veräußerungsbeschränkung
§ 15 Absatz 2	zum Gebrauch von Sonder- und gemeinschaftlichem Eigentum
§ 16 Absatz 3	zu den Schlüsseln der Betriebs- und Verwaltungskosten
§ 16 Absatz 4 Satz 1	zu den Kosten baulicher und Erhaltungsmaßnahmen
§ 18 Absatz 3 Satz 1	zum Veräußerungszwang eines Wohnungseigentümers
§ 21 Absatz 3	zur Verwaltung des gemeinschaftlichen Eigentums
§ 21 Absatz 7	zum Hausgeldinkasso und den Kosten für eine besondere Nutzung des gemeinschaftlichen Eigentums oder für einen besonderen Verwaltungsaufwand
§ 22 Absatz 1 Satz 1	zu baulichen Veränderungen und Aufwendungen
§ 22 Absatz 2 Satz 1	zu Modernisierungen
§ 24 Absatz 5	zum Vorsitz in der Versammlung
§ 24 Absatz 8 Satz 2	zum Führer der Beschluss-Sammlung
§ 26 Absatz 1 Satz 1	zur Bestellung und Abbestellung des Verwalters
§ 27 Absatz 2 Nummer 3	zur Geltendmachung von Ansprüchen der Wohnungseigentümer durch den Verwalter
§ 27 Absatz 3 Satz 1 Nummer 7	zur Erweiterung der gesetzlichen Befugnisse des Verwalters für die Wohnungseigentümergemeinschaft
§ 27 Absatz 3 Satz 3	zur Vertretung der Wohnungseigentümergemeinschaft durch einige Wohnungseigentümer
§ 28 Absatz 4	zur Rechnungslegung des Verwalters
§ 29 Absatz 1 Satz 1	zur Bestellung eines Verwaltungsbeirats
§ 45 Absatz 2 Satz 1	zur Bestellung eines Ersatzzustellungsvertreters

Ob ein Wohnungseigentümer ein Verwaltungshandeln **verlangen** kann, wenn dieses nicht ausdrücklich bestimmt ist, etwa die Einführung einer moderneren Klingelanlage an Stelle der bisherigen schadhaften (die Einführung wäre eine „modernisierende Instandsetzung"), ist eine Frage, die in jeder Wohnungseigentumsanlage **grundsätzlich individuell** beantwortet werden muss. Die Beantwortung hängt von vielen Einflüssen ab, etwa dem Alter der Wohnungseigentumsanlage, ihrer baurechtlichen Prägung, dem wirtschaftlichen „Können" der Wohnungseigentümer und – das vor allem! – einer Kosten-Nutzen-Analyse (eine verlangte Maßnahme muss sich in der Regel für die Wohnungseigentümer nach einer Dauer „rechnen"; diese Dauer wird meistens mit zehn Jahren beschrieben, kann aber auch kürzer oder im Einzelfall länger sein). Überblick:

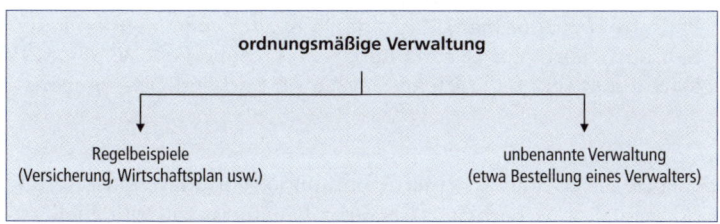

Recht auf ordnungsmäßige Verwaltung

b) Regelbeispiele
aa) Allgemeines. Das Wohnungseigentumsgesetz gibt Verwaltungsmaßnahmen vor, die stets einer ordnungsmäßigen Verwaltung entsprechen und **in jeder Wohnungseigentumsanlage** verlangt werden können. Diese Maßnahmen sind allerdings nur Beispiele dessen, was Verwaltung ist. Es kann durchaus mehr verlangt werden. Der gesetzliche Katalog ist also **nicht** abschließend.

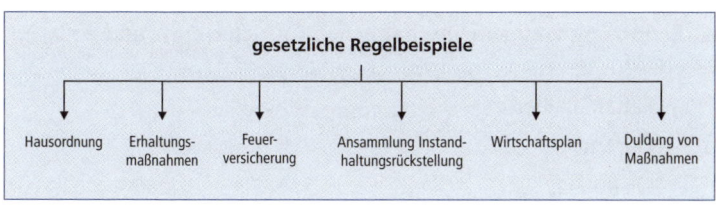

Regelbeispiele

bb) Hausordnung. Mit einer „Hausordnung" können Verhaltensvorschriften für den Gebrauch des Sonder- und des gemeinschaftlichen Eigentums angeordnet werden. Eine Hausordnung dient ferner dem Schutz des Gebäudes und der Aufrechterhaltung von Sicherheit und Ordnung sowie der Erhaltung des Hausfriedens. Der Sinn und Zweck einer Hausordnung liegt schließlich darin, die Pflichten der Wohnungseigentümer im Hinblick auf die Erhaltung des Sonder- und des gemeinschaftlichen Eigentums sowie die Verwaltung des gemeinschaftlichen Eigentums zu veranschaulichen. Eine Hausordnung kann vereinbart, aber auch beschlossen werden.

Verwalteranordnung

Ist das so bestimmt, kann auch ein Verwalter die Inhalte einer Hausordnung anordnen. Macht der Verwalter von dieser Befugnis Gebrauch, bestimmt er etwa Ruhezeiten, können die Wohnungseigentümer aber natürlich auch etwas Abweichendes bestimmen.

Beliebte „Gegenstände" einer Wohnungseigentümer-Hausordnung sind Sorgfalts-, Sicherheits-, Gefahrvorbeugungs- sowie Reinigungspflichten und Ruhezeiten. Gegenstände können daneben unter anderem sein:

- Abstellen von Sachen, etwa Gegenstände im Treppenhaus;
- Bepflanzungsvorgaben;
- Allgemeine Ruhezeiten und zulässige Zeiten für die Musikausübung;
- Aufstellen von Getränkeautomaten;
- Beleuchtung;
- Benutzung von gemeinschaftlichen Einrichtungen und Anlagen, etwa:
  - Fahrradkeller,
  - Garten,
  - Grillplatz,
  - Heizung,

- Treppenhaus,

- Trockenraum, Waschküche und Wäschetrockner,

- Sauna,

- Spielplatz,

- Stellplätze,

- Benutzung der Tiefgarage,

- Benutzung gemeinsamer Müllanlagen,

- Benutzung der Balkone;

■ Fensteröffnung;

■ Feuerschutz;

■ Grillen;

■ Klingel- und Briefkastenanlagen;

■ Lüftung;

■ Rauchen;

■ Verschluss der Hauseingangstür;

■ Wäschetrocknen.

Tätige Mithilfe

Wohnungseigentümer haben keine Befugnis, sich außerhalb der gemeinschaftlichen Kosten und Lasten gegeneinander Leistungspflichten aufzuerlegen, etwa Gartenarbeit oder die Entfernung einer unzulässigen baulichen Veränderung, etwa einer Markise. Dieses gilt auch für die typischerweise in Hausordnungen geregelten Pflichten, etwa eine Verpflichtung der einzelnen Miteigentümer zur Mithilfe bei Schneeräumarbeiten oder der Reinigung des Treppenhauses.

cc) Erhaltungsmaßnahmen. Zur Erhaltung des gemeinschaftlichen Eigentums können und müssen die Wohnungseigentümer **zusammenwirken**. Die Wohnungseigentümer müssen das Notwendige vereinbaren oder sie müssen es beschließen. Jeder Wohnungseigentümer kann eine ordnungsmäßige Verwaltung zur Erhaltung des gemeinschaftlichen Eigentums **verlangen**. Erhaltung meint vor allem, aber nicht nur die Instandsetzung (Reparaturen) und Instandhaltung (Pflegemaßnahmen) des gemeinschaftlichen Eigentums. Neben den „klassischen" Erhaltungsmaßnahmen gehören zu den Erhaltungsmaßnahmen auch eine Reihe anderer Maßnahmen.

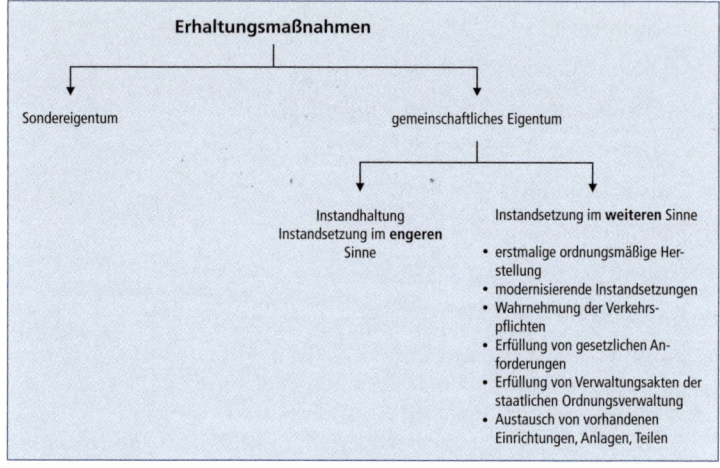

Instandhaltungs- und Instandsetzungsmaßnahmen

Als eine Instandsetzung werden nämlich auch bestimmte Maßnahmen verstanden, die eigentlich gar keine Instandsetzung sind. Dass diese Maßnahmen dennoch als Instandsetzung „gedacht" werden, liegt daran, dass es für eine Instandsetzung nur einer einfachen Beschluss-Mehrheit bedarf und nur dieses Quorum **sachgerecht** ist (zu den notwendigen Quoren siehe im Überblick S. 138). Solche „gedachten" Instandsetzungsmaßnahmen sind die erstmalige Herstellung eines gemeinschaftlichen Eigentums, wenn dieses der Bauträger schadhaft erstellt hat. Ferner sind es solche Maßnahmen, die der Erfüllung eines Gesetzes oder einer Anordnung oder der Erfüllung der Verkehrssicherungspflichten des gemeinschaftlichen Eigentums dienen.

Schließlich und vor allem handelt es sich um „**modernisierende Instandsetzungen**". Dieses sind solche Maßnahmen, die nicht den vorherigen Zustand des gemeinschaftlichen Eigentums wiederherstellen, sondern einen Zustand, der **besser** ist. Voraussetzung dafür, eine Maßnahme als „modernisierende Instandsetzung" zu verstehen, ist, dass das gemeinschaftliche Eigentum schadhaft ist oder bald droht, dieses zu werden. Weiter muss es so sein, dass der schadhafte Zustand etwa der Fenster oder der Heizung oder der Fassade nicht einfach repariert werden soll. Angestrebt werden muss vielmehr ein besserer (= modernerer) Zustand. Ob es zu einer „modernisierenden Instandsetzung" kommt, steht im Ermessen der Wohnungseigentümer. Maßgeblich ist vor allem, wenn auch nicht alleine, eine Kosten-Nutzen-Analyse. Etwa die altersbedingte vollständige Erneuerung der zentralen Heizzentrale und der Steigleitungen – des Leitungssystems – ist eine modernisierende Instandsetzung.

Instandsetzungsplan

Für Erhaltungsmaßnahmen sollte es in jeder Wohnungseigentumsanlage eine **Planung** geben („Instandsetzungsplan"). Inhalt des Instandsetzungsplans sollten die Maßnahmen sein, die im gemeinschaftlichen Eigentum **voraussichtlich anfallen** werden. Ein guter Instandsetzungsplan entsteht nicht ohne vorbereitende Schritte. Er sollte vom Verwalter gemeinsam mit einem Fachmann auf Kosten der Wohnungseigentümergemeinschaft erstellt werden. Der Instandsetzungsplan ist dann Grundlage der planbaren Erhaltungsmaßnahmen und auch Grundlage der Berechnung der angemessenen Höhe der Instandhaltungsrückstellung.

Die Kosten für eine Erhaltungsmaßnahme müssen grundsätzlich sämtliche Wohnungseigentümer tragen. Es ist allerdings **vereinbar**, dass ein Wohnungseigentümer dauerhaft auf **eigene Kosten** geschlossene Bereiche (Wirtschaftseinheiten bei Mehrhausanlagen, Anlagen mit Tiefgaragenbereichen, bei der faktischen Realteilung von Reihenhaus- oder Doppelhausanlagen, bei der Begründung von Sondernutzungsrechten) oder Teile des gemeinschaftlichen Eigentums (Garagentore, Brandschutzeinrichtungen, Aufzüge, Fenster, Türen, Rollläden, Balkone, Dachterrassen, Loggien, Duplexparker) instand halten und/oder instand setzen muss; dies sollte immer genau bestimmt sein. Ferner sollte immer klar sein, welche Stelle eigentlich die **Verwaltungskompetenz** zu entscheiden hat, wann was

von wem gemacht wird. Zu **Beschlüssen** in diesem Bereich vgl.
S. 64 ff.

dd) Versicherungsschutz. Für einen Versicherungsschutz des **Sondereigentums** (etwa: Hausrat-, Haftpflicht-, Rechtsschutz, Betriebs-
und Berufshaftpflichtversicherung) muss jeder Wohnungseigentümer selbst sorgen. Für das **gemeinschaftliche Eigentum** gilt anderes:
Zu einer ordnungsmäßigen Verwaltung – auf die jeder Wohnungseigentümer ein Recht hat – gehören – wenigstens! – die Feuerversicherung des gemeinschaftlichen Eigentums zum Neuwert sowie die
angemessene Versicherung der Wohnungseigentümer gegen eine
Haus- und Grundbesitzerhaftpflicht. Versicherungsnehmerin solcher
Versicherungen ist stets die Wohnungseigentümergemeinschaft. Versicherte sind hingegen die Wohnungseigentümer.

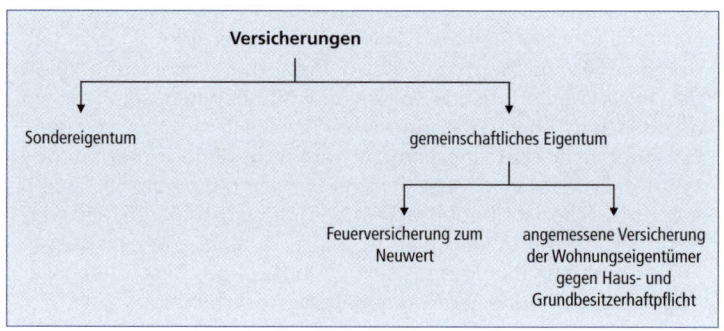

Gesetzlich vorgesehene Versicherungen

Eine **Feuerversicherung** des gemeinschaftlichen Eigentums umfasst
in der Regel (maßgebend ist immer der konkrete Vertrag!) Schäden
durch Brand, Blitzschlag, Explosion, Anprall oder Absturz eines be-
mannten Flugkörpers, seiner Teile oder seiner Ladung. Ferner sind
Folgeschäden eines Feuers versichert, die durch Rauch, Ruß und
Löschwasser, Niederreißen und Aufräumen des Gebäudes oder von
Gebäudeteilen entstehen. Gegenstände in den Wohnungen – im
Sondereigentum – werden von der Feuerversicherung hingegen
nicht umfasst (der einzelne Wohnungseigentümer kann einen Versicherungsschutz aber natürlich durch Abschluss einer Hausratver-
sicherung erlangen).

Neben der Möglichkeit, eine Wohngebäudeversicherung als reine Feuerversicherung zu nehmen, besteht die Möglichkeit einer **verbundenen Gebäudeversicherung** (Feuer, Leitungswasser, Sturm, Hagel, zum Teil Explosionen, Überspannungsschäden nach Blitzschlag), einer Gebäude-Glasversicherung oder einer Leitungswasserversicherung. Es besteht auch die Möglichkeit, hier Elementarschäden wie Hochwasser-, Erdbeben- oder Lawinenschäden einzubeziehen.

Verbundene Gebäudeversicherung

Häufig wird heutzutage eine reine Feuerversicherung gar nicht mehr angeboten, sodass es sich stets um eine verbundene Versicherung handelt. Was im Einzelfall versichert ist, ist der Versicherungspolice – die jeder Wohnungseigentümer einsehen darf – zu entnehmen.

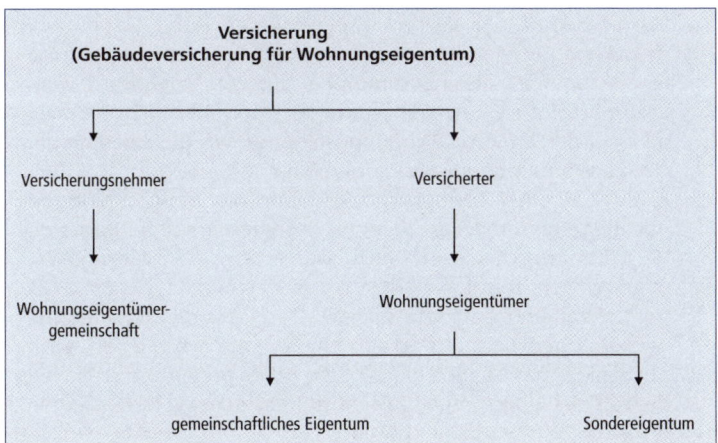

Versicherungsverhältnisse

Versicherungsnehmerin der Feuer- oder der Gebäudeversicherung und Vertragspartnerin des Versicherers ist die Wohnungseigentümergemeinschaft. Versicherte sind hingegen die Wohnungseigentümer, und zwar bei einer verbundenen Gebäudeversicherung sowohl wegen ihres Sondereigentums als auch wegen ihrer Beteiligung (ideeller Anteil) am gemeinschaftlichen Eigentum („Versicherung für fremde Rechnung"). Dieses Auseinanderfallen zwischen Versicherungsnehmer und Versichertem kann zu Problemen führen.

Abwicklung

Für die Anzeige der Schäden am gemeinschaftlichen Eigentum sowie für das weitere Procedere muss der Verwalter Sorge tragen. Schäden am Sondereigentum muss der Verwalter grundsätzlich dem Versicherer nur anzeigen. Für die eigentliche Schadensabwicklung ist der Verwalter nicht berufen – sofern er mit dem oder den betroffenen Wohnungseigentümern individuell nichts anderes vereinbart. Ein betroffener Wohnungseigentümer muss sich daher **grundsätzlich selbst** um versicherte Schäden im Sondereigentum kümmern:

- Der Wohnungseigentümer bedarf zur Durchsetzung seiner Ansprüche zunächst der Vertragsdaten des Versicherungsvertrages. Diese Daten muss ihm der Verwalter mitteilen.
- Ferner bedarf der Wohnungseigentümer einer Zustimmung der Wohnungseigentümergemeinschaft, gegen den Versicherer vorzugehen. Diese Zustimmung muss der Verwalter – wenn er ermächtigt ist – erteilen. Kann der Verwalter nicht handeln, müssen die anderen Wohnungseigentümer die Zustimmung für die Wohnungseigentümergemeinschaft erteilen.
- Fehlt es an einer Zustimmung, kann ein Wohnungseigentümer Rechte geltend machen, wenn er ausnahmsweise im Besitz des Versicherungsscheins ist und dieser Fall im Versicherungsvertrag nicht ausgeschlossen ist.
- Vorstellbar und durchaus üblich ist es, dass die Wohnungseigentümergemeinschaft über den Verwalter für einen Wohnungseigentümer auch die auf sein Sondereigentum entfallende Versicherungssumme „einzieht" und dem Wohnungseigentümer die Summe dann auskehrt.
- Unternimmt die Wohnungseigentümergemeinschaft hinsichtlich einer Schadensregulierung gar nichts, soll ein Wohnungseigentümer ausnahmsweise den Anspruch eigenständig gegenüber dem Versicherer geltend machen können.

Probleme können bei Aufteilung eines im Versicherungsvertrag vereinbarten Selbstbehalts („Eigenbeteiligung") entstehen. Ist nur gemeinschaftliches Eigentum betroffen, gibt es natürlich keine Probleme. Sind hingegen gemeinschaftliches Eigentum und Sondereigentum betroffen, ist streitig was gilt: Teilweise wird vertreten, dass der Selbstbehalt unabhängig von der Schadenverteilung zwischen gemeinschaftlichen und Sondereigentum anteilig von sämtlichen Wohnungseigentümern zu tragen ist. Nach anderen muss im Schadensfall hingegen jeder Wohnungseigentümer den bei ihm eingetretenen Schaden selbst tragen, soweit dieser unversichert ist.

Die **Haus- und Grundbesitzerhaftpflicht** dient dem Schutz der Wohnungseigentümer gegen die aus dem gemeinschaftlichen Eigentum aufgrund gesetzlicher Haftpflichtbestimmungen privatrechtlichen Inhalts drohenden Risiken. Insbesondere sollen durch eine Haus- und Grundbesitzerhaftpflicht gegen die Wohnungseigentümer gerichtete Schadenersatzansprüche oder Ansprüche wegen Verletzung einer Verkehrssicherungspflicht angemessen abgewehrt werden können.

Weitere Versicherungen

Die Wohnungseigentümer können nach billigem Ermessen einen **weitergehenden Versicherungsschutz** bestimmen. In Betracht kommen etwa:

- eine Elementarversicherung;
- eine Gewässerschadenhaftpflichtversicherung (Ölschadenversicherung);
- eine Leitungswasserschadenversicherung;
- eine Rechtsschutzversicherung;
- eine Sturm- und Hagelschadenversicherung;
- eine Gebäudeglasversicherung;
- eine Wohnungs- und Grundstücksrechtsschutz-Versicherung;
- eine Hausgeldausfallversicherung;
- eine Versicherung der Verwaltungsbeiräte (dazu noch S. 98).

ee) Instandhaltungsrückstellung. (Instandhaltungsrücklage) Jeder Wohnungseigentümer hat einen Anspruch darauf, dass von sämtlichen Wohnungseigentümern eine angemessene Instandhaltungsrückstellung angesammelt wird. Diese Instandhaltungsrückstellung dient der Instandsetzung und/oder Instandhaltung des **gemeinschaftlichen Eigentums**. Typische Verwendungszwecke sind etwa:

- die Reparatur oder Erneuerung der Balkone;
- die Reparatur oder Erneuerung des Daches;
- die Reparatur oder Erneuerung der Fenster;
- die Reparatur oder Erneuerung der Heizung;
- die Reparatur oder Erneuerung der Türen;
- Dekorationsarbeiten im Treppenhaus;
- Gartenarbeiten;
- Kleinreparaturen.

In welcher Höhe eine Instandhaltungsrückstellung anzusammeln ist, hängt von den Umständen des Einzelfalls ab. Auch bei der Festsetzung des jährlichen Beitrags zur Instandhaltungsrückstellung haben die Wohnungseigentümer ein Ermessen. Angemessen und ermessensfehlerfrei ist in der Regel die Höhe, die ein „verständiger und vorausschauender Eigentümer" zurücklegen würde. Prüfsteine für die Ermittlung einer angemessenen Höhe können sein:

- die Beschaffenheit der Anlage/der bauliche Zustand der Anlage, vor allem ihr Alter;
- die Größe der Anlage;
- die Lage der Anlage in der Umwelt, etwa am Meer oder in den Bergen;
- bauliche Besonderheiten;
- Reparaturanfälligkeit;
- die wirtschaftlichen Verhältnisse der Wohnungseigentümer;
- die Instandsetzungsplanung (S. 53).

Als **Faustregel** für die Berechnung einer angemessenen Höhe der Instandhaltungsrückstellung gilt für Neuanlagen eine jährliche Zuweisung zur Instandhaltungsrückstellung von 0,8 bis 1,0 % des Kaufpreises ab Baufertigstellung.

§ 28 der II. Berechnungsverordnung

Anhaltspunkt für die Höhe einer Rückstellung ist § 28 der II. Berechnungsverordnung. Als Instandhaltungskosten dürfen danach je Quadratmeter Wohnfläche im Jahr angesetzt werden:

- für Wohnungen, deren Bezugsfertigkeit am Ende des Kalenderjahres weniger als 22 Jahre zurückliegt, höchstens 7,10 EUR;
- für Wohnungen, deren Bezugsfertigkeit am Ende des Kalenderjahres mindestens 22 Jahre zurückliegt, höchstens 9 EUR;
- für Wohnungen, deren Bezugsfertigkeit am Ende des Kalenderjahres mindestens 32 Jahre zurückliegt, höchstens 11,50 EUR.

Diese Sätze verringern sich bei eigenständig gewerblicher Leistung von Wärme um 0,20 EUR und erhöhen sich für Wohnungen, für die ein maschinell betriebener Aufzug vorhanden ist, um 1 EUR.

ff) Wirtschaftsplan. Jeder Wohnungseigentümer hat das Recht, dass der Verwalter jeweils für ein Kalenderjahr einen Wirtschaftsplan aufstellt (dazu S. 62). Ohne einen Wirtschaftsplan ist die Wohnungseigentümergemeinschaft in der Regel nicht in der Lage, Verbindlichkeiten aus von ihr geschlossenen Verträgen zu bedienen.

gg) Duldung von Maßnahmen Jeder Wohnungseigentümer hat einen Anspruch darauf, dass bestimmte das gemeinschaftliche Eigentum eigentlich beeinträchtigende Maßnahmen von den anderen Wohnungseigentümern dennoch geduldet werden. Erforderliche Maßnahmen dienen:

- der Herstellung einer Fernsprechteilnehmereinrichtung (Telefonanschluss, auch Zweitanschluss; Telex- und Telefaxanschluss; Internet) zugunsten eines Wohnungseigentümers;

- der Herstellung einer Rundfunkempfangsanlage zugunsten eines Wohnungseigentümers, wenn entsprechende Gemeinschaftseinrichtungen fehlen;

- der Herstellung eines Energieversorgungsanschlusses zugunsten eines Wohnungseigentümers;

- der Herstellung eines Fernsehempfangs, insbesondere wegen einer Gemeinschaftsantenne, wenn entsprechende Gemeinschaftseinrichtungen fehlen.

c) Recht auf einen Verwalter

Fehlt in einer Wohnungseigentumsanlage ein Verwalter, kann jeder Wohnungseigentümer **ohne weitere Darlegung** von Tatsachen, etwa einer besonderen Dringlichkeit, oder einer bestimmten dringenden Maßnahme, die Bestellung eines Verwalters verlangen. Können sich die Wohnungseigentümer darüber nicht verständigen, kann eine Klage auf Bestellung eines konkret vorgeschlagenen oder auf einen vom Gericht zu bestimmenden Verwalter erhoben werden („Notverwalter").

Einstweilige Verfügung

Weil sich eine Klage hinziehen kann – und häufig hinziehen wird –, kann bei Dringlichkeit – die auch im Laufe eines Verfahrens eintreten kann – eine Bestellung auch im Wege einer einstweiligen Verfügung erreicht werden.

4. Beschluss-Sammlung

Jeder Wohnungseigentümer hat ein Recht darauf, dass der Verwalter eine Beschluss-Sammlung führt. In der Beschluss-Sammlung muss der Verwalter die Versammlungsbeschlüsse, die schriftlichen Beschlüsse und die gerichtlichen Entscheidungen in einer WEG-Sache sammeln. Unter anderem die Wohnungseigentümer sollen durch die Beschluss-Sammlung die Möglichkeit haben, sich rasch und auf einem einfachen Wege über das zu informieren, was in einer Wohnungseigentumsanlage gilt. In welcher Form der Verwalter die Beschluss-Sammlung führt, ist seine Sache. Größere Wohnungseigentumsverwalter werden in der Regel eine Software haben, kleinere Wohnungseigentumsverwalter werden die Sammlung eher in einem Stehordner führen. Beide Wege sind nicht zu beanstanden. Die Wohnungseigentümer können auch eine Weisung erteilen.

Die Beschluss-Sammlung kann von jedem Wohnungseigentümer eingesehen werden. Will ein Wohnungseigentümer von seinem Einsichtsrecht Gebrauch machen, sollte er seinen Wunsch dem Verwalter vorher mitteilen und mit ihm einen Termin vereinbaren. Ein Wohnungseigentümer kann auch einen Dritten, beispielsweise einen potentiellen Erwerber oder einen Rechtsanwalt, ermächtigen, an seiner Stelle das Einsichtsrecht wahrzunehmen.

Das Augenmerk sollte vor allen Dingen solchen Beschlüssen gewidmet werden, die „besonders" sind. Besondere Beschlüsse können etwa Ermächtigungen für den Verwalter enthalten, größere Bauvorhaben regeln oder solche Beschlüsse sein, die auf einer gesetzlichen oder gewillkürten Öffnungsklausel (dazu S. 66) beruhen. Insbesondere die letzteren Beschlüsse sind von enormer Bedeutung für alle Wohnungseigentümer, da sie häufig die Vereinbarungen, die zum Inhalt des jeweiligen Sondereigentums gemacht wurden, abändern.

5. Recht auf ein ordnungsmäßiges Wirtschaftswesen

a) Überblick

Soweit für eine Eigentumswohnung **Kosten** oder Lasten anfallen, wenn beispielsweise vom Wohnungseigentümer und seiner Familie Strom oder Wasser verbraucht werden, geht das die anderen Wohnungseigentümer grundsätzlich nichts an: Für die Betriebs- und Verwaltungskosten und die Kosten der Erhaltung seiner Eigentumswohnung muss jeder Wohnungseigentümer **allein** einstehen. Anders ist es, wenn beispielsweise der im Sondereigentum verbrauchte Strom oder andere Betriebskosten über die Wohnungseigentümergemeinschaft abgerechnet werden. Und anders ist es natürlich mit den Kosten und Lasten des gemeinschaftlichen Eigentums. Diese Kosten und Lasten müssen von den Wohnungseigentümern als Miteigentümern des gemeinschaftlichen Eigentums **gemeinsam** aufgebracht werden. Aufbringung und ordnungsmäßige Verwaltung der für das gemeinschaftliche Eigentum notwendigen Mittel sind für jeden Wohnungseigentümer elementar. Jeder Wohnungseigentümer hat vor diesem Hintergrund ein **Recht** und einen **Anspruch auf ein ordnungsmäßiges Wirtschaftswesen.**

Außenhaftung

Fehlt es an einem ordnungsmäßigen Wirtschaftswesen, kann ein Wohnungseigentümer schnell **Ärger mit Dritten** bekommen. Etwa die Müllabfuhr, der Verwalter, ein Malermeister oder der Gärtner werden sich – verfügt die Wohnungseigentümergemeinschaft nicht für die für die Verwaltung notwendigen Mittel – an den Wohnungseigentümer wenden, der „zahlen" kann. Dies geschieht auch mit Recht. Denn jeder Wohnungseigentümer haftet Dritten nach dem Verhältnis seines Miteigentumsanteils für Verbindlichkeiten der Wohnungseigentümergemeinschaft, wenn mit dem Dritten nichts anderes vereinbart ist. In diesem Falle können schnell einige Tausende Euro etwa für Wasser zusammenkommen, das alle Wohnungseigentümer verbraucht haben.

b) Wirtschaftsplan

Jeder Wohnungseigentümer hat einen Anspruch darauf, dass der Verwalter jeweils für ein Kalenderjahr einen **Gesamtwirtschaftsplan** aufstellt. Im Gesamtwirtschaftsplan stellt der Verwalter aufgrund seiner Schätzungen, der Erfahrungen der Vorjahre sowie auf Grundlage der ihm bekannten Verbrauchsmengen, Tarife und Gebühren zusammen, welcher **Gesamtbetrag** zur Lasten- und Kostenbestreitung in einem Wirtschaftsjahr sowie zur Bedienung der Instandhaltungsrückstellung voraussichtlich benötigt wird und von den Wohnungseigentümern aufzubringen ist.

Genehmigen die Wohnungseigentümer diesen Plan durch einen Beschluss zum Wirtschaftsplan und zu den Einzelplänen für jede Einheit der Wohnungseigentumsanlage, steht fest, welcher Wohnungseigentümer welches Hausgeld (andere nennen es Wohngeld) im Wirtschaftsjahr schuldet. Dieses Hausgeld ist dann im Anschluss vom Verwalter anzufordern, was in der Regel – aber nicht zwingend – monatlich geschieht. Reicht das Hausgeld nicht aus und kommt es zu einem Liquiditätsengpass, muss der Verwalter auf eine für diesen Fall gebildete Rücklage zurückgreifen (Liquiditätsreserve). Fehlt es an dieser (wie meist), sollte der Verwalter die Wohnungseigentümer bitten, eine Sonderumlage zu zahlen. Eine Sonderumlage ist eine Ergänzung des Wirtschaftsplans, gleichsam ein Nachtragshaushalt, für Kosten, mit denen nicht zu rechnen war. Ferner kann eine Sonderumlage dazu dienen, kurzfristig Mittel aufzubringen etwa für eine energetische oder anderweitige Sanierung der Immobilie. Die Rechtsprechung sieht es schließlich auch als möglich an, dass die

Wohnungseigentümergemeinschaft einen Darlehensvertrag schließt. Unstreitig ist nämlich, dass die Wohnungseigentümer eine Kompetenz haben, über den Abschluss eines Darlehensvertrages abzustimmen. Streitig ist nur, wann der Abschluss ordnungsmäßiger Verwaltung entspricht.

Besteht ein Liquiditätsengpass, darf sich der Verwalter hingegen nicht der Mittel der Instandhaltungsrückstellung bedienen. Diese Mittel sind zweckgebunden für die Sanierung der Immobilie. Verwalter greifen in der Praxis zwar gern auf die Mittel der Instandhaltungsrückstellung zurück. Dieses entspricht aber nicht ordnungsmäßiger Verwaltung, wenn die Wohnungseigentümer einen Ausgleich von Engpässen mit Mitteln der Instandhaltungsrückstellung ausdrücklich angeordnet haben.

Muster für Entnahme aus der Rückstellung

Der Verwalter wird für den Fall, dass das Verwaltungsvermögen nicht ausreicht, die Verbindlichkeiten der Wohnungseigentümergemeinschaft ___ [Name] zu bedienen, ermächtigt, einmalig [alternativ: zweimalig] Teile der Instandhaltungsrückstellung in Höhe von 3/12 der für das Jahr ___ [Angabe des Jahres] insgesamt geplanten Zuführung zu Mitteln zur Bedienung von Betriebs- und Verwaltungskosten umzuwidmen. Der Vorsitzende des Verwaltungsbeirats ist unverzüglich schriftlich über den konkreten Anlass und die Höhe der umgewidmeten Mittel zu informieren. Ist absehbar, dass die umgewidmeten Mittel nicht ausreichen, ist eine Versammlung einzuberufen; deren Gegenstand ist die Information über die Vermögenslage und Mittel, einer Illiquidität entgegenzutreten.

---

c) Abrechnung

Der Verwalter einer Wohnungseigentumsanlage erhält im Laufe des Jahres von den Wohnungseigentümern durch das Hausgeld ihm nicht gehörende Mittel. Diese setzt der Verwalter in der Regel so ein, wie es die Wohnungseigentümer bestimmt haben: Beispielsweise bezahlt er Versicherungsprämien, gleicht die Rechnung der Müllabfuhr aus, kauft Öl ein, bezahlt den Winterdienst usw. Am Ende des Jahres muss der Verwalter über alle diese Vorgänge abrechnen.

Abrechnung meint, dass der Verwalter darüber „Rechenschaft" abgelegt, welche Mittel er erlangt und welche Mittel er ausgegeben hat. Zu den Einzelheiten siehe S. 87 ff.

Einsichtnahme in Verwaltungsunterlagen

Zur Kontrolle der Abrechnung und zu seiner Information kann jeder Wohnungseigentümer die Verwaltungsunterlagen einsehen (S. 136 ff.). In Betracht kommen etwa:

- Buchungsunterlagen des Verwalters;
- Belege, insbesondere
  - Rechnungen,
  - Angebote,
  - Verträge;
- Gutachten;
- Stellungnahmen in juristischen Angelegenheiten;
- Verträge.

d) Recht auf angemessene Verteilungsschlüssel

Im gemeinschaftlichen Eigentum fallen Betriebs- und Verwaltungskosten sowie Lasten an. Jeder Wohnungseigentümer hat ein Recht darauf, dass diese Kosten und Lasten **angemessen** und **gerecht** verteilt werden. Für das, was eine „gerechte" Verteilung ist, macht das Gesetz Vorschläge. Die gesetzlichen Vorschläge für die Umlage von Kosten und Lasten werden vielfach zutreffen. Die gesetzlichen Vorschläge können aber auch zu einer **unangemessenen** Verteilung führen, beispielsweise in einer Mehrhausanlage oder wenn die Höhe der jeweiligen Miteigentumsanteile nicht den Wohn- und Nutzflächen entsprechen.

Die Wohnungseigentümer haben daher das Recht, von den gesetzlichen Verteilungsschlüsseln **abzuweichen** und für ihre Wohnungseigentumsanlage etwas anderes zu bestimmen. Für eine Änderung bedarf es zum Teil nur eines Beschlusses. Zum Teil bedarf es aber auch einer Vereinbarung.

Die gesetzlichen Verteilungsschlüssel	
Kostenposition	**gesetzlicher Verteilungs-schlüssel**
Verbindlichkeiten der Wohnungseigentümerge-meinschaft (Rechnung eines Werkunternehmers)	Verhältnis der Miteigentumsanteile
Schlüssel für Ansammlung der Instandhaltungs-rückstellung	Verhältnis der Miteigentumsanteile
Lasten des gemeinschaftlichen Eigentums (z. B. Gebührenbescheid des Schornsteinfegers)	Verhältnis der Miteigentumsanteile
Betriebskosten des gemeinschaftlichen Eigentums (z. B. Stromkosten für Treppenhaus)	Verhältnis der Miteigentumsanteile
Verwaltungskosten des gemeinschaftlichen Eigentums (Honorar des Verwalters)	Verhältnis der Miteigentumsanteile
Instandhaltungen oder Instandsetzungen des gemeinschaftlichen Eigentums (z. B. Renovierung des Treppenhauses)	Verhältnis der Miteigentumsanteile
bauliche Veränderungen des gemeinschaftlichen Eigentums	Verhältnis der Miteigentumsanteile der Wohnungseigentümer, die der Veränderung zugestimmt haben
Modernisierungen des gemeinschaftlichen Eigentums (z. B. Einbau eines Aufzuges)	Verhältnis der Miteigentumsanteile
Modernisierende Instandsetzungen (z. B. Einbau von Kunststofffenstern statt maroder Holzfenster)	Verhältnis der Miteigentumsanteile
Kosten und Lasten des Sondereigentums, die über die Wohnungseigentümergemeinschaft abgerech-net werden (etwa Kosten des Kabelfernsehens)	Verhältnis der Miteigentumsanteile

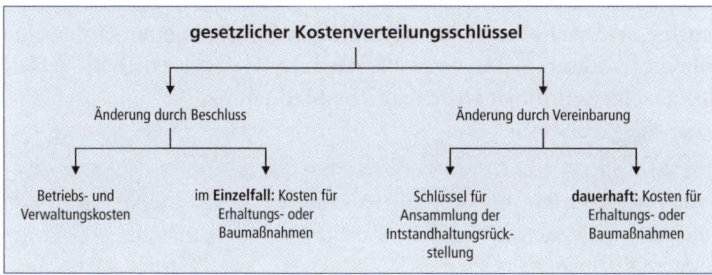

Änderungsmöglichkeiten

aa) Beschlusskompetenzen. Die Wohnungseigentümer können einen anderen als den gesetzlichen Verteilungsschlüssel beschließen, etwa einen Schlüssel nach Wohn- und Nutzfläche, soweit ihnen eine **Vereinbarung** erlaubt, im Wege eines Beschlusses zu handeln („Öffnungsklausel"). Wird dieser Weg beschritten, ist darauf zu achten, dass einzelne Wohnungseigentümer gegenüber dem früheren Rechtszustand **nicht unbillig** benachteiligt werden.

Sachlicher Grund

Eine „sachlichen Grundes" bedarf es hingegen nicht. Die Rechtsprechung hat diese Voraussetzung mittlerweile aufgegeben. Will ein Wohnungseigentümer geltend machen, dass er nicht erkennen kann, warum ein Verteilungsschlüssel geändert wurde, so muss er dieses daher jetzt im Rahmen der Prüfung der Ordnungsmäßigkeit ansprechen. Dort ist der „sachliche Grund" allerdings nur einer von mehreren Prüfsteinen.

Die Wohnungseigentümer können den gesetzlichen, aber auch einen vereinbarten Verteilungsschlüssel ferner nach den Bestimmungen des § 16 Absatz 3 und Absatz 4 WEG ändern. Der kompliziert gefasste § 16 Absatz 3 WEG erlaubt dabei die **dauerhafte** Änderung eines vereinbarten oder des gesetzlichen Verteilungsschlüssels für die **Betriebs- und Verwaltungskosten**. Die Wohnungseigentümer haben nach § 16 Absatz 3 WEG allerdings **keine** Befugnis, einen Wohnungseigentümer, der nach einer bestehenden Vereinbarung von der Tragung bestimmter Kosten oder der Kostentragungspflicht **insgesamt befreit** ist, erstmals an den Kosten zu beteiligen (siehe auch S. 47). § 16 Absatz 4 WEG erlaubt hingegen eine jeweils **einmalige** Änderung des vereinbarten oder des gesetzlichen Verteilungsschlüssels für jedwede bauliche Maßnahme.

Veränderung eines Verteilungsschlüssels durch Beschluss		
Verteilungsschlüssel für	Erlaubnisvorschrift	Beschlussmehrheit
Verbindlichkeiten der Wohnungseigentümergemeinschaft (Rechnung eines Werkunternehmers)	–	–
Ansammlung der Instandhaltungsrückstellung	–	–

Veränderung eines Verteilungsschlüssels durch Beschluss		
Verteilungsschlüssel für	Erlaubnis-vorschrift	Beschlussmehrheit
Lasten (z. B. Kosten des Schornsteinfegers)	–	–
Betriebskosten (etwa Kosten des Aufzugs)	möglich nach § 16 Absatz 3 WEG	mehr Ja- als Nein-Stimmen der in einer Versammlung anwesenden Wohnungseigentümer
Verwaltungskosten (etwa Honorar des Verwalters)	möglich nach § 16 Absatz 3 WEG	mehr Ja- als Nein-Stimmen der in einer Versammlung anwesenden Wohnungseigentümer
besonderer Gebrauch des gemeinschaftlichen Eigentums (z. B. viele Umzüge)	möglich nach § 21 Absatz 7 WEG	mehr Ja- als Nein-Stimmen der in einer Versammlung anwesenden Wohnungseigentümer
Verwaltungsmaßnahmen, die besondere Kosten verursachen (Erklärung des Verwalters für eine Veräußerung)	möglich nach § 21 Absatz 7 WEG	mehr Ja- als Nein-Stimmen der in einer Versammlung anwesenden Wohnungseigentümer
bauliche Veränderungen des gemeinschaftlichen Eigentums	möglich nach § 16 Absatz 4 WEG	drei Viertel aller stimmberechtigten Wohnungseigentümer der Anlage, die mehr als der Hälfte aller Miteigentumsanteile repräsentieren
Instandhaltungen oder Instandsetzungen des gemeinschaftlichen Eigentums (z. B. Renovierung des Treppenhauses)	möglich nach § 16 Absatz 4 WEG	drei Viertel aller stimmberechtigten Wohnungseigentümer der Anlage, die mehr als der Hälfte aller Miteigentumsanteile repräsentieren
Modernisierungen des gemeinschaftlichen Eigentums (z. B. Einbau eines Aufzuges)	möglich nach § 16 Absatz 4 WEG	drei Viertel aller stimmberechtigten Wohnungseigentümer der Anlage, die mehr als der Hälfte aller Miteigentumsanteile repräsentieren
Modernisierende Instandsetzungen (z. B. Einbau von Kunststofffenstern statt maroder Holzfenster)	möglich nach § 16 Absatz 4 WEG	drei Viertel aller stimmberechtigten Wohnungseigentümer der Anlage, die mehr als der Hälfte aller Miteigentumsanteile repräsentieren
Kosten des Sondereigentums, die über die Wohnungseigentümergemeinschaft abgerechnet werden (etwa Kosten des Kabelfernsehens)	möglich nach § 16 Absatz 3 WEG	mehr Ja- als Nein-Stimmen der in einer Versammlung anwesenden Wohnungseigentümer

§ 16 Absatz 3, Absatz 4 WEG.

…

(3) Die Wohnungseigentümer können … durch Stimmenmehrheit beschließen, dass die Betriebskosten des gemeinschaftlichen Eigentums oder des Sondereigentums im Sinne des § 556 Absatz 1 des Bürgerlichen Gesetzbuches, die nicht unmittelbar gegenüber Dritten abgerechnet werden, und die Kosten der Verwaltung nach Verbrauch oder Verursachung erfasst und nach diesem oder nach einem anderen Maßstab verteilt werden, soweit dies ordnungsmäßiger Verwaltung entspricht.

(4) Die Wohnungseigentümer können im Einzelfall zur Instandhaltung oder Instandsetzung im Sinne des § 21 Absatz 5 Nummer 2 oder zu baulichen Veränderungen oder Aufwendungen im Sinne des § 22 Absatz 1 und 2 durch Beschluss die Kostenverteilung abweichend von Absatz 2 regeln, wenn der abweichende Maßstab dem Gebrauch oder der Möglichkeit des Gebrauchs durch die Wohnungseigentümer Rechnung trägt. Der Beschluss zur Regelung der Kostenverteilung nach Satz 1 bedarf einer Mehrheit von drei Viertel aller stimmberechtigten Wohnungseigentümer im Sinne des § 25 Absatz 2 und mehr als der Hälfte aller Miteigentumsanteile.

Wird die vom Gesetz für eine Änderung verlangte **Stimmenmehrheit** (oder eine vereinbarte Stimmenmehrheit, was geringere Anforderungen stellt) **nicht** erreicht, ein Beschluss aber dennoch verkündet und wird dieser Beschluss nicht angegriffen, erwächst er – obwohl er rechtswidrig ist – in „Bestandskraft" – wird also gerichtlich unangreifbar. Zu den Mehrheiten, die verschiedene Beschlüsse erreichen müssen, siehe im Übrigen im Überblick S. 138.

bb) Vereinbarungszwang. Fehlt eine Beschlusskompetenz zur Änderungen eines gesetzlichen oder vereinbarten Verteilungsschlüssels, können die Wohnungseigentümer den geltenden Verteilungsschlüssel **nur** durch eine Vereinbarung ändern und den Gegebenheiten ihrer Wohnungseigentumsanlage anpassen.

Erhaltungskosten

Die Wohnungseigentümer können etwa vereinbaren, dass Balkone, die zum ausschließlichen Gebrauch durch einen Wohnungseigentümer bestimmt sind, auf dessen Kosten instandzusetzen und instandzuhalten sind. Eine Vereinbarung kann ferner die Pflicht zur Instandhaltung und

Instandsetzung der Fenster nebst Rahmen in dem räumlichen Bereich des Sondereigentums den einzelnen Wohnungseigentümern zuweisen. Nimmt eine solche Vereinbarung allerdings den Außenanstrich aus, ist eine vollständige Erneuerung der Fenster auf Kosten sämtlicher Wohnungseigentümer vorzunehmen.

Eine Vereinbarung für die Betriebs- und Verwaltungskosten ist allerdings nicht „beschlussfest", da die Wohnungseigentümer jederzeit entgegen der Vereinbarung wiederum etwas anderes beschließen dürfen und es für die Änderung auch keines sachlichen Grundes bedarf.

Kosten für bauliche Veränderungen

Eine Vereinbarung empfiehlt sich daher nur für die Kosten für bauliche Veränderungen im weitesten Sinne (das ist der Bereich des § 16 Absatz 4 WEG). Dort besteht ja nur für den **Einzelfall** eine Beschlusskompetenz. Streitig ist dort allerdings noch, was man sich wohl unter dem Begriff „Einzelfall" vorstellen muss. Die Frage stellt sich vor allem für die **Folgekosten** einer Modernisierungsmaßnahme oder einer baulichen Veränderung.

cc) Neue Verteilungsschlüssel. Gesetzlicher Verteilungsschlüssel für die Verteilung der Lasten und Kosten des gemeinschaftlichen Eigentums ist das **Verhältnis der Miteigentumsanteile.** Neben diesem Verteilungsschlüssel kommen unter anderem folgende in Betracht, die gewählt werden können, wenn sie in der konkreten Wohnungseigentumsanlage ordnungsmäßiger Verwaltung entsprechen:

- Verbrauch, etwa Kaltwasser (in diesem Falle sollte auch bestimmt werden, dass eine Messeinrichtung geschaffen wird);

- Wohn- und Nutzfläche, etwa für die Verteilung der Kosten der Hausreinigung (in diesem Falle sollte auch bestimmt werden, auf welche Weise, etwa unter Nutzung der Wohnflächenverordnung, und durch wen die Wohn- und Nutzfläche berechnet werden soll);

- Anzahl der Einheiten, etwa für die Verteilung der Kosten des Kabelfernsehens;

- Anzahl der eine Einrichtung Nutzenden, beispielsweise für den Aufzug.

dd) Klage auf Änderung. Machen Wohnungseigentümer von der Möglichkeit, von den gesetzlichen oder vereinbarten Verteilungsschlüsseln abzuweichen, keinen Gebrauch – bestimmen sie also keinen anderen – kann ein Wohnungseigentümer im Einzelfall einen **Anspruch** auf eine Änderung haben.

Erzwungene Änderung

Eine Klage auf Änderung des geltenden Verteilungsschlüssels für eine bestimmte Position der Betriebskosten, etwa die Kosten der Treppenhausreinigung, hat Erfolg, wenn sich das den Wohnungseigentümern eingeräumte Ermessen insoweit auf Null reduziert hat. Eine gewisse Erleichterung verschafft zwar die Ansicht, dass eine Reduzierung bereits dann anzunehmen ist, wenn ein Wohnungseigentümer nach dem geltenden Verteilungsschlüssel mehr als 25 % der Kosten zu tragen hat, als er bei einer gerechten Verteilung zu tragen hätte. Dieses Maß wird in vielen Fällen allerdings nicht erreicht werden und ist im Übrigen **nicht der alleinige Maßstab** für die Frage einer Ermessensreduzierung (siehe noch S. 74). Bevor daher ein Wohnungseigentümer auf eine Änderung klagt, sollte er seine Miteigentümer in der Versammlung davon überzeugen und Mehrheiten für seine Ansicht finden, dass die derzeitige Verteilung eine Mehrheit von Wohnungseigentümern ungerecht belastet.

Sofern eine Einzelfallregelung Klageziel ist, setzt nach der Rechtsprechung der Anspruch gemäß § 16 Absatz 4 WEG voraus, dass die Voraussetzungen von § 10 Absatz 2 Satz 3 WEG gegeben sind (dazu S. 74). Es ist also erforderlich, dass ein Festhalten an dem gesetzlichen Kostenverteilungsmaßstab aus schwerwiegenden Gründen unter Berücksichtigung aller Umstände des Einzelfalls, insbesondere der Rechte und Interessen der anderen Wohnungseigentümer, unbillig erscheint.

e) Gegenrechte eines Wohnungseigentümers

Wird ein Wohnungseigentümer auf Zahlung von Hausgeld in Anspruch genommen, stehen ihm im Einzelfall Gegenrechte zu. Es kann beispielsweise sein, dass ein Wohnungseigentümer für die Wohnungseigentümergemeinschaft Aufwendungen getätigt, etwa die Forderung eines Trägers der Daseinsvorsorge (etwa die Müllabfuhr) ausgeglichen hat. Ferner ist vorstellbar, dass ein Wohnungseigentümer Rechte geltend machen kann, die von der Wohnungseigentümergemeinschaft noch nicht erfüllt worden sind, etwa die Auszahlung eines Guthabens.

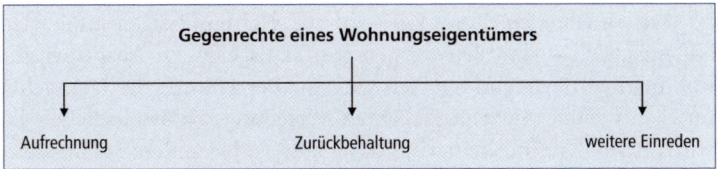

Gegenrechte eines Wohnungseigentümers

aa) Recht auf Aufrechnung. Hat die Wohnungseigentümergemeinschaft gegen einen Wohnungseigentümer einen Anspruch, beispielsweise einen auf Ausgleich offenen Hausgelds, hat ein Wohnungseigentümer seinerseits aber eine Forderung gegen die Wohnungseigentümergemeinschaft, ist über eine „Aufrechnung" nachzudenken (Aufrechnung meint, dass der Berechtigte eine fällige Forderung nicht bedient und zugleich auf die Durchsetzung einer eigenen Forderung im Wege der Verrechnung verzichtet). Eine solche Aufrechnung ist im Wohnungseigentumsrecht allerdings nur **sehr eingeschränkt zulässig.** Überwiegend wird sie **nur zugelassen,** wenn die Forderung, mit der der Wohnungseigentümer aufrechnen will:

- von einem Gericht rechtskräftig festgestellt ist;

- unstreitig ist;

- von der Wohnungseigentümergemeinschaft anerkannt ist.

- Ein weiterer Fall soll dann anzunehmen sein, wenn ein Wohnungseigentümer im Wege der Notgeschäftsführung (S. 44 ff.) Aufwendungen hatte, die letztlich nicht er allein, sondern sämtliche Wohnungseigentümer zu tragen haben, zum Beispiel die Notreparaturen eines Daches, das Auspumpen des Kellers, aber auch die Bedienung der Forderung eines Trägers der Daseinsvorsorge.

bb) Recht auf Zurückbehaltung. Für das Recht eines Wohnungseigentümers, von ihm geschuldete Leistungen, vor allem das Hausgeld, zurückzuhalten, gilt das zur Aufrechnung Gesagte entsprechend. Auch ein Zurückbehaltungsrecht ist allenfalls unter den zur Aufrechnung ausgeführten Einschränkungen möglich, im Übrigen aber unzulässig.

cc) Weitere Einreden. Zum Teil wird ein Wohnungseigentümer, der auf Ausgleich – vor allen Dingen von Hausgeld – in Anspruch genommen wird, geltend machen, dass die Berechnung des Hausgelds unter aus seiner Sicht ungerechten Verteilungsschlüsseln leidet. Er wird also geltend machen, dass das Hausgeld bei anderen Schlüsseln ein anderes wäre und dass er nur bereit ist, das nach einem gerechten Verteilungsschlüssel berechnete Hausgeld zu bedienen. Ob dieser Einwand möglich ist, ist allerdings streitig; in geeigneten Fällen sollte er dennoch erhoben werden.

6. Klage auf eine ordnungsmäßige Verwaltung

a) Überblick

Jeder Wohnungseigentümer hat einen Anspruch darauf, dass das gemeinschaftliche Eigentum so verwaltet wird, wie es die Gesetze, die Vereinbarungen der Wohnungseigentümer und die Beschlüsse der Wohnungseigentümer vorschreiben („Recht auf eine ordnungsmäßige Verwaltung"). Wird das gemeinschaftliche Eigentum „falsch" verwaltet, kann daher ein Wohnungseigentümer auf eine **ordnungsmäßige Verwaltung klagen**.

Verjährung

Der Anspruch des Wohnungseigentümers auf ordnungsmäßige Verwaltung ist grundsätzlich unverjährbar.

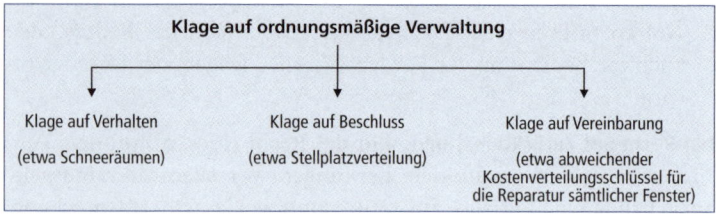

Erzwingung einer ordnungsmäßigen Verwaltung

Zu unterscheiden ist dann, ob eine Regelung vorhanden ist, vom Verpflichteten aber ignoriert wird, oder aber, ob es an einer Regelung vollständig fehlt und diese erst geschaffen werden muss.

b) Klage auf ein „Verhalten"

Besteht eine Regelung, wie das gemeinschaftliche Eigentum zu verwalten ist, hält sich der Verpflichtete aber nicht daran, ruft der Verwalter zum Beispiel die Versammlung nicht zu dem vereinbarten Zeitpunkt ein oder erbringt ein Wohnungseigentümer für das gemeinschaftliche Eigentum eine Leistung nicht, die zwischen den Wohnungseigentümern vereinbart ist, kann auf dieses Verhalten geklagt werden.

c) Klage auf einen Beschluss

Wenn die bisherige Situation nicht hinnehmbar ist und allein ein diese ändernder Beschluss ordnungsmäßiger Verwaltung entspricht, kann ein Wohnungseigentümer auf diesen Beschluss klagen. Über die Frage, was ordnungsmäßiger Verwaltung entspricht, kann man freilich in der Regel trefflich streiten. Es ist auch nicht an den Gerichten, sie zu entscheiden und das richterliche Ermessen und seine Sichtweise auf die Welt an die Stelle eines ordnungsgemäß ausgeübten Ermessens der Wohnungseigentümer zu setzen. Vor diesem Hintergrund muss ein Wohnungseigentümer seinen Anspruch auf eine Beschlussfassung grundsätzlich im Wege einer so genannten „Gestaltungsklage" verfolgen. Der Antrag muss sich daher auf eine abändernde Beschlussfassung durch gerichtliche Entscheidung richten. Die Klage auf eine **konkrete Beschlussfassung**, die der Wohnungseigentümer in der Regel dann auch formulieren muss, kann allenfalls dann einen Erfolg haben, wenn **allein** der verlangte konkrete Beschluss einer ordnungsmäßigen Verwaltung entspricht („Ermessensreduzierung auf Null"). Ein solcher Fall ist **selten** gegeben.

Schneeräumen

Eine Klage auf einen konkreten Beschluss hatte in einem Fall Erfolg, in dem ein Wohnungseigentümer die Vergabe des Winterdienstes hinsichtlich der straßenseitigen Gehwege und Stellplätze an eine Fachfirma begehrte.

d) Klage auf eine Vereinbarung

Jeder Wohnungseigentümer kann das Recht auf eine das Gesetz ändernde oder auf eine Anpassung einer bestehenden Vereinbarung haben. Dieses ist der Fall, soweit ein **Festhalten an der geltenden Regelung** aus **schwerwiegenden Gründen** unter Berücksichtigung aller Umstände des Einzelfalles, insbesondere der Rechte und Interessen der anderen Wohnungseigentümer, **unbillig** erscheint.

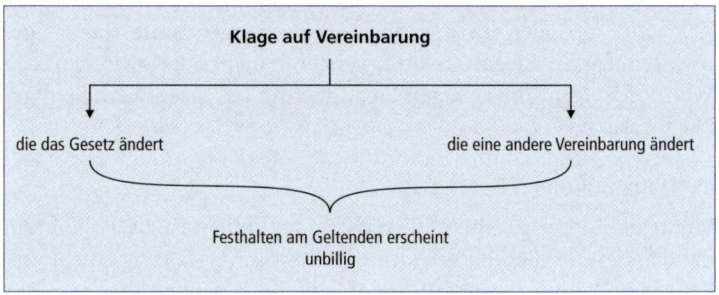

Klage auf eine Vereinbarung

Über die Frage, was „schwerwiegende Gründe" sind und wann das Geltende „unbillig" ist, kann man streiten. Es ist stets eine Frage des Einzelfalls, für dessen Lösung man sämtliche Rechte und Interessen abwägen muss. Klagen, die sich auf diesen Anspruch stützen, erleiden in der Praxis erstaunlich häufig „Schiffbruch". Maßgeblich für die notwendige Abwägung sind unter anderem:

■ der Grundsatz der Gleichbehandlung der Wohnungseigentümer;

■ die Sachgerechtigkeit der verlangten und der geltenden Regelung;

■ eine Veränderung der der geltenden Regelung zugrunde liegenden maßgeblichen tatsächlichen oder rechtlichen Verhältnisse und deren Vorhersehbarkeit;

■ die Risikoverteilung bei unerwarteten Entwicklungen;

■ die Art des Gebrauchs eines Sondereigentums;

■ das Vertrauen in den Bestand der Vereinbarung.

Änderung des Verteilungsschlüssels

Ein schwerwiegender Grund, vom geltenden Verteilungsschlüssel abzuweichen, setzt voraus, dass der geltende Verteilungsschlüssel für den die Änderung verlangenden Wohnungseigentümer zu einer erheblich (grundsätzlich mindestens um 25 vom Hundert) höheren Belastung als eine Verteilung der Kosten nach den Wohn- oder den Nutzflächen führt. Auch eine danach erhebliche Mehrbelastung des Wohnungseigentümers begründet allein allerdings noch keinen Änderungsanspruch. Denn das Maß der Belastung ist nach den Gerichten **nicht das alleinige Kriterium** für die Beurteilung der Unbilligkeit des Festhaltens an dem vereinbarten Verteilungsschlüssel. Ob das Maß reicht, ist vielmehr im Einzelfall abzuwägen. Bei dieser Abwägung spielen unter anderem die Gesichtspunkte der Praktikabilität und der Verlässlichkeit der Verteilung und der daraus folgenden Vorhersehbarkeit der Belastungen eine große Rolle.

7. Wohnungseigentümer als Verwalter

a) Allgemeines zum Verwalter

In jeder Wohnungseigentumsanlage kann es einen Verwalter, in einer Wohnungseigentumsanlage, in der es nur ein Wohnungseigentümer **verlangt**, muss es einen Verwalter geben (S. 59), allerdings **immer nur einen Verwalter**. Auch in „Mehrhausanlagen" (dazu S. 169 ff.) ist die Bestellung mehrerer Verwalter – mag dieses auch im Einzelfall sehr praktisch erscheinen – unzulässig. Der Verwalter einer Wohnungseigentumsanlage ist eines der Mittel, die das Gesetz eingeführt hat, um den Problemen früherer Rechtsformen – dem „Stockwerkseigentum" – entgegenzuwirken. **Besondere Qualifikationsanforderungen** stellt das Gesetz – leider – **nicht** auf. Nach Auffassung der Bundesregierung soll es grundsätzlich den Wohnungseigentümern überlassen bleiben, wen sie als Verwalter für geeignet halten. Besondere Qualifikationsanforderungen würden die Möglichkeit verhindern, einen geeigneten Verwalter aus den eigenen Reihen der Wohnungseigentümer auszuwählen. Die Einführung von Berufsqualifikationen wäre eine subjektive Berufswahlschranke, für die hohe Hürden bestünden. Sie dürften nur insoweit erfolgen, wie der Schutz besonders wichtiger Gemeinschaftsgüter dies zwingend erfordere.

Im Alltag einer Wohnungseigentumsanlage ist der Verwalter **die zentrale „Figur"**: Mit seiner Qualität „steht und fällt" das Leben in einer Wohnungseigentumsanlage, vor allem seine Erhaltung, aber auch die Betreibung offener Verbindlichkeiten, die Bedienung von Forderungen, der Abschluss von Verträgen, der Verkehr mit Behörden usw. Die Auswahl des Verwalters sollte daher stets sehr **sorgfältig** und **nicht leichtfertig** erfolgen. In der Regel sollte der Bewerber intensiv befragt werden. Abgefragt werden sollten wenigstens die S. 80 aufgeführten Prüfsteine.

Anforderung an den Verwalter

Zum Verwalter darf nur eine Person bestellt werden, die über **ausreichende finanzielle Mittel** verfügt und **ausreichende Sicherheit** im Haftungsfall bietet.

b) Aufgaben des Verwalters

Die Aufgaben des Verwalters einer Wohnungseigentumsanlage ergeben sich zum einen aus dem Gesetz. Das Gesetz bestimmt etwa, dass der Verwalter jeweils für ein Kalenderjahr einen Wirtschaftsplan und nach Ablauf des Kalenderjahres eine Abrechnung über den Wirtschaftsplan aufzustellen hat. Die daneben **wesentlichsten Geschäfte** des Verwalters führt die Bestimmung des § 27 Absatz 1 WEG auf. Soweit der Verwalter die Wohnungseigentümer oder die Wohnungseigentümergemeinschaft (siehe dazu im Einzelnen S. 181 ff.) bei einer ihm obliegenden Aufgabe vertreten soll, bestimmen § 27 Absatz 2 und Absatz 3 WEG den Umfang der **gesetzlichen** Vertretungsmacht.

§ 27 WEG. Aufgaben und Befugnisse des Verwalters

(1) Der Verwalter ist gegenüber den Wohnungseigentümern und gegenüber der Gemeinschaft der Wohnungseigentümer berechtigt und verpflichtet,

1. Beschlüsse der Wohnungseigentümer durchzuführen und für die Durchführung der Hausordnung zu sorgen;

2. die für die ordnungsmäßige Instandhaltung und Instandsetzung des gemeinschaftlichen Eigentums erforderlichen Maßnahmen zu treffen;

3. in dringenden Fällen sonstige zur Erhaltung des gemeinschaftlichen Eigentums erforderliche Maßnahmen zu treffen;

4. Lasten- und Kostenbeiträge, Tilgungsbeträge und Hypothekenzinsen anzufordern, in Empfang zu nehmen und abzuführen, soweit es sich um gemeinschaftliche Angelegenheiten der Wohnungseigentümer handelt;

5. alle Zahlungen und Leistungen zu bewirken und entgegenzunehmen, die mit der laufenden Verwaltung des gemeinschaftlichen Eigentums zusammenhängen;

6. eingenommene Gelder zu verwalten;

7. die Wohnungseigentümer unverzüglich darüber zu unterrichten, dass ein Rechtsstreit gemäß § 43 WEG anhängig ist;

8. die Erklärungen abzugeben, die zur Vornahme der in § 21 Absatz 5 Nummer 6 WEG bezeichneten Maßnahmen erforderlich sind.

(2) Der Verwalter ist berechtigt, im Namen aller Wohnungseigentümer und mit Wirkung für und gegen sie

1. Willenserklärungen und Zustellungen entgegenzunehmen, soweit sie an alle Wohnungseigentümer in dieser Eigenschaft gerichtet sind;

2. Maßnahmen zu treffen, die zur Wahrung einer Frist oder zur Abwendung eines sonstigen Rechtsnachteils erforderlich sind, insbesondere einen gegen die Wohnungseigentümer gerichteten Rechtsstreit gemäß § 43 Nummer 1, Nummer 4 oder Nummer 5 WEG im Erkenntnis- und Vollstreckungsverfahren zu führen;

3. Ansprüche gerichtlich und außergerichtlich geltend zu machen, sofern er hierzu durch Vereinbarung oder Beschluss mit Stimmenmehrheit der Wohnungseigentümer ermächtigt ist;

4. mit einem Rechtsanwalt wegen eines Rechtsstreits gemäß § 43 Nummer 1, Nummer 4 oder Nummer 5 WEG zu vereinbaren, dass sich die Gebühren nach einem höheren als dem gesetzlichen Streitwert, höchstens nach einem gemäß § 49a Absatz 1 Satz 1 GKG bestimmten Streitwert bemessen.

(3) Der Verwalter ist berechtigt, im Namen der Gemeinschaft der Wohnungseigentümer und mit Wirkung für und gegen sie

1. Willenserklärungen und Zustellungen entgegenzunehmen;

2. Maßnahmen zu treffen, die zur Wahrung einer Frist oder zur Abwendung eines sonstigen Rechtsnachteils erforderlich sind, insbesondere einen gegen die Gemeinschaft gerichteten Rechtsstreit gemäß § 43 Nummer 2 oder Nummer 5 WEG im Erkenntnis- und Vollstreckungsverfahren zu führen;

2. KAPITEL Die Wohnungseigentümerrechte im Einzelnen

3. die laufenden Maßnahmen der erforderlichen ordnungsmäßigen Instandhaltung und Instandsetzung gemäß § 27 Absatz 1 Nummer 2 WEG zu treffen;

4. die Maßnahmen gemäß § 27 Absatz 1 Nummer 3 bis 5 und 8 WEG zu treffen;

5. im Rahmen der Verwaltung der eingenommenen Gelder gemäß § 27 Absatz 1 Nummer 6 WEG Konten zu führen;

6. mit einem Rechtsanwalt wegen eines Rechtsstreits gemäß § 43 Nummer 2 oder Nummer 5 WEG eine Vergütung gemäß § 27 Absatz 2 Nummer 4 WEG zu vereinbaren;

7. sonstige Rechtsgeschäfte und Rechtshandlungen vorzunehmen, soweit er hierzu durch Vereinbarung oder Beschluss der Wohnungseigentümer mit Stimmenmehrheit ermächtigt ist.

Fehlt ein Verwalter oder ist er zur Vertretung nicht berechtigt, so vertreten alle Wohnungseigentümer die Gemeinschaft. Die Wohnungseigentümer können durch Beschluss mit Stimmenmehrheit einen oder mehrere Wohnungseigentümer zur Vertretung ermächtigen.

…

Die Wohnungseigentümer können durch eine Vereinbarung, teilweise aber auch durch einen Beschluss die **gesetzlichen Befugnisse** des Verwalters **erweitern**, soweit sie dieses für angemessen halten. Eine solche Erweiterung der Befugnisse des Verwalter sollte vor allem für folgende Punkte erwogen werden:

■ vom Verwalter auszuführende Beschlüsse, soweit nicht bereits das Gesetz dem Verwalter eine Vertretungsmacht gibt;

■ das gerichtliche Hausgeldinkasso, vor allem die Betreibung des Mahnverfahrens und die Führung der Hausgeldklage oder die Beauftragung eines Rechtsanwalts.

Weitere **gesetzliche Aufgaben** des Verwalters sind die Ladung zur Eigentümerversammlung und ihre Durchführung, die Abfassung der Niederschrift sowie die Führung der Beschluss-Sammlung.

Neben den gesetzlichen Pflichten und Rechten können die Wohnungseigentümergemeinschaft und der Verwalter **weitere Aufgaben vereinbaren** („willküren") und dem Verwalter weitere Rechte einräumen. Als solche weitere Aufgaben kommen beispielsweise in Betracht:

- die Aufstellung einer Hausordnung;
- die Prüfung:
  - baulicher Veränderungen,
  - gewerblicher Vermietungen auf ihre Zulässigkeit oder ihren „Störfaktor",
  - der Tierhaltung;
- die Verteilung von Kellern oder Stellplätzen;
- die Genehmigung eines Gebrauchs;
- die Genehmigung einer Vermietung;
- die Zustimmung zu Veräußerungen.

c) Person des Verwalters

Verwalter einer Wohnungseigentumsanlage kann jede natürliche oder juristische Person sein (beispielsweise eine Aktiengesellschaft, eine Gesellschaft mit beschränkter Haftung – auch eine Unternehmergesellschaft – oder eine offene Handelsgesellschaft, nicht aber eine Gesellschaft bürgerlichen Rechts). Verwalter kann auch jeder Wohnungseigentümer sein. Dass ein Wohnungseigentümer **zugleich** Verwalter ist, ist auch gar nicht selten. Etwa in vielen „jungen" Wohnungseigentumsanlagen (die ersten fünf Jahre nach Entstehung) ist der Bauträger oder eine ihm eng wirtschaftlich und/oder rechtlich verbundene Person erster Verwalter. Und in vielen kleinen Gemeinschaften ist es vor allem aus Kostengründen sogar sehr beliebt, „nur" einen Wohnungseigentümer-Verwalter zu bestellen.

d) Bestellung des Verwalters

Einen Verwalter zu „bestellen", heißt eine Person in das **Amt** des Verwalters zu **wählen**. Diese Wahl ist eine Mehrheitswahl nach dem geltenden Stimmrechtsprinzip. Gewählt ist die Person zum Verwalter, für den sich die Mehrheit der Wohnungseigentümer ausspricht. Treten **mehrere** Kandidaten an, muss ein Bewerber die Mehrheit der Ja-Stimmen auf sich vereinigen; dass der Bewerber mehr Ja-Stimmen auf sich vereinigt, als die anderen Bewerber, genügt hingegen nicht. Die richtige Mehrheit zu berechnen, kann daher eine Fehlerquelle sein.

Rechenbeispiel

Bei zehn Stimmen für Kandidat A, neun Stimmen für Kandidat B, keiner Stimme für Kandidat C und zwei Enthaltungen ist Kandidat A gewählt, nicht jedoch bei zehn Stimmen für A, sechs Stimmen für B, fünf Stimmen für C und keiner Enthaltung.

Schwierigkeiten bei einer Abstimmung über mehrere Bewerber können **vermieden** werden, indem zunächst nur ein Beschlussantrag über die Bestellung des aussichtsreichsten Kandidaten beschlossen wird. Ein solches Verfahren ist nicht rechtsmissbräuchlich, obwohl es dazu führen kann, dass sich nachrangige Bewerber gar nicht mehr zur Wahl stellen können.

Steht eine Verwalterwahl an, sollten vom Verwaltungsbeirat (S. 84 ff.) oder dem bisherigen Verwalter immer **mehrere Angebote** von verschiedenen Verwaltern eingeholt werden. Denn nicht jeder Verwalter „passt" zu jeder Wohnungseigentumsanlage. Einige der bundesweit tätigten Berufsverbände der Immobilienverwalter bieten bei der Auswahl eine Hilfestellung, etwa durch spezielle **Suchmaschinen im Internet**. Angebote sollten auch dann eingeholt werden, wenn der bisherige Verwalter zur Wiederwahl steht. Auch wenn man mit diesem gute Erfahrungen gemacht hat, kann es nicht schaden, sich mit dem Angebot eines Konkurrenten vertraut zu machen; zwingend ist dieses allerdings nicht.

Checkliste Verwalterwahl

Steht die Bestellung eines Verwalters an, ist unter anderem auf die folgenden Punkte zu achten (siehe auch S. 76):

- Handelt es sich bei der Person um einen **professionell** und gewerblich Tätigen oder um einen so genannten „Amateurverwalter"?
- Verfügt der Bewerber über **ausreichende finanzielle Mittel**?
- Bietet der Bewerber **ausreichende Sicherheit** im Haftungsfall?

- Ist der der Bewerber **versichert**?
  - Unbedingt wünschenswert aus Sicht eines Wohnungseigen-tümers sind sowohl eine Vermögensschadenshaftpflichtver-sicherung als auch eine Vertrauensschadenshaftpflichtversi-cherung.
- Über welche **Ausbildung** verfügt der Bewerber? Bilden sich der Bewerber selbst bzw. seine Mitarbeiter regelmäßig fort?
- Wie hoch ist das vom Bewerber verlangte **Honorar** (üblich ist eine Vergütung nach Einheiten), welche Grundleistungen sind vom Honorar umfasst, welche Leistungen sollen extra vergütet sein?
- Bei der **Bemessung des Honorars** sollte man Augenmaß wah-ren. Der „billige Jacob" ist in aller Regel eine **schlechte Wahl** und zahlt sich letzten Endes nicht aus. Auch hier gilt: Qualität kostet!
  - Die anerkannten Berufsverbände geben in unregelmäßigen Abständen Broschüren heraus, aus denen man die in einer Region üblichen Honorare ablesen kann.
- Wie groß ist das **Verwalterunternehmen**? Ist das Verwalterun-ternehmen zertifiziert?
  - Gegen einen kleinen Verwalter spricht nichts, er passt aber gegebenenfalls nicht in eine große Anlage; umgekehrt kann bei kleinen Anlagen eher ein kleiner Verwalter passen.
- Wie viele **Mitarbeiter** hat der Bewerber?
- Über welche **Software** verfügt der Bewerber?
- Welche **Referenzobjekte** kann der Bewerber benennen?
  - Freilich kann man im Einzelfall auch einem Berufsanfänger vertrauen.
- Was sagt das Internet zum Bewerber?
- Ist der Bewerber **Mitglied** einer **anerkannten Berufsvereini-gung**, am besten einer, die vom Verwalter bestimmte Leistun-gen verlangt, unter anderem eine regelmäßige Fortbildung?
  - Besonders empfehlenswert sind aus meiner Sicht Verwalter, die sich als Mitglied eines Verbandes dessen strengen Anfor-derungen unterwerfen, etwa denen:
    - des Bundesfachverbandes der Immobilienverwalter e. V. – BVI (bvi-verwalter.de),
    - des Dachverbandes Deutscher Immobilienverwalter e. V. – DDIV (immobilienverwalter.de) oder

- des Immobilienverbandes Deutschland IVD Bundesverband der Immobilienberater, Makler, Verwalter und Sachverständigen e. V. (ivd.net/).
- Unter anderem diese Verbände organisieren regelmäßig eine Fortbildung ihrer Mitglieder und helfen dadurch mit, dass ein Verwalter auf „dem Laufenden" bleibt.

e) Verwaltervertrag

Von der Bestellung einer Person zum Verwalter ist der Verwaltervertrag zu unterscheiden. Die Wohnungseigentümergemeinschaft muss mit ihrem Verwalter keinen Verwaltervertrag schließen: Ein Verwalter ohne Verwaltervertrag ist dennoch Amtsträger des Amtes Verwalter und mit allen Rechten und Pflichten ausgestattet. Der Abschluss eines Verwaltervertrages ist aber natürlich **sehr sinnvoll**. Der Verwaltervertrag ist nämlich der Ort, die gesetzlichen Rechte und Pflichten des Verwalters näher **auszugestalten** sowie andere Rechte und Pflichten gegenüber der Wohnungseigentümergemeinschaft und den Wohnungseigentümern (insoweit als Vertrag mit Schutzwirkung für die Wohnungseigentümer oder sogar als echter Vertrag zu Gunsten der Wohnungseigentümer) zu begründen. Im Verwaltervertrag ist vor allem die **Vergütung** des Verwalters zu regeln.

Verwalterverträge unterliegen – werden sie vom Verwalter gestellt – einer Inhaltskontrolle. Die in der Praxis vorkommenden Verträge enthalten zum Teil eine ganze Reihe unzulässiger Bestimmungen. Beispiele für **unwirksame Klauseln** eines Verwaltervertrags sind unter anderem die folgenden:

■ „gegenseitige Ansprüche aus diesem Vertrag verjähren nach drei Jahren von dem Zeitpunkt an, in dem sie entstanden sind, spätestens jedoch drei Jahre nach Beendigung des Vertrags";

■ „die Ladung ist wirksam, wenn sie an die letzte dem Verwalter bekannte Adresse des Eigentümers gerichtet ist";

■ „der Verwalter ist insbesondere berechtigt und verpflichtet: ... die laufenden Instandhaltungs- und die Instandsetzungsarbeiten zu veranlassen";

- „der Verwalter ist berechtigt, im Namen aller Wohnungseigentümer und mit Wirkung für und gegen sie, soweit erforderlich, einen Hausmeister und eine Reinigungskraft anzustellen und diese zu überwachen; der Abschluss und die Kündigung dieser Verträge obliegt ebenfalls dem Verwalter";

- „der Verwalter ist berechtigt, im Namen aller Wohnungseigentümer und mit Wirkung für und gegen sie im Rahmen seiner Verwaltungsaufgaben Verträge abzuschließen bzw. zu kündigen und Rechtsgeschäfte vorzunehmen";

- „der Verwalter darf Verträge für Reparaturen bis zu 5.000 Euro ohne Eigentümerbeschluss abschließen; ab dieser Summe bedarf er der Zustimmung des Verwaltungsbeirats";

- „der Verwalter ist berechtigt, mit Wirkung für und gegen die Eigentümergemeinschaft im Rahmen seiner Verwaltungsaufgaben im Einvernehmen mit dem Verwaltungsbeirat Verträge abzuschließen bzw. zu kündigen, etwa Versicherungs- und Wartungsverträge sowie Heizungs-, Strom- und Wasserlieferungsverträge, und Erklärungen abzugeben, die zur Anbringung einer Fernseh- und Rundfunkanlage erforderlich sind";

- „der Verwalter ist von der Beschränkung des § 181 BGB – soweit zulässig – befreit";

- „der Verwalter kann Untervollmacht erteilen";

- „ein Wohnungseigentümer kann sich, wenn die Teilungserklärung keine andere Regelung enthält, nur durch einen Familienangehörigen, einen anderen Wohnungseigentümer der Gemeinschaft oder den Verwalter auf Grund schriftlicher Vollmacht vertreten lassen. Diese Vollmacht ist der Niederschrift anzuheften";

- „steht ein Wohnungseigentum einer Mehrheit von Eigentümern zu, so haben diese Eigentümer, soweit die Teilungserklärung keine andere Regelung enthält, zur Wahrnehmung ihrer Rechte einen gemeinsamen Bevollmächtigten zu stellen und dem Verwalter bekannt zu geben. Der Benannte ist auch zustellungsbevollmächtigt. Dies gilt nicht für Ehegatten; diese gelten als gegenseitig bevollmächtigt";

- „für die alljährlich vorgeschriebene Eigentümerversammlung erhält der Verwalter keine gesonderte Vergütung. Für jede weitere Eigentümerversammlung des laufenden Jahres erhält der Verwalter eine Vergütung von 300 Euro zuzüglich MwSt. in gesetzlicher Höhe".

8. Wohnungseigentümer als Beirat

a) Überblick

Die Wohnungseigentümer können sich als eine Art Vertretungsorgan und Stelle zur **Vertretung ihrer Interessen** gegenüber dem Verwalter einen **Verwaltungsbeirat** geben. Jeder Wohnungseigentümer hat ein Recht darauf, für den Verwaltungsbeirat zu kandidieren und sein Mitglied zu werden. Die Bestellung eines Verwaltungsbeirats ist vor allem, aber nicht nur in größeren Wohnungseigentumsanlagen sinnvoll, wenn auch nicht zwingend.

Ein Verwaltungsbeirat besteht von Gesetzes wegen aus **drei Wohnungseigentümern**, nämlich:

- einem Wohnungseigentümer als „Vorsitzenden" (wer Vorsitzender sein soll, können die Wohnungseigentümer bestimmen oder aber der Verwaltungsbeirat selbst);

- zwei weiteren Wohnungseigentümern als „Beisitzern" (einer davon soll ausdrücklich der Stellvertreter sein; wer dieses sein soll, können die Wohnungseigentümer bestimmen oder aber der Verwaltungsbeirat selbst).

Werden mehr oder weniger als drei Verwaltungsbeiräte bestellt, ist das nicht ordnungsmäßig und der entsprechende Beschluss ist anfechtbar. Verwaltungsbeirat kann nur ein **Wohnungseigentümer** sein.

§ 29 WEG. Verwaltungsbeirat

(1) Die Wohnungseigentümer können durch Stimmenmehrheit die Bestellung eines Verwaltungsbeirats beschließen. Der Verwaltungsbeirat besteht aus einem Wohnungseigentümer als Vorsitzenden und zwei weiteren Wohnungseigentümern als Beisitzern.

(2) Der Verwaltungsbeirat unterstützt den Verwalter bei der Durchführung seiner Aufgaben.

(3) Der Wirtschaftsplan, die Abrechnung über den Wirtschaftsplan, Rechnungslegungen und Kostenanschläge sollen, bevor über sie die Wohnungseigentümerversammlung beschließt, vom Verwaltungsbeirat geprüft und mit dessen Stellungnahme versehen werden.

(4) Der Verwaltungsbeirat wird von dem Vorsitzenden nach Bedarf einberufen.

Jeder Wohnungseigentümer ist berechtigt, seinerseits den **Verwaltungsbeirat zu kontrollieren**, etwa von ihm Auskunft zu verlangen oder in die Unterlagen des Verwaltungsbeirats, etwa seine Niederschriften und anderen Papiere, Einsicht zu nehmen.

b) Innere Organisation des Verwaltungsbeirats

Das Gesetz bestimmt zur inneren Organisation des Verwaltungsbeirats, dass dessen Sitzungen vom **Vorsitzenden einberufen** werden (weigert sich der Vorsitzende oder ist er verhindert, soll sein Stellvertreter, aber auch jedes einzelne Beiratsmitglied den Verwaltungsbeirat einberufen können). Weitere Angaben enthält das Gesetz nicht. Die Wohnungseigentümer können daher die innere Organisation des Verwaltungsbeirats vereinbaren oder zur inneren Organisation einen Beschluss fassen. Fehlt es an solchen Maßnahmen – was sehr häufig der Fall ist – kann sich der Verwaltungsbeirat auch selbst eine innere Ordnung, eine „Geschäftsordnung " geben. Als zu regelnde Fragen einer **Geschäftsordnung** kommen etwa in Betracht:

- der Rhythmus, in dem der Verwaltungsbeirat regelmäßig zusammen kommt (der Verwaltungsbeirat ist von Gesetzes wegen „nach Bedarf" einzuberufen; ein Bedarf besteht mindestens einmal im Wirtschaftsjahr, um nämlich den Wirtschaftsplan und die Abrechnung über den Wirtschaftsplan vor ihrer Genehmigung zu prüfen);

- die Form der Einladung zu den Sitzungen des Verwaltungsbeirats (ist nichts bestimmt, reicht jede Form, auch ein Telefonanruf);

- eine Ladungsfrist (ist nichts bestimmt, darf die Frist nicht willkürlich kurz gewählt werden);

- der Ort, an dem der Verwaltungsbeirat zusammen kommt (ist nichts bestimmt, ist es der Ort der Wohnungseigentumsanlage);

- die Versammlungsstätte (in Betracht kommt jede Stätte, zum Beispiel die Wohnung des Vorsitzenden; die Versammlungsstätte sollte allerdings „nichtöffentlich" sein, also gewährleisten, dass die Angelegenheiten der Wohnungseigentümer nicht allgemeine Verbreitung finden);

- das Datum, an dem der Verwaltungsbeirat zusammen kommt (ist nichts bestimmt, sollten jedenfalls gesetzlich geschützte Feiertage, Schulferien, Tage mit besonderen Veranstaltungen, etwa ein „wichtiges" WM-Spiel, gemieden werden);

- die Uhrzeit, an der der Verwaltungsbeirat in der Regel zusammenkommt (ist nichts bestimmt, sollte nicht vor 18.00 Uhr einberufen werden);

- wann der Verwaltungsbeirat entscheidungsfähig ist, also wie viele Verwaltungsbeiräte zusammenkommen müssen (ist nichts bestimmt, ist anzunehmen, dass zwei Verwaltungsbeiräte ausreichen);

- wer die Zusammenkünfte des Verwaltungsbeirats leitet (ist nichts bestimmt, ist dieses die Aufgabe des Vorsitzenden oder seines Stellvertreters);

- wie innerhalb des Verwaltungsbeirats Entscheidungen zustande kommen (etwa nur einstimmig – eine Regelung, die sich nicht anbietet –, oder mehrheitlich durch Beschluss; eine Mehrheitsentscheidung dürfte die Regel sein);

- der Abstimmungsmodus innerhalb des Verwaltungsbeirats;

- welches Stimmrechtsprinzip innerhalb des Verwaltungsbeirats gilt (ist nichts bestimmt, hat jeder Verwaltungsbeirat eine Stimme);

- ob sich ein Mitglied des Verwaltungsbeirats vertreten lassen kann (grundsätzlich nicht);

- die Führung von Niederschriften über die Sitzungen;

- das Teilnahmerecht Dritter.

Der Verwaltungsbeirat kann „Sonderausschüsse" bilden, etwa einen „Bau-" oder einen „Rechnungsprüfungsausschuss".

c) Aufgaben des Verwaltungsbeirats

Bei den Aufgaben des Verwaltungsbeirats ist grob zwischen den gesetzlichen und den von den Wohnungseigentümern bestimmten Pflichten zu unterscheiden. Die wichtigste Aufgabe des Verwaltungsbeirats ist die Prüfung der Abrechnung über den Wirtschaftsplan sowie die Prüfung des Wirtschaftsplans. Dem Verwaltungsbeirat kommt ferner für die Einberufung der Versammlung eine große Bedeutung zu, wenn ein Verwalter fehlt.

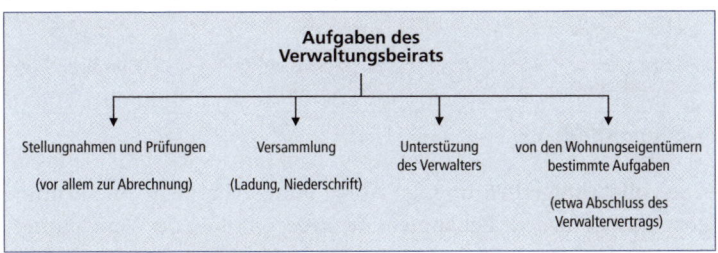

Aufgaben des Verwaltungsbeirats

d) Abgabe von Stellungnahmen

Bevor die Wohnungseigentümer über den Wirtschaftsplan, die Abrechnung über den Wirtschaftsplan, Rechnungslegungen oder Kostenanschläge Dritter, etwa eines Werkunternehmers, beschließen, sollen diese vom Verwaltungsbeirat **geprüft** und für die Beschlussfassung mit dessen **Stellungnahme** versehen werden.

> **Muster für eine Beiratsempfehlung**
> Der Verwaltungsbeirat hat den Entwurf des Verwalters für den Wirtschaftsplan sowie die jeweiligen Einzelwirtschaftspläne ___ [Jahr] geprüft. Der Verwaltungsbeirat hält die Prognosen und Ansätze des Verwalters für zutreffend. Er rät, den Wirtschaftsplan sowie die jeweiligen Einzelwirtschaftspläne ___ [Jahr] zu genehmigen.

e) Prüfung der Jahresabrechnung „Rechnungsprüfung"

Der Verwaltungsbeirat muss – grundsätzlich am Geschäftssitz des Verwalters – die **Abrechnung** über den Wirtschaftsplan sowie die jeweiligen Einzeljahresabrechnungen **prüfen**. Gegenstand der Prüfung des

Verwaltungsbeirats sind die Abrechnungen selbst, Belege (Rechnungen, Quittungen, Kontoauszüge, Heizkostenabrechnung, Buchungsbelege, Schriftverkehr) und Buchhaltungsunterlagen des Verwalters (Buchungskonten, Buchungslisten, Saldenaufstellungen). Die Prüfung erfolgt nicht zwingend, aber sinnvollerweise in drei Schritten:

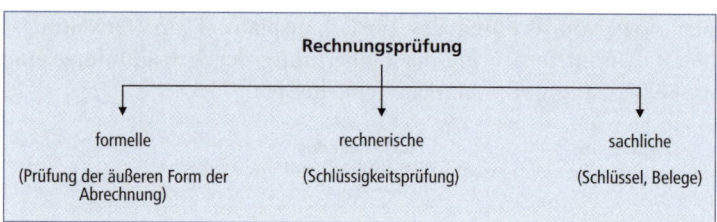

Rechnungsprüfung

Eine **vollständige Prüfung** der Abrechnung, vor allem eine Prüfung jeden Belegs für jede behauptete Ausgabe, schuldet der Verwaltungsbeirat nicht. Notwendig, aber auch ausreichend ist ohne einen konkreten Anlass genauer in die Belege hinzuschauen, also ein **stichprobenartige** Prüfung. Immer ist vom Verwaltungsbeirat zu fragen, ob der Verwalter bestimmte Kosten auslösen oder bedienen durfte und welche Einnahmen er hatte und wie er damit umging. Wegen der Kosten sollten etwa angesehen werden die Sonderhonorare des Verwalters, die Kosten, die für (behauptete) Erhaltungsmaßnahmen angefallen sind oder die Rechnungen der Träger der Daseinsvorsorge sowie die vollständige Abwicklung von Versicherungsfällen.

Eine korrekte Rechnungsprüfung muss auf bestimmte Fragen eine **Antwort** geben können (siehe auch das Protokoll im Anhang):

Checkliste für die Grundfragen:

- Vorjahr des abgeschlossenen Wirtschaftsjahres
  - Sind die nach der vorherigen Abrechnung über den Wirtschaftsplan geschuldeten Fehlbeträge/Guthaben ausgezahlt/ gutgeschrieben?
  - Welche Fehlbeträge gegenüber Wohnungseigentümern sind offen? Was wurde hier unternommen („Hausgeldinkasso")?

- Einnahmen/Ausgaben im laufenden Wirtschaftsjahr
  - Woher kommen Einnahmen (Hausgeld, Versicherungen, Zinsen, Waschmarken usw.), wofür wurden Ausgaben getätigt (Daseinsvorsorge, Öl, Versicherungsprämien usw.)?
  - Sind sämtliche gebuchten Einnahmen/Ausgaben belegt?
  - Wurden die Zinsen beachtet?
  - Betreffen die Einnahmen/Ausgaben das richtige Wirtschaftsjahr und die konkrete Wohnungseigentumsanlage?
  - Sind sämtliche Buchungen sachlich und rechnerisch richtig?
- Hausgeldzahlungen der Wohnungseigentümer
  - Welche Hausgelder wurden von den Wohnungseigentümern bezahlt?
  - Was ist gegenüber Wohnungseigentümern geschehen, die das Hausgeld nicht bezahlt haben?
  - Welches Hausgeldinkasso ist auf welche Weise betrieben worden?
- Einzelabrechnungen der jeweiligen Wohnungseigentümer
  - Sind in den Einzelabrechnungen die richtigen Verteilungsschlüssel gewählt?
  - Werden in den Einzelabrechnungen Hausgeldzahlungen aufgeführt nach „Soll" und „Ist"?
  - Ist die Abrechnungsspitze richtig berechnet?
- Instandhaltungsrückstellung der Wohnungseigentumsanlage
  - Wie lauten der Anfangs- und der Endbestand der Instandhaltungsrückstellung im Wirtschaftsjahr?
  - Sind von den Wohnungseigentümern die auf die Instandhaltungsrückstellung geschuldeten Zahlungen erbracht worden (Darstellung von „Soll" und „Ist")?
  - Was wurde vom Verwalter bei ausbleibenden Zahlungen unternommen?
  - Welche Einnahmen und Ausgaben gab es bei der Instandhaltungsrückstellung?
- Kontostände der Konten der Wohnungseigentümergemeinschaft
  - Welche Konten hat die Wohnungseigentümergemeinschaft?
  - Wie lauten die Kontostände am Ende des letzten Wirtschaftsjahres und am Anfang bzw. am Ende des Wirtschaftsjahres?

aa) Formelle Prüfung. Jeder Verwaltungsbeirat muss prüfen, ob die Abrechnung des Verwalters über den Wirtschaftsplan den von der Rechtsprechung entwickelten sowie den von den Wohnungseigentümern bestimmten **formellen Anforderungen** genügt. Überblick:

■ Die Abrechnung über den Wirtschaftsplan muss (am besten am Anfang) darstellen:

– den Ersteller;

– das Erstellungsdatum;

– den Abrechnungszeitraum;

– das konkrete Bezugsobjekt.

■ Die Abrechnung über den Wirtschaftsplan muss aufzeigen:

– welche Wohnungseigentümer welches Hausgeld im Abrechnungszeitraum schuldig geblieben sind (Salden früherer Jahre sind allenfalls ein informeller Bestandteil der Abrechnung).

■ Die Abrechnung über den Wirtschaftsplan muss eine Gesamtabrechnung haben sowie Abrechnungen für jeden Wohnungseigentümer (Einzelabrechnungen).

– Die Gesamtabrechnung muss leicht verständlich, problemlos nachvollziehbar, geordnet und damit übersichtlich sein. Die Gesamtabrechnung hat die Veränderungen des Verwaltungsvermögens auszuweisen, wie sie im Abrechnungszeitraum (Wirtschaftsjahr) erfolgt sind. Die Veränderungen sind als schlichte Einnahmen- und Ausgabenrechnung darzustellen. In der Gesamtabrechnung dürfen nur tatsächlich erzielte Einnahmen und tatsächlich erfolgte Ausgaben gebucht werden. Ob Ausgaben zu Recht erfolgten, ist unerheblich. In der Gesamtabrechnung sollten die Kostenarten am besten nach der II. Berechnungsverordnung aufgegliedert werden (Globalpositionen sind grunsätzlich unzulässig, aber durchaus üblich).

– Die Einzelabrechnungen müssen die jeweiligen Verteilungsschlüssel ausweisen und zeigen, ob auf einen Wohnungseigentümer eine Nachzahlung oder ein Guthaben entfällt.

■ Der Verwalter muss die Entwicklung der Instandhaltungsrücklage darstellen. Darzustellen sind:

- der tatsächliche Stand der Instandhaltungsrücklage („Ist-Stand");

- die offen gebliebenen Forderungen, also die Mitteilung der Wohnungseigentümer, die der Instandhaltungsrücklage was schuldig geblieben sind („Soll-Stand");

- die Einnahmen der Instandhaltungsrücklage und die Ausgaben aus der Instandhaltungsrücklage;

- den Anteil eines jeden Wohnungseigentümers an Ausgaben aus der Instandhaltungsrücklage als Mitteilung für das Finanzamt.

■ Der Verwalter muss den Stand und die Entwicklung der von der Wohnungseigentümergemeinschaft zu Beginn und am Ende des Abrechnungszeitraumes gehaltenen Konten mitteilen.

■ Der Verwalter muss über die Heizkosten sowie über das Warmwasser abrechnen (S. 201 ff.).

- Die Kosten zum Einkauf gehören in die Gesamtabrechnung.

- Die Verteilung der Kosten erfolgt in den Einzelabrechnungen.

■ Sinnvoll ist eine informatorische Aufstellung der offenen Forderungen bzw. Verbindlichkeiten der Wohnungseigentümergemeinschaft („Vermögensstatus").

■ Sinnvoll ist ferner eine Wirtschaftsplanung.

bb) Rechnerische Prüfung. Neben der formellen muss der Verwaltungsbeirat eine „mathematische" (buchhalterische) Prüfung der Abrechnung leisten. Überblick:

■ Im ersten Schritt ist der korrekte Anschluss der angegebenen Werte an die Beträge der Abrechnung über den vorhergehenden Wirtschaftsplan zu prüfen.

■ In einem zweiten Schritt sind gesondert für jeden Abrechnungsteil (Gesamt- und Einzelabrechnungen, Instandhaltungsrücklagendarstellung, Kontendarstellung) zum angegebenen Anfangsbestand die Zugänge zu addieren und die Abgänge zu subtrahieren, was grundsätzlich den jeweils ausgewiesenen Endbestand ergeben muss.

■ Abweichungen muss der Verwalter erkennen können.

- In einem dritten Schritt ist zu prüfen, ob die in der Gesamt- und Einzelabrechnung enthaltenen Werte mit den Angaben in der Darstellung der Entwicklung der Instandhaltungsrücklage sowie der Kontendarstellung übereinstimmen. Formel: Der Anfangsbestand auf dem Bankkonto plus Einzahlungen auf das Bankkonto minus Auszahlungen vom Bankkonto muss zum Jahresende den neuen Saldo auf dem Bankkonto ergeben.

cc) Sachliche Prüfung. Die Mitglieder des Verwaltungsbeirats müssen sich schließlich sachlich – wenigstens punktuell – mit dem Rechenwerk des Verwalters auseinander setzen. Dazu sind unter anderem die folgenden Fragen zu klären:

- Hat der Verwalter die geltenden Verteilungsschlüssel der konkreten Wohnungseigentumsanlage genutzt?

- Hat der Verwalter sämtliche Ausgaben und Einnahmen der konkreten Wohnungseigentumsanlage erfasst?

- Hat der Verwalter sämtliche Ausgaben und Einnahmen der konkreten Wohnungseigentumsanlage belegen können?

- Hat der Verwalter bei der Addition der Ausgaben und Einnahmen richtig gerechnet (zu prüfen sind vor allem die Darstellung der Instandhaltungsrücklage sowie auffällige und mit besonderen Problemen behaftete Geschäftsvorfälle wie größere Erhaltungsmaßnahmen, Sonderumlagen, Versicherungsfälle, Prozesskosten).

dd) Manipulationen. Die beste Prüfung kann nicht sicherstellen, dass es im Einzelfall zu „Manipulationen" oder Unklarheiten kommt. Beispiele:

- Der Verwalter bezahlt eine Rechnung für das zu prüfende Wirtschaftsjahr im nächsten Wirtschaftsjahr. Es ist in Ordnung, wenn die Rechnung erst im folgenden Wirtschaftsjahr bezahlt wird, „verfälscht" aber auf eine bestimmte Weise das Ergebnis eines Wirtschaftsjahrs.

- Die Heizkosten werden von einer Heizkostenmessdienstfirma im folgenden Wirtschaftsjahr abgerechnet. Das „Problem" liegt darin, dass im Rahmen der Heizkostenabrechnung des zu prüfenden Wirtschaftsjahrs den Wohnungseigentümern diese Kosten bereits in ihrer Einzelabrechnung verteilt worden sind.

■ Es gibt einen Wasserschaden. Die Handwerkerrechnungen werden im zu prüfenden Wirtschaftsjahr bezahlt. Im folgenden Wirtschaftsjahr zahlt die Versicherung den Schaden. Der Verwalter unterschlägt die Summe, was aber in den Unterlagen nicht auftauchen muss.

f) Prüfung des Wirtschaftsplans und der Einzelwirtschaftspläne

Legt der Verwalter seinen Entwurf für den kommenden Wirtschaftsplan und die Einzelwirtschaftspläne vor, muss der Verwaltungsbeirat – meist im Rahmen einer Plausibilitätskontrolle – vor allem folgende Punkte prüfen (siehe auch das Protokoll im Anhang):

■ Worauf stützt der Verwalter seine Prognosen für die kommenden Einnahmen und Ausgaben und sind die Annahmen aufgrund der Vorjahre, des geltenden Tarifs, der Zusammensetzung der Wohnungseigentümer usw. plausibel?

■ Hat der Verwalter in den Einzelwirtschaftsplänen bei der Verteilung der voraussichtlichen Kosten und Einnahmen die in der Wohnungseigentumsanlage geltenden Verteilungsschlüssel erkannt und angewandt?

■ Ist die Höhe der jeweiligen Hausgelder angemessen, also weder zu niedrig noch zu hoch bemessen?

g) Unterstützung des Verwalters

Der Verwaltungsbeirat kann den Verwalter nicht anweisen, etwa wie er abrechnen soll, was zu verbuchen ist oder wann zu laden ist. Der Verwaltungsbeirat kann den Verwalter aber **beratend** unterstützen.

Beratungsmöglichkeiten

Eine Beratung kommt beispielsweise in Betracht im Zusammenhang mit der Versammlung, bei der Durchführung von Beschlüssen oder bei der Überwachung der Hausordnung.

h) Aufgaben im Zusammenhang mit der Versammlung

Das Gesetz bestimmt für den Verwaltungsbeirat im Zusammenhang mit der Versammlung zwei Aufgaben. Fehlt ein Verwalter, ist kein Verwalter bestellt, ist der Verwalter dauerhaft abwesend, oder weigert sich der Verwalter pflichtwidrig, eine Versammlung einzuberufen, kann die Verwaltung vom Vorsitzenden des Verwaltungsbeirats oder seinem Vertreter einberufen werden (ausreichend ist allerdings auch, dass alle drei Verwaltungsbeiräte gemeinsam handeln).

Muster einer Ladung

Absender
Anschrift
Ladung zur Versammlung am ___ [Datum]
Sehr geehrte Damen und Herren,
wie Sie wissen, ist die Bestellungszeit des bisherigen Verwalters abgelaufen. Damit fehlt im Sinne des Gesetzes ein Verwalter. Ich bin als Vorsitzender des Verwaltungsbeirats befugt, die Versammlung der Wohnungseigentümer einzuberufen.

1. Alternative: Ich habe erfahren, dass das Verwaltungsvermögen erschöpft ist. Wir müssen dringend eine Sonderumlage beschließen, um die fälligen Rechnungen bedienen zu können. Der Verwalter weigert sich indes, die Versammlung der Wohnungseigentümer einzuberufen, und will sich vorübergehend der Mittel der Instandhaltungsrückstellung bedienen. Ich bewerte dieses Verhalten als pflichtwidrig. Damit bin ich als Vorsitzender des Verwaltungsbeirats befugt, die Versammlung der Wohnungseigentümer einzuberufen.

2. Alternative: Ich habe erfahren, dass das Verwaltungsvermögen erschöpft ist. Wir müssen daher dringend eine Sonderumlage beschließen, um die fälligen Rechnungen bedienen zu können. Der Verwalter weigert sich indes, die Versammlung der Wohnungseigentümer einzuberufen. Ich bewerte dieses Verhalten als pflichtwidrig. Damit bin als Vorsitzender des Verwaltungsbeirats befugt, die Versammlung der Wohnungseigentümer einzuberufen.

3. Alternative: Der Verwalter hat in den letzten Wochen eine Reihe von Amtspflichtverletzungen begangen ___ [Beschreibung und Erläuterung]. Ich bin aus diesem Grunde der Auffassung, dass wir über die Abbestellung des Verwalters aus wichtigem Grund und die fristlose Kündigung des Verwaltervertrages beraten sollten. Der Verwalter weigert sich indes, die Versammlung der Wohnungseigentümer für diese Themen einzuberufen. Ich bewerte dieses Verhalten als pflichtwidrig. Damit bin ich als Vorsitzender des Verwaltungsbeirats befugt, die Versammlung der Wohnungseigentümer einzuberufen.

> Ich berufe die Versammlung ein
> am ___ [Datum], ___ [Uhrzeit],___ [Ort], ___ [Adresse].
> Die zur Behandlung vorgesehenen Tagesordnungspunkte entnehmen Sie bitte
> der diesem Schreiben als Anlage beigefügten Tagesordnung. Bitte beachten Sie
> die dort aufgeführten Anmerkungen, Beschlussvorschläge sowie die dazugehöri-
> gen Anlagen.
> Mit freundlichen Grüßen
> Anlagen

Eine weitere Versammlungsaufgabe besteht darin, dass der Vorsitzenden des Verwaltungsbeirats oder sein Vertreter die Niederschrift
der Versammlung unterschreiben (diese sollten jeweils bei der
Unterschrift klarstellen, dass sie als „Verwaltungsbeirat" und nicht
nur als „Wohnungseigentümer" unterschrieben haben). Im Zusammenhang mit der Versammlung sollte der Verwaltungsbeirat
außerdem darauf achten, dass er den Wirtschaftsplan, die Abrechnung über den Wirtschaftsplan (ggf. auch Kostenvoranschläge)
geprüft und mit einer **Stellungnahme versehen** hat, da wenigstens Wirtschaftsplan und Abrechnung regelmäßig in der Versammlung genehmigt werden (siehe für eine Stellungnahme das Muster
S. 87).

Üblich, wenn auch nicht zwingend ist, dass der Verwalter mit dem
Verwaltungsbeirat unter anderem folgende Fragen zur Versammlung abstimmt:

- den Ort der Versammlung (und die konkrete Versammlungsstätte);

- den Tag der Versammlung;

- den Einberufungszeitpunkt („Daumenregel": nicht vor 18.00
  Uhr);

- die Tagesordnung.

i) Von den Wohnungseigentümern bestimmte Aufgaben

Die Wohnungseigentümer können bestimmen, dass der Verwaltungsbeirat **weitere Aufgaben** wahrnehmen soll. Als solche weiteren
Aufgaben kommen vor allem, aber natürlich nicht nur die im Fol-

genden dargestellten Fragen im Zusammenhang mit Bestellung (die Wahl des Verwalters) und Anstellung des Verwalters (der Abschluss des Verwaltervertrages) in den Blick.

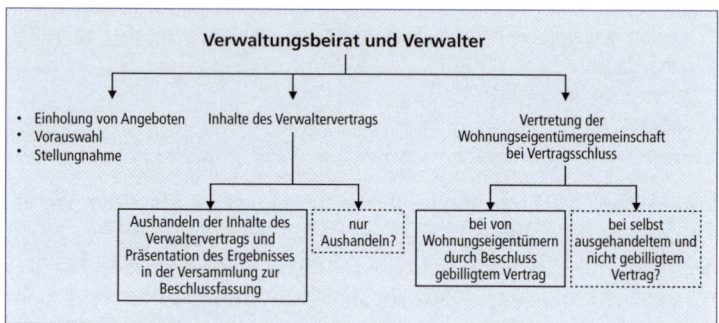

Aufgaben im Zusammenhang mit Be- und Anstellung des Verwalters

aa) Angebote und Vorauswahl. Häufig soll der Verwaltungsbeirat – oder eines seiner Mitglieder – im Vorfeld einer Versammlung Angebote von Verwaltern einholen und eine Vorauswahl an geeigneten Verwaltern treffen. Ein solches „Sichten und Ordnen" entspricht **ordnungsmäßiger Verwaltung** (auch bei der möglichen Wiederwahl eines Verwalters; hier ist eine Vorauswahl aber nicht zwingend). Es ist nicht zu beanstanden und sogar sinnvoll, damit sich nicht alle Wohnungseigentümer mit allen Angeboten beschäftigen müssen (was sie natürlich aber können und dürfen). Der Verwaltungsbeirat sollte wenigstens drei der von ihm eingeholten und für vertretbar gehaltenen Angebote den Wohnungseigentümern zusammen mit seiner Stellungnahme in der Versammlung präsentieren. Die Wohnungseigentümer sollten dann beschließen, welchem Vorschlag sie folgen, welchen Verwalter sie also bestellen wollen.

Checkliste für Verwalterauswahl

Der Verwaltungsbeirat sollte bei seiner Sichtung der Angebote von Verwaltern auf die S. 80 ff. aufgelisteten Punkte achten und unter anderem diese als Checkliste nutzen.

bb) Aushandeln des Verwaltervertrags. Die Mitglieder des Verwaltungsbeirats können von den Wohnungseigentümern gebeten werden, gemeinsam mit dem Verwalter die Inhalte des Verwaltervertrags **auszuhandeln.** Das Ergebnis dieses Prozesses sollte den Wohnungseigentümern auf einer Versammlung präsentiert und es sollte der Verwaltervertrag **durch Beschluss genehmigt** werden. Neben dem Verwaltervertrag sollten so genannte „Begleitbeschlüsse" zum Hausgeldinkasso und zu den Ermächtigungen des Verwalters gefasst werden. All dieses ist in Ordnung. Anders ist es hingegen, wenn die Mitglieder des Verwaltungsbeirats den Verwaltervertrag aushandeln, ihn aber nicht mehr den anderen Wohnungseigentümern vor Abschluss des Vertrags zur Genehmigung präsentieren. Ein solches Vorgehen entspricht nicht ordnungsmäßiger Verwaltung und ist anfechtbar. Ferner kann es die Mitglieder des Verwaltungsbeirats in eine Haftung bringen.

Fehlende Vertretungsmacht

Ist den Wohnungseigentümern der Inhalt des Verwaltervertrags nicht bekannt, weil er nur vom Verwaltungsbeirat ausgehandelt und nie von den Wohnungseigentümern genehmigt wurde, fehlt dem Verwaltungsbeirat für den Abschluss des Vertrags – auch wenn er hierzu ermächtigt ist –, jedenfalls für „überraschende" (siehe auch S. 82 ff.) Klauseln eine Vertretungsmacht.

cc) Abschluss des Verwaltervertrags. Die Mitglieder des Verwaltungsbeirats können durch Beschluss oder Vereinbarung dazu bestimmt werden, den Verwaltervertrag in Vertretung für die Wohnungseigentümergemeinschaft zu schließen. Fehlt es an dieser Ermächtigung, müssen sämtliche Wohnungseigentümer die Wohnungseigentümergemeinschaft gemeinsam vertreten.

j) Haftung der Mitglieder des Verwaltungsbeirats

Die jeweiligen Mitglieder des Verwaltungsbeirats haften – sind sie nicht von den Wohnungseigentümern entlastet worden („Entlastung" bedeutet hier jedenfalls Verzicht der Wohnungseigentümergemeinschaft auf bis dahin entstandene und erkennbare Schadenersatzansprüche, siehe auch S. 133) – bei Erfüllung ihrer Aufgaben grundsätzlich für jede schuldhafte Pflichtverletzung. Teilweise wird auf die Sorgfalt eines ordentlichen und gewissenhaften Kaufmanns abgestellt. Teilweise wird der Sorgfaltsmaßstab je nach individueller Befähigung aber auch angehoben oder gesenkt. Jeder Verwaltungsbeirat muss nur für sein eigenes Verschulden einstehen.

k) Aufwendungsersatz; Vergütung

Die Mitglieder des Verwaltungsbeirats erhalten für ihre Tätigkeit kein Entgelt; sie werden – ist nichts anderes bestimmt, was zulässig ist (etwa eine Kostenpauschale, aber auch eine richtige Vergütung) – **unentgeltlich** tätig. Einem Verwaltungsbeirat sind in jedem Falle die **Aufwendungen** zu ersetzen, die er den Umständen nach für erforderlich halten durfte (etwa für Telefon, Porto, Kopien, Fahrten, Verpflegung; im Einzelfall die Kosten für eine Schulung oder den Erwerb eines Fachbuches).

l) Versicherungen für den Verwaltungsbeirat?

Der Abschluss einer Vermögensschadenshaftpflichtversicherung für die Mitglieder des Verwaltungsbeirats ist nicht von Gesetzes wegen geboten. Eine Versicherung der Mitglieder des Verwaltungsbeirats durch die Wohnungseigentümergemeinschaft und auf ihre Kosten entspricht aber durchaus ordnungsmäßiger Verwaltung und ist sinnvoll. Durch eine Vermögensschadenshaftpflichtversicherung wird die Tätigkeit der Mitglieder des Verwaltungsbeirats gefördert, weil sie so sicher sein können, zumindest bei einem fahrlässigen Fehlverhalten maximal mit dem Versicherungs-Eigenschadenanteil zu haften. Auf diese Versicherung sollte daher niemals verzichtet werden. Etwas anderes gilt nur, wenn der Verwaltungsbeirat angemessen über den Verwalter mitversichert ist.

VI. Schadenersatzansprüche

1. Überblick

Das Wohnungseigentumsgesetz regelt im Rahmen der Duldungs-
pflichten einen Schadenersatzanspruch, den das übrige Recht **nicht**
kennt. Macht ein Wohnungseigentümer hingegen **andere** Schäden
geltend, muss man auf das bürgerliche Recht und seine Anspruchs-
normen blicken.

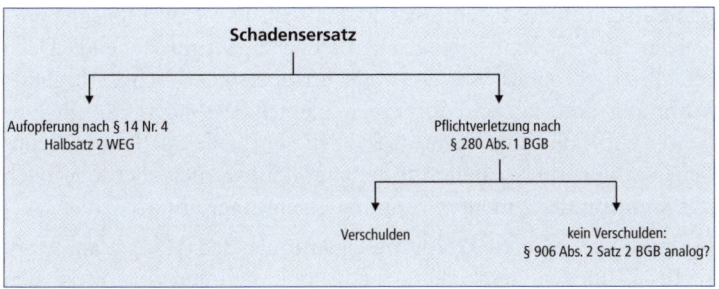

Überblick Schadenersatz

2. Aufopferungsanspruch

Muss ein Wohnungseigentümer es zur Instandhaltung und Instandsetzung des gemeinschaftlichen Eigentums gestatten, dass seine Eigentumswohnung vom Verwalter, einem Handwerker oder Dritten
betreten und benutzt wird, ist ihm der **hierdurch** gegebenenfalls
entstehende Schaden, etwa ein zerstörter Bodenbelag oder eine zer-
störte Kachel, zu ersetzen. Der zur Gestattung Verpflichtete kann
jeden Schaden ersetzt verlangen, der infolge der Gestattung entsteht, beispielsweise die Wiederherstellung des Sondereigentums, die
Behebung von Substanzschäden (Fliesen, Putz, Tapete, Bodenbelag),
aber auch Mietausfall, Umzugs-, Transport- und Lagerkosten oder
die Kosten für einen Ersatzwohnraum und Säuberungskosten.

99

> **§ 14 WEG. Pflichten des Wohnungseigentümers**
>
> Jeder Wohnungseigentümer ist verpflichtet:
>
> ...
>
> 4. das Betreten und die Benutzung der im Sondereigentum stehenden Gebäudeteile zu gestatten, soweit dies zur Instandhaltung und Instandsetzung des gemeinschaftlichen Eigentums erforderlich ist; der hierdurch entstehende Schaden ist zu ersetzen.

3. Schadenersatzanspruch

Ein Wohnungseigentümer kann einen Schaden erleiden, weil das **gemeinschaftliche** Eigentum schadhaft ist. Es ist zum Beispiel vorstellbar, dass das im gemeinschaftlichen Eigentum stehende Dach schadhaft ist, daher Wasser in die im obersten Geschoss liegende Wohnung eindringt und dort einen Teppich beschädigt. Für die Frage, ob ein Wohnungseigentümer in diesem Falle auch einen Schadenersatzanspruch geltend machen kann, muss man allerdings nach der Kenntnis der anderen Wohnungseigentümer unterscheiden.

Kannten die anderen Wohnungseigentümer den Mangel am Dach **nicht**, kann der Geschädigte nichts unternehmen und muss den Schaden hinnehmen. Der Grund hierfür ist, dass die anderen Wohnungseigentümer nichts falsch gemacht haben, es mithin an einem Verschulden **fehlt**.

Nachbarrechtlicher Ausgleichsanspruch

Wird die Nutzung des Sondereigentums durch einen Mangel am gemeinschaftlichen Eigentum beeinträchtigt, steht dem beeinträchtigten Sondereigentümer auch kein **nachbarrechtlicher Ausgleichsanspruch** zu. Erfährt ein Wohnungseigentümer einen Schaden durch einen Mangel an einem **anderen Sondereigentum**, zum Beispiel bei einem Rohrleitungsbruch oder einem elektrischen Brand, wird ein nachbarrechtlicher Ausgleichsanspruch hingegen überwiegend bejaht.

Etwas anderes gilt, wenn die Wohnungseigentümer den Mangel des gemeinschaftlichen Eigentums **kannten**. In diesem Falle mussten sie diesem grundsätzlich und bei vorhandenen Mitteln auf angemessene Weise entgegen treten. Die Frage der Instandsetzung ist in diesem Falle auf der Versammlung zu besprechen. Bei der Entscheidung darüber, in welchen Schritten die Wohnungseigentümer eine **sachlich gebotene** Instandsetzung des gemeinschaftlichen Eigentums durchführen, haben sie freilich einen Gestaltungsspielraum. Ein Anspruch auf **sofortige** Durchführung einer bestimmten Maßnahme entsteht lediglich dann, wenn **allein** dieses Vorgehen ordnungsmäßiger Verwaltung entspricht. Dies ist eine Frage des Einzelfalls.

Untergang des Schadenersatzanspruches

Zögern die Wohnungseigentümer eine Instandsetzung ungebührlich hinaus und beschließen sie Maßnahmen, die nicht sachgemäß sind, muss ein geschädigter Wohnungseigentümer gegen diesen Beschluss im Wege der Anfechtung vorgehen. Ein Anspruch auf Schadenersatz wegen verzögerter Beschlussfassung über notwendige Instandsetzungsmaßnahmen scheidet nämlich aus, wenn der betroffene Wohnungseigentümer vorher gefasste Beschlüsse über die Zurückstellung der Instandsetzung nicht angefochten hat.

VII. Baurechte

1. Grundsatz

a) Überblick

Für die Frage, „ob„ und „wie" ein Wohnungseigentümer bauen darf – er also ein Recht hat, bauliche Substanz zu verändern – muss zwischen Maßnahmen am gemeinschaftlichen Eigentum und Maßnahmen am Sondereigentum **unterschieden** werden. Im Grundsatz gilt, dass bauliche Veränderungen im gemeinschaftlichen Eigentum zu **unterbleiben** haben, wenn sie nicht dessen Erhaltung dienen. Bauliche Veränderungen des Sondereigentums sind hingegen in der Regel ohne weiteres zulässig.

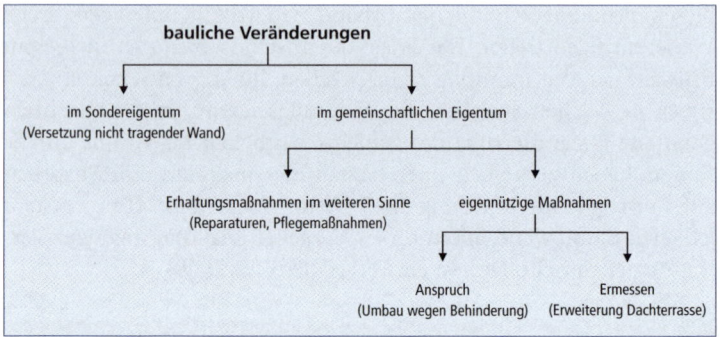

Baurechte

b) Wiederaufbau

Das im gemeinschaftlichen Eigentum stehende Gebäude kann – vor allem durch „Naturkatastrophen" wie einen Sturm , ein Hochwasser oder eine Feuersbrunst – oder durch anderes Unglück, etwa eine Gasexplosion, stark in Mitleidenschaft gezogen oder sogar vollständig zerstört werden. In allen Fällen werden die Wohnungseigentümer durch bauliche Maßnahmen über einen Wideraufbau nachdenken müssen. Ist das Gebäude zu **mehr als der Hälfte** seines Wertes zerstört und ist der Schaden **nicht** durch eine Versicherung oder in anderer Weise gedeckt, kann der Wiederaufbau dann freilich weder beschlossen noch kann er von einem Wohnungseigentümer als Recht verlangt werden. Wollen die Wohnungseigentümer ein derart zerstörtes Gebäude wiederaufbauen, müssen sie das besonders **vereinbaren**. An einer solchen Vereinbarung müssen sich sämtliche Wohnungseigentümer beteiligen.

Aufhebung der Gemeinschaft

Kein Wohnungseigentümer kann grundsätzlich die Aufhebung der Gemeinschaft der Wohnungseigentümer – es geht hier nicht um die Wohnungseigentümergemeinschaft (dazu S. 181) – als Miteigentümer des gemeinschaftlichen Eigentums verlangen. Etwas anderes gilt, wenn das Gebäude **ganz oder teilweise zerstört** wird, eine Verpflichtung zum Wiederaufbau nicht besteht und die

Wohnungseigentümer für diesen Fall eine Aufhebung vereinbart haben. Fehlt es daran, bleibt die Gemeinschaft der Wohnungseigentümer bestehen, es sei denn, die Wohnungseigentümer vereinbaren nach der Zerstörung die Aufhebung oder allein die Auflösung entspricht ordnungsmäßiger Verwaltung.

2. Sondereigentum

a) Überblick

Das Sondereigentum darf jeder Wohnungseigentümer grundsätzlich nach eigenem Wunsch umbauen. Für bauliche Veränderungen des Sondereigentums muss ein Wohnungseigentümer die anderen Wohnungseigentümer nicht erst um eine Erlaubnis bitten. Ein Wohnungseigentümer bedarf also **keines Genehmigungsbeschlusses** über Art und Umfang einer von ihm geplanten baulichen Veränderung seiner Eigentumswohnung.

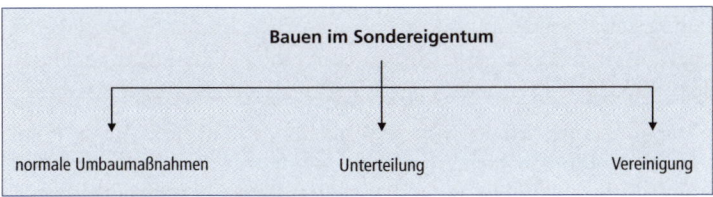

Überblick Bauen im Sondereigentum

Als „normale" bauliche Veränderungen am und im Sondereigentum kommen etwa in Betracht:

- die Versetzung einer nicht tragenden Wand;

- der Einbau einer Durchreiche zwischen Küche und Wohnzimmer in eine nicht tragende Wand;

- die Entfernung einer nicht tragenden Wand;

- der Anbau eines Innenrollos;

- ein Deckendurchbruch durch eine im Sondereigentum stehende Decke, was etwa bei einer Reihenhausanlage vorstellbar ist.

Eine bauliche Veränderung des Sondereigentums kann allerdings dazu führen, dass ein Wohnungseigentümer von seinem Sondereigentum einen ihm nicht mehr erlaubten **Gebrauch** macht. Es ist beispielsweise vorstellbar, dass die Versetzung einer Wand zu einer erhöhten, **vermeidbaren** Lärmbelästigung der anderen Wohnungseigentümer führt. Dann ist die Maßnahme zwar keine unzulässige Baumaßnahme. Sie ist aber ein unzulässiger Gebrauch. Was daher gilt, wenn im Sondereigentum gebaut wird, ist immer eine Frage des Einzelfalls und sollte vor Durchführung der Maßnahme gut geprüft und erwogen werden!

Eine bauliche Veränderung des Sondereigentums muss immer – auch im Interesse der anderen Wohnungseigentümer – **sorgfältig** durchgeführt werden. Dieses ist etwa nicht der Fall, wenn durch die Maßnahme das gemeinschaftliche Eigentum in Mitleidenschaft gezogen wird, wenn dort etwa Wasser eindringt. Und dieses ist auch nicht der Fall, wenn sich etwa beim Austausch des vorhandenen Teppichs und Einbaus eines Parketts oder Laminats wegen Baumängeln beispielsweise Trittschallbrücken ergeben. Diese müssen natürlich beseitigt werden.

Trittschall

Fragen des Trittschalls und des Schutzes vor ihm sind nicht nur im Miet-, sondern auch im Wohnungseigentumsrecht ein „Dauerbrenner". Zum einen geht es um Mängel des gemeinschaftlichen Eigentums, häufig um Ansprüche gegen den die Anlage errichtenden Bauträger. Zum anderen geht es häufig darum, ob ein Wohnungseigentümer einen vorhandenen Bodenbelag austauschen darf. Hier gilt: Der zu gewährende Schallschutz richtet sich grundsätzlich nach den im Zeitpunkt der Errichtung des Gebäudes geltenden Schutzwerten (maßgeblich ist das Schallschutzniveau bei Errichtung oder Umwandlung eines Gebäudes als Wohnungseigentumsanlage). Der „DIN 4109" kommt ein erhebliches Gewicht zu, soweit es um die Bestimmung dessen geht, was die Wohnungseigentümer an Beeinträchtigungen durch Luft- und Trittschall zu dulden haben.
Ein Wohnungseigentümer kann Probleme bekommen, wenn:

■ die Verlegung des neuen Belags unsachgerecht erfolgt (dann müssen Fehler beseitigt werden);

- der vorhandene Belag für das Schallschutzniveau **prägend** war (dann muss der alte Belag – jedenfalls „der Art nach" – gegebenenfalls beibehalten werden);
- im Einzelfall, wenn die anderen Wohnungseigentümer unter dem Gesichtspunkt der Lästigkeit die Beibehaltung eines erhöhten Schallschutzniveaus „**erwarten**" dürfen.

Nicht zum Sondereigentum gehören Flächen die einem **Sondernutzungsrecht** unterliegen, etwa eine Terrasse, ein Garten oder ein Stellplatz. Ob der daran Berechtigte hier im gemeinschaftlichen Eigentum bauen darf, ist eine Frage, was mit dem Sondernutzungsberechtigten vereinbart ist (dazu S. 27).

b) Vereinigung

Vor allem aus **steuerlichen Gesichtspunkten** kann ein Wohnungseigentümer in seinem Eigentum befindliche Wohnungen miteinander tatsächlich und/oder rechtlich „vereinigen". Vereinigung meint, dass etwa aus zwei vorher selbstständigen eine einzige Eigentumswohnung wird. Eine Mitwirkung der anderen Wohnungseigentümer zu einer solchen Vereinigung ist unnötig, wenn es um eine bloße rechtliche Vereinigung geht und die Vereinigung sich **ohne Baumaßnahmen** vollzieht. Ein Mitwirkungsrecht ist hingegen vorstellbar, wenn die Vereinigung **mit Baumaßnahmen** verbunden ist. Für die anderen Wohnungseigentümer stellt es allerdings keinen Nachteil dar, wenn etwa durch einen Wanddurchbruch und den Einbau einer Verbindungstür zwischen den beiden angrenzenden Sondereigentumseinheiten die „Abgeschlossenheit" der Wohnungen entfällt.

Abgeschlossenheit

Abgeschlossenheit meint, dass eine Wohnung vom gemeinschaftlichen Eigentum her erreichbar und gegenüber diesem „verschlossen ist". Ferner verlangt Abgeschlossenheit, dass in einer Wohnung gekocht werden kann und dass dort ein Abort vorhanden ist.

Auch wenn bei einer Baumaßnahme für eine Vereinigung eine nicht tragenden Wand durchbrochen wird, ist diese Maßnahme von den übrigen Wohnungseigentümern ohne weiteres hinzunehmen. Es liegt kein Eingriff in die Substanz des gemeinschaftlichen Eigentums vor noch sind eine Beeinträchtigung der Statik oder sonstige Nachteile ernsthaft zu befürchten. Wird hingegen eine **tragende Wand** durchbrochen, bedarf der Wohnungseigentümer der Zustimmung der anderen Wohnungseigentümer.

c) Unterteilung

Jeder Wohnungseigentümer ist berechtigt, seine – aber auch nur seine – Eigentumswohnung zu „unterteilen". Unterteilung meint, dass aus einer ausreichend großen Eigentumswohnung zwei oder gar mehrere voneinander selbstständige Eigentumswohnungen gemacht werden. Einer Zustimmung zu einer solchen Unterteilung bedarf es grundsätzlich nicht. Eine Zustimmung der anderen Wohnungseigentümer ist nur dann erforderlich, wenn aus der bisherigen Wohnung ausnahmsweise nicht mehrere in sich wieder abgeschlossene Einheiten entstehen, sondern ein Teil der bisher sondereigentumsfähigen Räume und Gebäudeteile in gemeinschaftliches Eigentum „überführt" werden muss. Dies ist etwa der Fall, wenn der **Eingangsflur** der früheren größeren Wohnung außerhalb der Ummauerung der beiden neuen Wohnungen bleibt („**Eingangsflurproblem**"). Eine Zustimmung ist ferner notwendig, wenn die Eigentümer vereinbart haben, eine Unterteilung von einer Zustimmung abhängig zu machen.

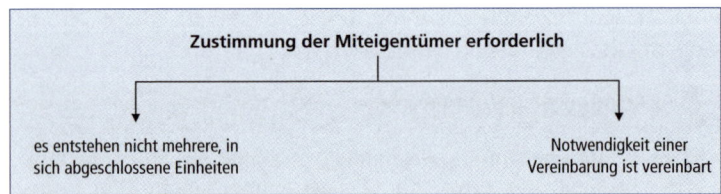

Unterteilung: Beteiligung der anderen Wohnungseigentümer

3. Gemeinschaftliches Eigentum

a) Überblick

Das gemeinschaftliche Eigentum steht – wie sein Name bereits sagt – im **Miteigentum**. Das gemeinschaftliche Eigentum gehört keinem der Wohnungseigentümer allein; jeder Wohnungseigentümer hat daran nur ein bloßes „Mitrecht". Eine Mitberechtigung schließt es eigentlich aber aus, dass ein Einzelner am gemeinschaftlichen Eigentum gegen den Willen der anderen Mitberechtigten irgendwelche Veränderungen vornimmt. Es liegt auf der Hand, dass ein Wohnungseigentümer nicht einfach die Hausfassade grün streichen, das Dach neu eindecken oder neue Fenster einbauen darf.

Ganz so streng ist das Wohnungseigentumsgesetz allerdings nicht. Im Einzelfall hat ein Wohnungseigentümer durchaus ein „Recht" daran, das gemeinschaftliche Eigentum zu seinem Vorteil zu verändern. Überblick:

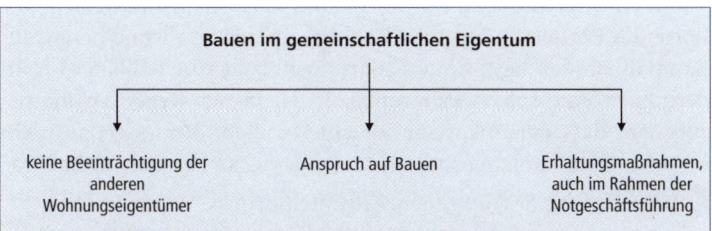

Recht auf Veränderung des gemeinschaftlichen Eigentums

> **Bauliche Veränderungen**
>
> Alle Wohnungseigentümer können jederzeit gemeinsam das gemeinschaftliche Eigentum baulich verändern. Das Gesetz erlaubt ferner, dass nur eine (relativ große) Mehrheit sich für eine bauliche Veränderung ausspricht. Erlaubt ist das, wenn es um eine Modernisierung geht oder eine Anpassung der Anlage an den Stand der Technik. Siehe dazu S. 113.

Auch wenn ein Wohnungseigentümer einen **Anspruch auf eine bauliche Veränderung** hat, führt das in der Regel nicht dazu, dass er als Anspruchsinhaber einfach so berechtigt wäre, die notwendigen Arbeiten vornehmen zu lassen. Den Wohnungseigentümern gemeinsam ist es vielmehr vorbehalten, die Art und Weise der Arbeiten zu bestimmen, etwa den konkreten Ort im Dachbereich des Gebäudes, an dem eine Parabolantenne angebracht werden darf („Direktionsrecht"; dazu S. 110).

b) Kein Nachteil

Ein Wohnungseigentümer kann die Zustimmung der anderen Wohnungseigentümer zu einer baulichen Veränderung des gemeinschaftlichen Eigentums verlangen, wenn kein Wohnungseigentümer durch die bauliche Veränderung beeinträchtigt wird, keiner also einen vermeidbaren Nachteil erfährt (zum Begriff des Nachteils siehe S. 23).

Wann eine Beeinträchtigung anzunehmen ist, ist grundsätzlich eine Frage des Einzelfalls. Es gibt allerdings aus der Erfahrung heraus für Baumaßnahmen bestimmte Fallgruppen. Fällt eine bauliche Veränderung in eine solche Fallgruppe, so ist in der **Regel** davon auszugehen, dass ein Anspruch auf eine bauliche Veränderung **nicht besteht**. Unter anderen sind die folgenden Gruppen bedeutsam:

- Veränderung des optischen Gesamteindrucks;
- Eingriffe in die Substanz des gemeinschaftlichen Eigentums;
- Immissionen, auch negative (Entzug von Licht);
- Schäden am Sondereigentum;
- verstärkte Einsehbarkeit;
- Möglichkeit intensiverer Nutzung;
- Vergrößerung nutzbarer Fläche;
- Erhöhung der Wartungs- oder Reparaturanfälligkeit des gemeinschaftlichen Eigentums;
- Verstoß gegen öffentlich-rechtliche Vorschriften;
- Gefährdung der Sicherheit anderer Wohnungseigentümer.

c) Grundrechte

Ein Wohnungseigentümer kann die Zustimmung der anderen Wohnungseigentümer zu einer baulichen Veränderung des gemeinschaftlichen Eigentums auch dann verlangen, wenn die Maßnahme sämtliche anderen oder einige Wohnungseigentümer zwar beeinträchtigt, die Beeinträchtigung von den anderen Wohnungseigentümern nach einer Abwägung aber zu **dulden** ist. Ein derartiger Duldungsanspruch liegt etwa dann vor, wenn:

■ ein Wohnungseigentümer wegen einer Behinderung , die er erfährt – beispielsweise eine Querschnittslähmung – eine „Barrierefreiheit" schaffen will, etwa

  – den Einbau einer Rollstuhlrampe im Eingangsbereich,

  – der Anbau eines weiteren Handlaufs,

  – einen Schräglift im Treppenhaus oder

  – einen Treppenlift nebst notwendiger neuer Treppenausführung.

■ ein Wohnungseigentümer einer baulichen Veränderung wegen seines Berufs bedarf, zum Beispiel ein Ladenschild;

■ das Sondereigentum gesichert werden soll, etwa der Einbau von Gittern vor den Erdgeschossfenstern.

d) Parabolantennen

Ein Wohnungseigentümer kann einen Anspruch auf die feste Montage einer **Parabolantenne** haben (ob eine mobile Parabolantenne erlaubt ist, ist grundsätzlich eine Frage des Gebrauchs des gemeinschaftlichen Eigentums, nicht des Bauens am gemeinschaftlichen Eigentum; im Einzelnen ist hier vieles allerdings streitig). Ein generelles Verbot von Parabolantennen kann daher **nicht beschlossen** werden. Ob von einem Wohnungseigentümer die Anbringung einer festen Parabolantenne verlangt werden kann, ist durch eine fallbezogene Abwägung jeweils grundrechtlich geschützter Interessen zu beantworten. Auf Seiten des Wohnungseigentümers, der einen Anspruch auf Errichtung einer Satellitenempfangsanlage geltend macht, streitet sein Eigentums- und sein Informationsrecht. Dem steht auf Seiten der widersprechenden Wohnungseigentümer deren durch die Duldung einer solchen Anlage berührtes Eigentumsrecht gegenüber.

Deutsche Wohnungseigentümer

Für die Abwägung ist grundsätzlich unerheblich, ob es sich um einen ausländischen oder deutschen Wohnungseigentümer handelt. Hat etwa ein Wohnungseigentümer seine polnische Staatsangehörigkeit aufgegeben und die deutsche Staatsangehörigkeit angenommen, schränkt dieses den Schutz des Informationsinteresses nicht ein.

Bei der Abwägung, ob eine Parabolantenne zulässig ist, kommt auch der **Freiheit der Religionsausübung** und in deren Rahmen der Ermöglichung der Teilnahme an gottesdienstlichen Handlungen ein besonderer Stellenwert zu. Dieses gilt insbesondere dann, wenn einem Wohnungseigentümer die persönliche Teilnahme an Gottesdiensten nicht möglich ist und Fernsehsender, die regelmäßig gottesdienstliche Handlungen ausstrahlen, nur über Satelliten zu empfangen sind.

Dem Anspruch auf Anbringung einer Parabolantenne können ein **vorhandener Kabel- oder ein Internetanschluss** entgegenstehen. Selbst bei einem vorhandenen Kabelanschluss kann aber ein besonderes Informationsinteresse oder ein religiöses Interesse die Installation einer Parabolantenne rechtfertigen. Das trifft insbesondere – aber nicht nur – auf Wohnungseigentümer mit ausländischer Staatsangehörigkeit zu, deren Heimatprogramme nicht oder nur in geringer Zahl in das deutsche Kabelnetz eingespeist werden.

Direktionsrecht der anderen Wohnungseigentümer

Auch wenn ein Anspruch auf eine Parabolantenne besteht, zielt der Anspruch nur darauf, die Antenne an einem zum Empfang geeigneten Ort zu installieren, an dem sie den optischen Gesamteindruck des Gebäudes möglichst wenig stört. Bei der Auswahl zwischen mehreren geeigneten Standorten steht den übrigen Wohnungseigentümern ein Mitbestimmungsrecht zu. Einem Wohnungseigentümer ist es daher auch bei einem Anspruch auf Errichtung einer Parabolantenne ganz regelmäßig verwehrt, eine Parabolantenne eigenmächtig zu installieren.

e) Videoanlagen

aa) Überblick. Wohnungseigentümer denken zum Teil darüber nach, zum Schutz des **Sondereigentums** oder des **gemeinschaftlichen Eigentums** eine Videoanlage zu installieren, um dieses zu überwachen. Hiermit sind vor allem zwei Fragenkreise angesprochen: die Baurechte eines Wohnungseigentümers (dazu S. 101 ff.) und der Datenschutz. Für beide betroffenen Rechtsgebiete ist es letztlich eine Frage des Einzelfalls, was noch zulässig ist. Bei den Baurechten stellt sich vor allem die Frage eines **Nachteils**. Beim Datenschutz bedarf es hingegen in der Regel einer Abwägung. Der Datenschutz steht der Zulässigkeit einer Videoüberwachung nämlich nicht grundsätzlich entgegen. Nach dem Bundesdatenschutzgesetz ist eine Videoüberwachung öffentlich zugänglicher Räume nämlich zulässig, soweit sie zur Wahrnehmung des Hausrechts erforderlich ist und **keine** Anhaltspunkte bestehen, dass schutzwürdige Interessen der Betroffenen **überwiegen**. Zum öffentlich zugänglichen Raum zählt auch der jedermann zugängliche Eingangsbereich einer privaten Haus- oder Wohnungstür. Die Abwägung ist hier aber häufig kaum voraussehbar.

bb) Überwachung des Sondereigentums. Überwacht eine Videokamera **nur das Sondereigentum** oder Flächen, die einem **Sondernutzungsrecht** unterliegen, ist das grundsätzlich nicht zu beanstanden.

Überwachungskamera für Garten

Der Bundesgerichtshof nahm an zwei an der Gartenseite eines Reihenhauses in 7 und 9 m Höhe angebrachten Überwachungskameras grundsätzlich keinen Anstoß. Einem Wohnungseigentümer sei es grundsätzlich gestattet, zum Schutz vor unberechtigten Übergriffen auf sein Eigentum seinen „Grundbesitz" mit Videokameras zu überwachen, sofern diese nicht den angrenzenden öffentlichen Bereich oder benachbarte Privatgrundstücke, sondern allein das Grundstück des Eigentümers erfassen. Allerdings könne auch bei der Ausrichtung von Überwachungskameras allein auf das eigene Grundstück das Persönlichkeitsrecht Dritter beeinträchtigt sein. Dies sei dann der Fall, wenn Dritte eine Überwachung durch die Kameras objektiv ernsthaft befürchten müssen.

bb) Überwachung des gemeinschaftlichen Eigentums. Die Herstellung von Bildnissen einer Person, insbesondere die Filmaufzeichnung mittels einer Videokamera, kann in der Öffentlichkeit zugänglichen Bereichen einen unzulässigen Eingriff in das allgemeine Persönlichkeitsrecht des Betroffenen darstellen, selbst wenn keine Verbreitungsabsicht besteht. Ob ein derartiger rechtswidriger Eingriff anzunehmen ist, kann nur unter Würdigung aller Umstände des Einzelfalls und durch Vornahme einer die (verfassungs-)rechtlich geschützten Positionen der Beteiligten berücksichtigenden Güter- und Interessenabwägung ermittelt werden.

BEISPIELE: Der Bundesgerichtshof billigte den nachträglichen Einbau einer **Videoanlage am Klingeltableau,** wenn und soweit:
– die Kamera nur durch Betätigung der Klingel aktiviert wird;
– eine Bildübertragung allein in die Wohnung erfolgt, bei der geklingelt wurde;
– die Bildübertragung nach spätestens einer Minute unterbrochen wird;
– die Anlage nicht das dauerhafte Aufzeichnen von Bildern ermöglicht.
Anders war es bei einer Münchener Wohnungseigentumsanlage. Dort wurde für die **Tiefgarage** eine **Videoüberwachung** eingeführt, weil es in der Vergangenheit zu Autoaufbrüchen und Diebstählen von in der Tiefgarage gelagerten Gegenständen gekommen war. Dies billigte das Gericht nicht. Der Wohnungseigentümer, der sich beeinträchtigt fühlte und geklagt hatte, müsse jedes Mal, wenn er die Tiefgarage betrete oder verlasse bzw. in diese ein- und ausfahre, davon ausgehen, dass er gefilmt werde, wobei jede seiner Bewegungen festgehalten werden, ebenso wie die Uhrzeit, zu der er sich in der Tiefgarage aufhalte, welche Kleidung er trage und mit welchen Personen er dort gegebenenfalls ein- und ausgehe. Er könne sich daher in der Tiefgarage nicht mehr frei und ungezwungen bewegen. Dies stelle eine **schwerwiegende Beeinträchtigung des allgemeinen Persönlichkeitsrechts** dar. Daran ändere es nichts, dass nach dem Willen der Eigentümer eine Einsicht in die Videoaufzeichnungen nur im Falle einer Schadenmeldung erfolgen soll. Denn der klagende Wohnungseigentümer könnte im Vorhinein nicht wissen, wann eine solche Schadenmeldung erfolge. Darüber hinaus könnte er nicht kontrollieren, ob die Vorgaben für eine Einsichtnahme in die Videoaufzeichnungen eingehalten werden.

f) Erhaltungsmaßnahmen

Jeder Wohnungseigentümer hat gegen die anderen Wohnungseigentümer ein Recht und einen Anspruch darauf, dass von den Wohnungseigentümern geeignete Maßnahmen ergriffen werden, das gemeinschaftliche Eigentum instand zu halten oder es sogar instand zu setzen (dazu S. 51).

g) Modernisierungen

Haben die Wohnungseigentümer die Absicht, das gemeinschaftliche Eigentum zu „modernisieren", **erleichtert** ihnen das Wohnungseigentumsgesetz einen Eingriff in das gemeinschaftliche Eigentum. Mit der im Jahre 2007 erfolgten Novellierung des Wohnungseigentumsgesetzes ist insbesondere die Willensbildung der Wohnungseigentümer bei **energetischen Sanierungen** erleichtert worden. Was man sich unter einer solchen Modernisierung vorstellen kann, regelt allerdings nicht das Wohnungseigentumsgesetz, sondern im Wesentlichen durch eine im Jahre 2013 **neu gefasste Verweisung** das Bürgerliche Gesetzbuch.

Danach sind zurzeit als Modernisierungsmaßnahmen folgende bauliche Veränderungen anzusehen:

■ Bauliche Änderungen, durch die in Bezug auf die das gemeinschaftliche Eigentum oder das Sondereigentum **Endenergie** nachhaltig eingespart wird (energetische Modernisierung). Endenergie ist der nach Energiewandlungs- und Übertragungsverlusten übrig gebliebene Teil der Primärenergie, die den Hausanschluss des Verbrauchers passiert hat. **Primärenergie** ist Energie, die mit den natürlich vorkommenden Energieformen oder Energiequellen zur Verfügung steht, etwa als Kohle, Gas, Sonne oder Wind. Endenergie kann als „Primärenergieträger", vorliegen, etwa als Erdgas, oder in eine sekundäre Energieform umgewandelt worden sein, beispielsweise zu Strom.

  – Die Regelung entspricht teilweise bislang geltendem Recht. Die Reform stellt aber klar, dass die Einsparung von Endenergie für eine energetische Modernisierung genügt. Dies war in den Einzelheiten bislang umstritten.

- Bauliche Änderungen, durch die nicht erneuerbare Primärenergie nachhaltig eingespart oder das **Klima** nachhaltig geschützt wird, sofern nicht bereits eine energetische Modernisierung vorliegt.

  – Die Reform stellt klar, dass die Einsparung von Primärenergie eine Modernisierungsmaßnahme ist. Erfasst sind auch künftige neue Techniken, die eine effizientere Nutzung von Energie ermöglichen oder dem Klimaschutz dienen.

  – Nachhaltig meint dauerhaft.

- Bauliche Änderungen, durch die der **Wasserverbrauch** nachhaltig reduziert wird.

  – Die Regelung entspricht bislang geltendem Recht.

- Bauliche Änderungen, durch die der **Gebrauchswert** des gemeinschaftlichen Eigentums oder des Sondereigentums nachhaltig erhöht wird.

  – Die Regelung entspricht bislang geltendem Recht.

- Bauliche Änderungen, durch die die **allgemeinen Wohnverhältnisse** der Eigentumswohnung auf Dauer verbessert werden.

  – Die Regelung entspricht bislang geltendem Recht.

- Bauliche Änderungen, die der Anpassung des gemeinschaftlichen Eigentums an den **Stand der Technik** dienen.

  – Die Regelung entspricht bislang geltendem Recht.

Diese Maßnahmen können durch eine Mehrheit von drei Viertel aller stimmberechtigten Wohnungseigentümer und mehr als der Hälfte aller Miteigentumsanteile beschlossen werden, wenn sie die Eigenart der Wohnanlage nicht ändern und keinen Wohnungseigentümer gegenüber anderen unbillig beeinträchtigen.

Neuerungen des Jahres 2013

Die 2013 vom Gesetzgeber eingeführten Neuerungen führen vor allem dazu, dass im Wohnungseigentumsrecht jetzt unstreitig unter anderem

- Blockheizkraftwerke,
- Fotovoltaikanlagen,

- Solarthermie oder
- Windräder

als **Modernisierungsmaßnahmen** verstanden werden können. Ein vermietender Wohnungseigentümer kann die Miete allerdings nicht für alle Modernisierungsmaßnahmen erhöhen. Bauliche Änderungen, durch die bloß nicht erneuerbare Primärenergie nachhaltig eingespart oder das Klima nachhaltig geschützt wird, erlauben keine Mieterhöhung.

Ein Wohnungseigentümer hat anders als im Einzelfall bei einer baulichen Veränderung auf eine Modernisierung allerdings **keinen Anspruch**. Die anderen Wohnungseigentümer können zu einer Modernisierung des gemeinschaftlichen Eigentums also **nicht** gegen ihren Willen **gezwungen** werden. Geht es bei einer Maßnahme nicht um eine Modernisierung, sondern nur um eine „modernisierende Instandsetzung", kann ein Wohnungseigentümer hingegen einen Anspruch auf Verbesserung des gemeinschaftlichen Eigentums haben (dazu S. 52). Das kann auch der Fall sein, um etwa den Anforderungen der Energieeinsparverordnung (EnEV) oder anderen gesetzlichen Vorschriften gerecht zu werden.

VIII. Versammlungsrechte

1. Allgemeines

Um – wie vom Gesetz vorgesehen – an der Verwaltung „mitwirken" zu können, haben die Wohnungseigentümer die Möglichkeit, an jeder **Versammlung** der Wohnungseigentümer teilzunehmen. Eine solche Versammlung findet in der Regel wenigstens einmal im Jahr statt. Von dem sehr wichtigen **Recht auf Teilnahme** machen in der Praxis – jedenfalls in größeren Wohnungseigentumsanlagen – allerdings nur wenige Wohnungseigentümer Gebrauch. Diese „Zurückhaltung" und die darin liegende „Selbstentmachtung" sind umso erstaunlicher, als die Versammlung eigentlich der **einzige Ort** ist, wo sich ein Wohnungseigentümer in die Verwaltung einbringen kann und wo von allen Wohnungseigentümern als Miteigentümern des gemeinschaftlichen Eigentums Fragen von allgemeinem Interesse diskutiert werden können. Die zeitliche Beanspruchung kann kaum ins Feld geführt werden: eine Versammlung ist in der Regel kurz. Stehen nicht bauliche Veränderungen, die Bestellung des Verwalters oder andere bedeutsame Fragen an, dauern Versammlungen selten länger als ein bis zwei Stunden. Diese Zeit einzubringen, kann im Zweifel sehr lohnend sein.

An einer Versammlung teilnehmen kann **jeder Wohnungseigentümer**. Er darf dort grundsätzlich reden, Anträge stellen und bei Beschlüssen mitstimmen. Überblick:

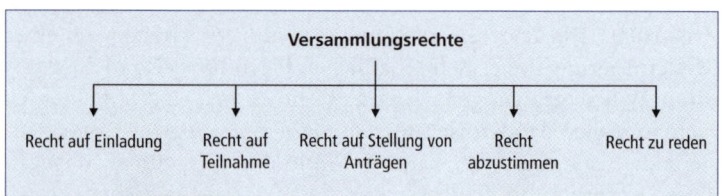

Versammlungsrechte

2. Recht auf Ladung

a) Allgemeines

Jeder Wohnungseigentümer hat das Recht, dass der Verwalter die Versammlung der Wohnungseigentümer mindestens **einmal im Jahre** einberuft. Ob der Verwalter häufiger laden muss („außerordentliche Versammlung"), ist grundsätzlich eine Frage des Verwalter-Ermessens.

Ladungszwang

Das Ermessen des Verwalters, zu einer Versammlung zu laden, ist beispielsweise auf Null reduziert, wenn eine dringende Schadenbekämpfung besprochen werden muss oder wenn die Wohnungseigentümergemeinschaft im Verlauf des Jahres über keine Mittel mehr verfügt. Ein Verwalter muss zu einem bestimmten Tag oder mehrfach im Jahr laden, wenn die Wohnungseigentümer dieses untereinander so angeordnet haben.

Der Verwalter muss die Versammlung in Textform einberufen. Textform meint, dass die Ladung in einer Urkunde oder auf andere zur dauerhaften Wiedergabe in Schriftzeichen geeignete Weise abgegeben werden muss, die Person des Erklärenden genannt und der Abschluss der Erklärung durch Nachbildung der Namensunterschrift oder anders erkennbar gemacht werden. Zur Einhaltung der Textform geeignet ist etwa eine E-Mail, ein Fax, aber auch eine SMS. Die Frist der Einberufung soll, sofern nicht ein Fall besonderer Dringlichkeit vorliegt, **mindestens zwei Wochen** betragen.

b) Einberufungsverlangen

Jeder Wohnungseigentümer kann eine Ladung zur Versammlung **verlangen**. Ein solches Verlangen kann er allerdings **nicht allein** aussprechen. Findet ein Wohnungseigentümer keine Mitstreiter, kann er selbst beim Verwalter daher nur „anregen", wegen bestimmter Umstände – etwa eines Schadens des gemeinschaftlichen Eigentums oder einer anderen dringenden Frage – zu einer Versammlung zu laden. Findet ein Wohnungseigentümer als Mitstreiter hingegen ein **Viertel der Wohnungseigentümer**, muss der Verwalter zu einer Versammlung laden, wenn dieses schriftlich unter Angabe des Zweckes und der Gründe von ihm verlangt wird.

Berechnung der erforderlichen Mehrheit

Steht ein Sondereigentum Mehreren zu, zählen sie nur gemeinsam als ein Wohnungseigentümer. Ein Einberufungsverlangen kann auch von einem vom Stimmrecht ausgeschlossenen Wohnungseigentümer gestellt werden. Zu zählen ist nach „Köpfen". Notwendig, aber auch ausreichend sind in einer Anlage mit 20 Wohnungseigentümern beispielsweise sechs Verlangende.

Ein Einberufungsverlangen muss auf die Behandlung solcher Gegenstände gerichtet sein, für die die Wohnungseigentümer eine **Beschlusskompetenz** besitzen (siehe dazu S. 47 ff.) und die eine **Beschlussfassung** auch **erfordern**. Des Weiteren darf das Einberufungsverlangen nicht auf die Herbeiführung eines gesetzes- oder vereinbarungswidrigen Beschlusses gerichtet sein. Das Einberufungsverlangen muss von jedem der Antragsteller grundsätzlich eigenhändig durch Namensunterschrift oder mittels notariell beglaubigten Handzeichens **unterzeichnet** werden (die schriftliche Form kann durch die elektronische Form oder durch die notarielle Beurkundung ersetzt werden). Adressat und Empfänger des Einberufungsverlangens ist der aktuelle und amtierende Verwalter. Im Einberufungsverlangen sind der Zweck (= mit welchen Punkten sich die Wohnungseigentümer beschäftigen sollen) und der Grund (= die besondere Eilbedürftigkeit, die es nicht erlaubt, die nächste ordentliche Versammlung abzuwarten) anzugeben. Fehlt es einem Einberufungsverlangen an der Angabe des Zweckes oder von Gründen, ist der Verwalter nicht verpflichtet, eine Versammlung einzuberufen.

Der Verwalter muss ein Einberufungsverlangen zeitnah bescheiden, damit die den Antrag stellenden Wohnungseigentümer wissen, woran sie sind. Der Verwalter darf und sollte prüfen, ob die erforderliche Anzahl von Wohnungseigentümern das Begehren gestellt haben, ob die Schriftform eingehalten ist und ob die Antragsteller Gegenstände für die Eigentümerversammlung sowie einen Grund für die Eilbedürftigkeit benannt haben. Eine Prüfung danach, ob die angegebenen Gründe aus Sicht eines objektiven Dritten die Abhaltung einer Eigentümerversammlung rechtfertigen, darf der Verwalter hingegen nicht anstellen.

Der Verwalter muss einem Einberufungsverlangen, soweit die formellen Voraussetzungen vorliegen, **unverzüglich** entsprechen. Im Allgemeinen wird eine auf Grund eines Einberufungsverlangens stattfindende Eigentümerversammlung **innerhalb eines Monats** abzuhalten sein. Wenn es um die Abberufung des Verwalters wegen angeblicher Pflichtwidrigkeit und um eine Neubestellung geht, ist ein Verwalter sogar gehalten, einen sehr zeitnahen Termin für die Eigentümerversammlung festzulegen und die Einladungen dafür schnell zu versenden.

Verspätete Umsetzung

Leistet der Verwalter einem wiederholten Verlangen nach Einberufung einer Eigentümerversammlung nicht Folge, rechtfertigt dies seine Abberufung. Ein wichtiger Grund für eine Abberufung des Verwalters und eine fristlose Kündigung des Verwaltervertrags kann auch darin liegen, dass der Verwalter 1½ Jahre lang überhaupt keine Eigentümerversammlung einberuft.

Muster eines Einberufungsverlangens

Anschrift(en) des Antragstellers
Anschrift des Verwalters
Einberufungsverlangen
Sehr geehrter Herr ____ [Name],
bitte berufen Sie auf Verlangen der Unterzeichnenden – die das gesetzliche Quorum von mehr als einem Viertel der Wohnungseigentümer repräsentieren – zu folgenden Gegenständen ____ [möglichst genaue Bezeichnung der Punkte] unverzüglich an einem ____ [Wochentag] ____ [Zeitangabe] Uhr eine Versammlung ein. Die nächste ordentliche Versammlung kann nicht abgewartet werden, da ____ [Angabe der Eilbedürftigkeit].
Mit freundlichen Grüßen
Unterschriften sämtlicher Verlangender

c) Ladung durch den Verwaltungsbeirat

Fehlt ein Verwalter oder weigert er sich **pflichtwidrig**, eine Versammlung einzuberufen, kann eine Versammlung – falls ein Verwaltungsbeirat bestellt ist – von dessen Vorsitzendem oder seinem Vertreter einberufen werden (siehe dazu das Muster S. 94). Auf diese Befugnis und die Dringlichkeit einer Einberufung sollte der Verwaltungsbeirat im Einzelfall durch einen interessierten Wohnungseigentümer hingewiesen werden. Der Verwaltungsbeirat sollte allerdings nicht zur Einladung gezwungen werden. Leichter ist es nämlich, dass sich ein Wohnungseigentümer selbst zur Einberufung ermächtigen lässt.

d) Ermächtigung zur Ladung

Fruchtet kein anderer Weg, ist eine Einberufung aber dringlich – etwa wegen eines (ggf. drohenden) Schadens des gemeinschaftlichen Eigentums, dem sofort entgegen getreten werden muss – kann sich jeder Wohnungseigentümer durch das Amtsgericht, in dem die Anlage belegen ist, zur **Einberufung ermächtigen** lassen. Da dieses Verfahren häufig eine gewisse Zeit in Anspruch nimmt, ist es möglich, sich im Wege einer Eilentscheidung – einer einstweiligen Verfügung – ermächtigen zu lassen. Eine solche Eilentscheidung sollte in der Regel sofort, jedenfalls aber binnen zwei Wochen erreicht werden können. Ihr Gegenstand sollte die Ermächtigung des Antragstellers zur Einberufung einer Versammlung sein.

Muster: Antrag auf Erlass einer einstweiligen Verfügung

Anschriften
– des Antragstellers
– des zuständigen WEG-Gerichts
Angabe
– des Antragstellers
– der anderen Wohnungseigentümer nach Name und Adresse
– des Verwalters sowie des Ersatzzustellungsvertreters, sofern vorhanden
Formulierung des Antrags, etwa: „Der Antragsteller wird ermächtigt, zu einer Versammlung der Wohnungseigentümergemeinschaft ____ [Name] zu laden".
Begründung des Verlangens
– Einberufungsgegenstände
– Eilbedürftigkeit der Ladung für diese Einberufungsgegenstände (Angabe des Grundes, warum die nächste ordentliche Versammlung nicht abgewartet werden kann)
– Weigerung des Verwalters und Beirats zu laden, sofern es diese gibt
Unterschrift

Wird ein Wohnungseigentümer gerichtlich ermächtigt, zu einer Versammlung zu laden, hat er dieselben Aufgaben, wie sie der normalerweise ladende Verwalter hat. Es ist mithin darauf zu achten, dass sämtliche Wohnungseigentümer **rechtzeitig**, nämlich im Regelfall spätestens zwei Wochen vor der Versammlung, geladen werden. Verfügt der Wohnungseigentümer über keine aktuelle Eigentümerliste, kann er diese vom Verwalter verlangen (S. 140). Mit der Ladung sind den anderen Wohnungseigentümern die **Gegenstände der Versammlung** mitzuteilen (Gegenstände sind die Tagesordnungspunkte, über die auf der Versammlung verhandelt werden soll). Die Gegenstände sind so anzukündigen, dass jeder weiß, worum es geht und worüber beschlossen werden soll. In der Regel reicht ein Schlagwort. Der Ladung können Unterlagen, beispielsweise Gutachten oder Angebote beigefügt werden.

Muster einer Ladung

Anschriften
Ladung zur Versammlung am ___ [Datum]
Sehr geehrte Damen und Herren,
ich bin vom Amtsgericht ___ [Name] im Verfahren ___ [Aktenzeichen] im Wege einer einstweiligen Verfügung vom ___ [Datum] ermächtigt worden, zu einer Eigentümerversammlung zu laden.
Ich berufe diese Versammlung ein
am ___ [Datum], ___ [Uhrzeit],___ [Ort], ___ [Adresse].
Folgende Gegenstände sollen besprochen werden:
– Abbestellung der ___ [Name] als Verwalterin aus wichtigem Grund;
– Kündigung des Verwaltervertrages vom ___ [Datum] aus wichtigem Grund;
– Bestellung eines neuen Verwalters;
– Abschluss eines Verwaltervertrags;
– …
Mit freundlichen Grüßen
Anlagen
3 Angebote von örtlichen Verwaltern
Entwurf eines Verwaltervertrags

3. Recht auf Aufnahme eines Punktes auf die Tagesordnung

Jeder Wohnungseigentümer hat einen Anspruch darauf, dass der Verwalter einen Gegenstand, den der Wohnungseigentümer als maßgeblich betrachtet, auf den Entwurf der Tagesordnung **aufnimmt**. Der Verwalter hat **kein** Recht, diesen Gegenstand auf seine Eignung hin zu prüfen und ihm etwa die Aufnahme zu verweigern, weil er selbst eine Aussprache und gegebenenfalls Beschlussfassung zu ihm nicht für nötig erachtet.

4. Recht auf Einladung

Jeder Wohnungseigentümer – auch wenn er bloßer Miteigentümer ist – hat ein Recht und einen Anspruch darauf, zur Versammlung **geladen** zu werden. Verletzt der Einladende dieses Recht, kommen dennoch gefasste Beschlüsse in der Regel nicht ordnungsmäßig zustande und sind auf eine Anfechtung hin für ungültig zu erklären.

Versehentliche Nichtladung

Die unterbliebene Einladung eines Wohnungseigentümers zu einer Eigentümerversammlung führt regelmäßig nur zur Anfechtbarkeit der in der Versammlung gefassten Beschlüsse, nicht aber zu deren Nichtigkeit. Etwas anderes gilt nur in **besonders schwerwiegenden Ausnahmefällen**, etwa wenn der Wohnungseigentümer in böswilliger Weise gezielt von der Teilnahme ausgeschlossen werden soll.

5. Recht auf Teilnahme

a) Höchstpersönlich

Jeder Wohnungseigentümer hat das Recht, an jeder Versammlung **höchstpersönlich** teilzunehmen. Um diese Teilnahme zu ermöglichen, soll ihn der Ladende – liegt kein Fall besonderer Dringlichkeit vor – **mindestens zwei Wochen** vorher laden. Dieser Zwei-Wochen-Zeitraum soll es den Geladenen einerseits ermöglichen, sich zu überlegen, ob sie wegen der zur Beschlussfassung anstehenden Gegenstände oder der angekündigten Informationen, etwa über den Stand eines gerichtlichen Verfahrens oder über den erreichten Bautenstand bei einer Renovierung, an der Versammlung überhaupt teilnehmen wollen: Der Besuch der Versammlung ist ein Recht, grundsätzlich aber keine Pflicht.

Ein Wohnungseigentümer verhält sich in der Regel nicht falsch, wenn er aus persönlichen, höchst individuellen Gründen eine **Teilnahme an einer Versammlung ablehnt**. Etwas anderes gilt nur dann, wenn es aus Gründen der Ordnungsmäßigkeit zu einem Beschluss kommen muss. Hier kann sich ein Wohnungseigentümer im Einzelfall sogar schadenersatzpflichtig machen, wenn er an der notwendigen Beschlussfassung nicht teilnimmt.

Versammlungs-Beschlusspflicht
- **Unzureichendes Verwaltungsvermögen.** Ist das Verwaltungsvermögen im Verlauf eines Jahres erschöpft und bedarf die Wohnungseigentümergemeinschaft neuer Mittel zu Bewirtschaftung der Anlage, beispielsweise zur Bezahlung von Wasserkosten gegenüber den örtlichen Wasserwerken, muss eine Sonderumlage beschlossen werden (siehe auch S. 62#). Nimmt ein Wohnungseigentümer an der Abstimmung hierzu nicht teil und kommt deshalb ein Beschluss nicht zustande, macht er sich schadenersatzpflichtig.
- **Mängel am gemeinschaftlichen Eigentum.** Ist das gemeinschaftliche Eigentum schadhaft, etwa die Fassade eines von mehreren Häusern einer Mehrhausanlage, muss der Schaden grundsätzlich behoben werden. Nimmt ein Wohnungseigentümer an der Abstimmung hierzu nicht teil und kommt deshalb ein Beschluss nicht zustande, macht er sich etwa gegenüber einem vermietenden Wohnungseigentümer, der sich wegen der Fassade Minderungen seines Mieters ausgesetzt sieht, schadenersatzpflichtig (siehe auch S. 100 ff.).

Die **Ladungsfrist von zwei Wochen** soll es einem Wohnungseigentümer andererseits ermöglichen, sich angemessen vor der Versammlung auf die zur Diskussion und Beschlussfassung anstehenden Gegenstände **vorzubereiten** und sich vorher – soweit nötig – Rechtsrat einzuholen, etwa bei einem Rechtsanwalt, bei Behörden und Registern oder beim Verwalter die Verwaltungsunterlagen einzusehen.

b) Vertretung

Ein Wohnungseigentümer muss an einer Versammlung **nicht persönlich** teilnehmen. Jeder Wohnungseigentümer besitzt nämlich grundsätzlich das Recht, sich in der Versammlung durch jeden beliebigen Dritten, beispielsweise einen Freund, aber auch einen Rechtsanwalt, vertreten zu lassen. Ein Wohnungseigentümer kann sich bei der Ausübung seines Stimmrechts sogar durch **mehrere** Bevollmächtigte vertreten lassen. Diese können allerdings nur einheitlich abstimmen, wenn sie gleichzeitig in der Versammlung anwesend sind. Ferner ist zu überlegen, ob eine große Anzahl an Vertretern einen Rechtsmissbrauch darstellen kann.

Einen Dritten als Vertreter zu bestellen, heißt ihm für einen bestimmten Rechtskreis eine **Rechtsmacht** zu erteilen, also für den Vertretenen zu handeln. Im Zusammenhang mit der Versammlung geht es darum, dass der Wohnungseigentümer den Vertreter in einige oder alle seiner Rechte als Teilnehmer der Versammlung einsetzt. Eine Versammlungsvollmacht wird durch eine individuelle Erklärung gegenüber dem zu Bevollmächtigenden erteilt. Die Vertretungsmacht ist in der Regel umfassend. Sie kann aber auch beschränkt werden, etwa auf konkrete Versammlungsgegenstände oder auf bestimmte Rechte. Die Vollmacht sollte regeln, ob der Vertreter seinerseits einen Vertreter („Untervertreter") für den Wohnungseigentümer bestimmen darf.

Muster Stimmrechtsvollmacht

Ich erteile ___ [Name, Adresse] die Vollmacht, mich in der Versammlung vom ___ [Datum] (alternativ: in jeder Versammlung) zu vertreten und dort für jeden in der Versammlung behandelten Gegenstand (alternativ: Aufführung konkreter Gegenstände gemäß der mit der Ladung angekündigten Tagesordnung) meine Rechte als Wohnungseigentümer wahrzunehmen, vor allem für mich zu reden, Anträge zu stellen und für mich bei einer Beschlussfassung abzustimmen. Mein Vertreter ist nicht berechtigt, eine Untervollmacht zu erteilen.
Unterschrift

Der Wohnungseigentümer kann seinen Vertreter anweisen, in **bestimmter Weise** abzustimmen, etwa den Entwurf der übersandten Gesamtjahresabrechnung oder den Abschluss eines Vertrages mit einem Winterdienst zu billigen. Wird eine solche Weisung erteilt, sollte diese allerdings – wie beim Muster vorgesehen – von der eigentlichen Vollmacht **getrennt** werden. Diese Trennung hat ihren Grund darin, dass die anderen Wohnungseigentümer eine schriftliche Vollmacht jederzeit einsehen können und dadurch die Anweisungen erfahren würden.

Die Vollmacht bedarf – ist nichts anderes, beispielsweise die Schriftform, vereinbart – keiner Form. Die Ausstellung einer schriftlichen

Vollmachtsurkunde bietet sich aber unbedingt an, da der Vertreter in der Versammlung gegenüber dem Versammlungsleiter und den Versammlungsteilnehmern seine Vertretungsmacht **nachweisen** können muss. Dieser Nachweis ist am leichtesten und am besten durch eine **schriftliche Vollmachtsurkunde** zu führen. Kann der Nachweis nicht in der Versammlung selbst geführt werden, kann der Vertreter zurückgewiesen werden, auch wenn er über eine Vollmacht verfügt.

Vertreterklausel

Die Befugnis, sich durch **jedermann** vertreten zu lassen, kann durch eine Vereinbarung auf **bestimmte Vertreter** beschränkt werden. In der Praxis finden sich häufig Vereinbarungen, die eine Vertretung nur durch einen Ehegatten, einen Wohnungs- oder einen Teileigentümer oder den Verwalter derselben Wohnanlage zulassen. Eine solche Beschränkung nennt man eine Vertreterklausel.

Eine Vertreterklausel gilt nicht für den oder die gesetzlichen Vertreter eines Wohnungseigentümers, beispielsweise die Eltern oder den Betreuer. Den Wohnungseigentümern kann es im Einzelfall aufgrund besonderer Umstände nach Treu und Glauben auch verwehrt sein, sich auf eine Vertreterklausel zu berufen. Etwa auf eine Vereinbarung, dass sich ein Wohnungseigentümer nur durch seinen Ehegatten, den Verwalter oder einen anderen Wohnungseigentümer vertreten lassen kann, dürfen sich die anderen Wohnungseigentümer beispielsweise nicht berufen, wenn der Ehegatte zur Vertretung aus gesundheitlichen Gründen nicht in der Lage, der Wohnungseigentümer mit den übrigen Mitgliedern der Gemeinschaft völlig zerstritten und erst unmittelbar vor der Versammlung ein neuer Verwalter bestellt worden ist, den der – verhinderte – Eigentümer (noch) nicht kennt.

6. Beschlussfähigkeit

Die Versammlung ist – falls nicht anders vereinbart – beschlussfähig, wenn die erschienenen stimmberechtigten Wohnungseigentümer **mehr** als die Hälfte der Miteigentumsanteile (S. 7 ff.) – berechnet nach der im Grundbuch eingetragenen **Größe** dieser Anteile – vertreten. Ist eine Versammlung **nicht** beschlussfähig, muss der Verwalter eine neue Versammlung mit dem gleichen Gegenstand einberufen („Zweitversammlung").

Zweitversammlung

Die Zweitversammlung ist ohne Rücksicht auf die Höhe der vertretenen Miteigentumsanteile beschlussfähig. Auf diese Besonderheit muss der Verwalter bei der Einberufung hinweisen.

7. Antragsrechte

a) Überblick

Jeder Wohnungseigentümer kann in der Versammlung **Anträge stellen**. Diese Anträge können sich dem bloßen Ablauf der Versammlung widmen. Sie können aber auch darin bestehen, dass ein Wohnungseigentümer über seinen Antrag eine verbindliche Beschlussfassung wünscht.

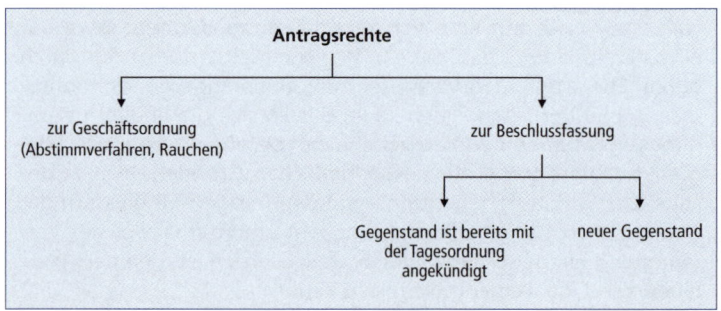

Antragsrechte

b) Anträge zur Geschäftsordnung

Ein Wohnungseigentümer kann **jederzeit** einen Antrag zur Geschäftsordnung stellen. Dieses sind zum Beispiel Anträge, in welcher Reihenfolge die Gegenstände (die Tagesordnungspunkte) in der Versammlung abgehandelt werden sollen, ob geheim abgestimmt wird, wer Versammlungsleiter sein soll, ob die Versammlung für einige Minuten unterbrochen wird, aber auch zum Lüften oder Rauchen usw.

Geschäftsordnung

Die Wohnungseigentümer können sich für den Ablauf ihrer Versammlungen eine Geschäftsordnung geben. Sie bestimmt den äußeren Ablauf der Versammlung. Die Wohnungseigentümer können die Ordnung jederzeit durch Beschluss ergänzen. Wurde eine Geschäftsordnung vereinbart, kann sie nicht durch Beschluss geändert werden. Ein Beschluss zur Geschäftsordnung ist grundsätzlich nicht anfechtbar. Anfechtbar ist aber ein Beschluss, der unter einer Geschäftsordnungsmaßnahme „leidet". Wurde zum Beispiel ein Wohnungseigentümer aus der Versammlungsstätte verwiesen, kann nicht die Verweisung, wohl aber können alle nach der Verweisung gefassten Beschlüsse wegen der Verweisung angefochten werden.

c) Andere Anträge

Ob ein Wohnungseigentümer einen anderen als einen Geschäftsordnungsantrag stellen kann, ist nicht immer leicht zu beantworten. Natürlich kann jeder Antrag jederzeit gestellt werden und zwar zu **jedem** denkbaren Gegenstand. Unproblematisch ist aber nur, wenn der Gegenstand, etwa eine Renovierungsmaßnahme oder die Genehmigung der Jahresabrechnung, **bereits** mit der Tagesordnung auch **angekündigt** ist. In diesem Falle wusste ja jeder der anderen Wohnungseigentümer, dass sich die Versammlung mit diesen Punkt beschäftigen sollte und musste daher damit rechnen, dass Anträge zu diesem Punkt gestellt werden. Beantragt ein Wohnungseigentümer beispielsweise, die im Wirtschaftsplanentwurf vorgesehenen Beiträge zur Instandhaltungsrückstellung zu erhöhen, weil er in den kommenden Jahren mit erheblichem Erhaltungsaufwand rechnet, ist das völlig in Ordnung. Ein entsprechender Beschluss, der den vom Verwalter vorgelegten Wirtschaftsplanentwurf abändert, ist nicht zu beanstanden.

127

Etwas anderes gilt hingegen, wenn ein Wohnungseigentümer **erstmals** in der Versammlung und für die anderen Wohnungseigentümer überraschend einen Punkt zum Gegenstand der Befassung macht und hierüber unter „Sonstiges/Verschiedenes" ein Beschluss gefasst werden soll. Schlägt etwa ein Wohnungseigentümer plötzlich vor, eine auf dem gemeinschaftlichen Eigentum stehende Linde zu fällen, leidet dieser Beschlussantrag unter einem **Ladungsmangel:** Dieser Antrag war ja nicht – wie es sich gehört – bereits mit der Ladung angekündigt worden. Auf diesen Antrag konnte sich kein Wohnungseigentümer angemessen vorbereiten. Möglich ist daher eigentlich nur, handelt es sich um keine bloße Bagatelle, allgemein über das Problem zu reden und eine Beschlussfassung einem späteren Zeitpunkt vorzubehalten. Man kann zwar auch über den Gegenstand beschließen. Das ist aber nicht ordnungsmäßig. Dieser Beschluss hat – wird er von einem Wohnungseigentümer angefochten – vor Gericht keinen Bestand und wird dort in der Regel für ungültig erklärt werden.

Aufnahme eines Tagesordnungspunktes

Möchte ein Wohnungseigentümer, dass über einen Tagesordnungspunkt in der Versammlung gesprochen wird, sollte er den Verwalter ausreichend vor dem Termin der Versammlung (Ladungsfrist!) bitten, diesen auf die Tagesordnung der nächsten Versammlung aufzunehmen.

8. Rederechte

Jeder Wohnungseigentümer kann im Grundsatz in der Versammlung zu jedem Gegenstand reden; und zwar eigentlich so lange er will. Denn jeder Wohnungseigentümer hat in der Versammlung ein Rederecht. Dieses Rederecht gewährleistet jedem Teilnahmeberechtigten an der Versammlung gleichsam rechtliches Gehör. Das Rederecht ist nicht abhängig vom Stimmrecht. Auch dann, wenn das Stimmrecht ausnahmsweise ruht oder wenn ein Wohnungseigentum von einem Insolvenz- oder Zwangsverwalter verwaltet wird (dazu S. 177 ff.), darf ein Wohnungseigentümer noch in der Versammlung auftreten und reden. Das Rederecht kann einem Wohnungseigentümer **nicht vollständig** entzogen werden. Ein solcher Beschluss wäre nichtig. Ein vollständiger Entzug ist nur möglich, wenn ein Wohnungseigentümer selbst damit einverstanden ist und dem Entzug zustimmt oder wenn ein Wohnungseigentümer völlig unsachlich, etwa stark beleidigend, auftritt und eine mildere Maßnahme als der Entzug nicht in Betracht kommt.

Allerdings kann das Rederecht der Wohnungseigentümer in der Versammlung **beschränkt** werden. Die Wohnungseigentümer können allgemein **vereinbaren**, dass jeder von ihnen grundsätzlich zu jedem Punkt – ist kein längeres Rederecht wegen des Gegenstands geboten – nur zehn Minuten reden darf. Fehlt es an einer solchen Vereinbarung, können die Wohnungseigentümer auch durch einen Beschluss zur Geschäftsordnung bestimmen, wie lange jeder von ihnen zu einem Punkt sprechen darf. Bei der Bemessung der Redezeit ist die **Bedeutung des Gegenstandes** einzubeziehen, sodass ein Rederecht in der Regel fünf bis fünfzehn Minuten nicht unterschreiten sollte.

> ### Maßnahmen des Versammlungsleiters zur Redezeit
>
> Treffen die Wohnungseigentümer keine Bestimmung zur Redezeit, kann auch der Versammlungsleiter eine angemessene Redezeitbeschränkung aussprechen. Wollen die Wohnungseigentümer dessen Anordnungen nicht hinnehmen, können sie jederzeit etwas anderes beschließen.

9. Stimmrechte

a) Überblick

Wollen die Wohnungseigentümer über einen Beschlussantrag abstimmen und einen Beschluss fassen, etwa, ob eine bauliche Veränderung zulässig ist, müssen die Wohnungseigentümer über einen konkreten, möglichst bestimmt (= klar und eindeutig) gefassten Beschlussantrag abstimmen.

Abstimmung über den Wirtschaftsplanentwurf

Der Verwalter legt in der Regel in der ersten Versammlung des Jahres seinen Entwurf für einen Wirtschaftsplan vor. Diesen Entwurf müssen die Wohnungseigentümer **genehmigen**. Für eine Beschlussfassung ruft der Versammlungsleiter den Tagesordnungspunkt „Wirtschaftsplan (Gesamt- und Einzelwirtschaftspläne)" auf. Möglicherweise entspinnt sich darüber eine Diskussion. Jedenfalls müssen die Wohnungseigentümer über die Genehmigung des Entwurfs abstimmen, beispielsweise durch Handheben, möglicherweise aber auch geheim.

Zur Abstimmung fordert der Versammlungsleiter die Wohnungseigentümer in der Regel ausdrücklich auf. Darauf findet die Abstimmung statt. Nach dieser muss der Versammlungsleiter feststellen, ob der Antrag, den Beschlussantrag anzunehmen, eine Mehrheit gefunden hat. Dies ist grundsätzlich der Fall, wenn mehr Wohnungseigentümer mit „Ja" als mit „Nein" gestimmt haben. Enthaltungen gelten als eine Stimmenthaltung – also nicht als „Nein".

– Stimmen beispielsweise von 20 Wohnungseigentümern elf mit „Ja", neun hingegen mit „Nein", hat der Beschlussantrag eine Mehrheit gefunden.
– Stimmen von 20 Wohnungseigentümern zwar nur drei mit „Ja", enthalten sich aber die anderen Wohnungseigentümer, hat der Beschlussantrag aber auch eine Mehrheit gefunden.

Kann der Versammlungsleiter eine Beschlussmehrheit feststellen, muss er den gefassten Beschluss „verkünden". Dieses meint, dass er den Inhalt des gefassten Beschlusses mitteilen muss. Im Beispiel müsste der Verwalter also sagen: „Der Gesamtwirtschaftsplan für das Jahr ___ sowie die Einzelwirtschaftspläne für das Jahr ___ sind genehmigt".

Jeder Wohnungseigentümer hat bei einer Abstimmung über einen Antrag **grundsätzlich eine** einzige **Stimme**. Dieses gilt unabhängig davon, ob dem Wohnungseigentümer nur eine Wohnung gehört oder ob er Eigentümer mehrerer Einheiten ist. Ein solches Stimmrechtsprinzip, bei dem jede Person eine Stimme hat („one man one vote"), nennt man „**Kopfstimmrecht**". Das Gesetz hält das Kopfstimmrecht für das in der Regel angemessene Stimmrechtsprinzip und schlägt es als gesetzlichen Regelfall in jeder Anlage vor.

Widerruf der Stimmabgabe

Die in der Eigentümerversammlung abgegebene Stimme kann nach ihrem Zugang bei dem Versammlungsleiter nicht mehr widerrufen werden.

Die Wohnungseigentümer sind befugt, ein vom Kopfstimmrecht abweichendes Stimmrechtsprinzip zu vereinbaren. In der Praxis finden sich vor allem das **Objektstimmrecht** (dann hat jeder Wohnungseigentümer so viel Stimmrechte, wie er Objekte hat; ein Wohnungseigentümer mit zwei Wohnungen hat also zwei Stimmen) oder sehr häufig ein **Wertstimmrecht** (dann hat jeder Wohnungseigentümer ein Stimmrecht nach dem Verhältnis der Miteigentumsanteile; ein Wohnungseigentümer mit 40/1000 Miteigentumsanteilen hat also 40 von 1000 Stimmen).

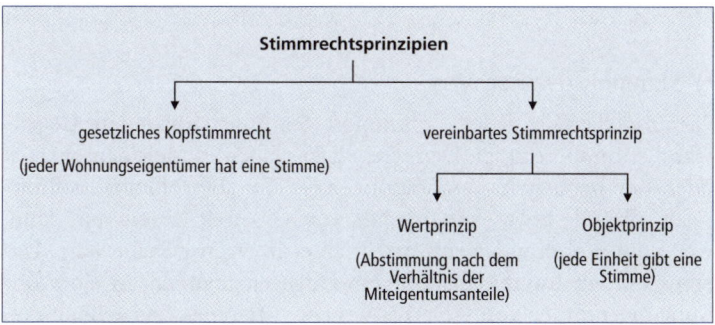

Stimmrechtsprinzipien

b) Ehegatten (gemeinschaftliches Stimmrecht)

Steht ein Wohnungseigentum mehreren Personen gemeinschaftlich zu, wie es bei vielen Eheleuten oder Lebenspartnerschaften der Fall ist, können sie das Stimmrecht nur **einheitlich** ausüben. Den Miteigentümern steht etwa beim gesetzlichen Kopfstimmrecht nur eine Stimme zu. Die Stimme kann nicht in „zwei Halbe" geteilt werden. Auch bei einem Wertstimmrecht können Mitberechtigte, die etwa einen 40/100 Miteigentumsanteil haben, nicht jeder über einen 20/100 Anteil abstimmen.

Wie die Miteigentümer ihr gemeinsames Stimmrecht ausüben wollen, müssen sie vorher besprechen. Außerdem müssen sie sich auf die Stimmabgabe intern einigen. Sind die Miteigentümer an der Eigentumswohnung in gleicher Höhe beteiligt, können sie sich aber nicht einigen, führt das dazu, dass ihr Stimmrecht nicht ausgeübt werden kann.

Ein einzelner Ehegatte in der Versammlung

Kommt – wie es häufig der Fall ist – nur ein Ehegatte in die Versammlung, muss er vom anderen für eine Stimmabgabe **ermächtigt** werden. Viele Verwalter werden in einem solchen Fall zwar nicht viel nachfragen und einfach annehmen, dass der, der erschienen ist, für beide abstimmen darf. Rechtlich betrachtet ist das aber nicht korrekt. Besser ist es daher, wenn ein Wohnungseigentümer den anderen ausdrücklich schriftlich ermächtigt. Nur so kann im Zweifel verhindert werden, dass das Stimmrecht nicht ausfällt.

c) Stimmrechtsausschluss

Grundsätzlich ist jeder Wohnungseigentümer **für jeden Gegenstand** stimmberechtigt. Dem Gesetz ist – auch in Mehrhausanlagen oder bei baulichen Veränderungen – ein „Betroffenheitsstimmrecht" fremd. Etwas anderes gilt von Gesetzes wegen nur dann, wenn ein Wohnungseigentümer Richter in eigener Sache wäre. Um einer solchen **Interessenskollision** entgegenzuwirken, ist ein Wohnungseigentümer von Gesetzes wegen zwar rede- und teilnahme-, nicht aber stimmberechtigt, wenn:

■ die Beschlussfassung die Vornahme eines auf die Verwaltung des gemeinschaftlichen Eigentums bezüglichen Rechtsgeschäfts mit ihm betrifft, etwa der Abschluss eines Werk- oder Kaufvertrags oder die Geltendmachung von Mängeln des gemeinschaftlichen Eigentums gegen den Bauträger;

■ der Beschluss die Einleitung oder Erledigung eines Rechtsstreits der anderen Wohnungseigentümer gegen ihn betrifft, zum Beispiel wenn über die Frage abgestimmt wird, ob ein Wohnungseigentümer gerichtlich auf Unterlassung einer Störung in Anspruch genommen werden soll;

- er rechtskräftig zur Veräußerung seines Wohnungseigentums verurteilt ist;

- er sein Stimmrecht missbraucht, um nur sein nicht schützenswertes Interesse durchzusetzen („Majorisierung")

Ein solches Stimmverbot ist allerdings **nur dann anzunehmen**, wenn ein Wohnungseigentümer ein privates Sonderinteresse verfolgt. Nimmt er indessen „mitgliedschaftliche Rechte und Interessen" wahr, greift ein Stimmrechtsausschluss nicht. Um zu unterscheiden, ist zu fragen, wo der **Schwerpunkt** liegt. Ein Wohnungseigentümer verfolgt vor allem dann im Schwerpunkt mitgliedschaftliche Rechte und Interessen, wenn es um seine Bestellung **zum Verwalter oder Verwaltungsbeirat** oder seine Abberufung als Verwalter oder seine Abwahl als Beirat **ohne wichtigen Grund** geht. Auch wenn im Rahmen einer **einheitlichen Beschlussfassung** sowohl über Be- und Anstellung oder Abberufung als auch die Kündigung des Verwaltervertrags entschieden wird, besitzt der vom Stimmrecht eigentlich Ausgeschlossene grundsätzlich ein Stimmrecht. Etwas anderes gilt, wenn mit ein und demselben Beschluss über eine **außerordentliche Beendigung** des Verwalteramtes und des bestehenden Vertragsverhältnisses **aus wichtigem Grund** abgestimmt wird.

Entlastung

Die Wohnungseigentümer können den Verwalter oder den Verwaltungsbeirat (siehe dazu S. 97) im Namen der Wohnungseigentümergemeinschaft „entlasten". Der Entlastungsbeschluss hat in der Regel die Wirkung eines negativen Schuldanerkenntnisses wegen solcher Verwaltungshandlungen, die bei Beschlussfassung bekannt oder bei zumutbarer Sorgfalt erkennbar waren. Ein Wohnungseigentümer-Verwalter oder Wohnungseigentümer-Beirat ist bei der Beschlussfassung über seine Entlastung vom Stimmrecht ausgeschlossen. Der Stimmrechtsausschluss umfasst auch die Ausübung von Stimmrechtsvollmachten, die dem Verwalter von anderen Wohnungseigentümern erteilt worden sind.

Von einem Stimmverbot **nicht** erfasst sind grundsätzlich solche Wohnungseigentümer, die dem vom Stimmrecht Ausgeschlossenen nur „nahe" stehen, etwa ein Ehegatte. Etwas anderes gilt bei wirtschaftlicher Verflochtenheit. Ist zum Beispiel ein Wohnungseigentümer vom Stimmrecht ausgeschlossen, wird es auch die von ihm beherrschte Gesellschaft mit beschränkter Haftung sein, die auch eine Wohnung hat.

Ist ein Wohnungseigentümer vom Stimmrecht ausgeschlossen, darf er dennoch in die Versammlung kommen, an der Versammlung teilnehmen, dort Anträge stellen und reden. Außerdem darf ein solcher Wohnungseigentümer Beschlüsse, die er nicht mitgefasst hat, natürlich anfechten.

d) Ausübung durch einen Verwalter kraft Amtes

Das Stimmrecht kann grundsätzlich nicht von einem Wohnungseigentümer ausgeübt werden, wenn seine Eigentumswohnung unter Zwangsverwaltung steht oder über das Vermögen des Wohnungseigentümers das Insolvenzverfahren eröffnet wurde. In diesen Fällen üben die jeweiligen Verwalter das Stimmrecht aus. Streitig ist insoweit, ob dem Wohnungseigentümer ein Reststimmrecht für die Fälle verbleibt, die den Insolvenz- oder Zwangsverwalter nicht angehen, etwa eine Gebrauchsregelung für das Treppenhaus.

10. Recht auf Begleitung

Grundsätzlich ist es jedem Wohnungseigentümer zuzumuten, sich anhand der Tagesordnung bereits **vor** der Versammlung Rat von einem Dritten zu holen. Ein generelles Recht auf Begleitung eines Wohnungseigentümers in der Versammlung gibt es daher nicht. Jeder Wohnungseigentümer muss seine Meinung daher grundsätzlich in der Versammlung selbst oder durch einen zulässiger Weise bestellten Vertreter vortragen lassen. Ungeachtet dessen und ungeachtet des so genannten „Prinzips der Nichtöffentlichkeit " (nach dem an einer Versammlung nur Berechtigte teilnehmen dürfen), kann ein Wohnungseigentümer im Einzelfall allerdings durchaus einmal einen **Anspruch** darauf besitzen, zur Versammlung einen Dritten als Begleiter und vor allem als Berater hinzuziehen, zum Beispiel einen Rechtsanwalt, einen Architekten, einen Buchprüfer. Ein solcher

Anspruch ist zu bejahen, wenn die Wohnungseigentümer das Recht auf Begleitung **vereinbart** haben. Daneben besteht ein **ungeschriebener Anspruch** auf Begleitung. Ein solches Recht auf Begleitung besteht, wenn ein Wohnungseigentümer ein berechtigtes und ein die Interessen der anderen Wohnungseigentümer **überwiegendes Interesse** daran hat, gerade in der Versammlung einen Berater hinzuzuziehen. Dieses Interesse darf durch eine Beratung im Vorfeld der Versammlung nicht entfallen. Dieses ist etwa der Fall, wenn schwerwiegende Entscheidungen zu fällen sind, dem Wohnungseigentümer die erforderliche Sachkunde fehlt und er sie sich vorher auch nicht beschaffen kann.

Prüfsteine für das Bedürfnis eines Wohnungseigentümers, sich begleiten zu lassen, sind etwa:

- Art, Bedeutung und Schwierigkeit der jeweils anstehenden Tagesordnungspunkte;
- die individuellen Fähigkeiten des jeweiligen Wohnungseigentümers, beispielsweise
  - ein hohes Lebensalter,
  - eine Erkrankung,
  - geistige Gebrechlichkeit oder das Unvermögen, seinen Standpunkt in der Versammlung angemessen zu vertreten;
- Ort und Zeit der Versammlung;
- Dauer der Ladungsfrist;
- Größe einer Eigentümergemeinschaft.

Beratung sämtlicher Wohnungseigentümer

Von der persönlichen Beratung einzelner Wohnungseigentümer zu unterscheiden ist die Beratung sämtlicher Wohnungseigentümer. Die Wohnungseigentümer sind berechtigt, sich in ihrer Gesamtheit in der Versammlung etwa von einem Rechtsanwalt informieren zu lassen, solange nicht ein konkreter Interessengegensatz zwischen einem einzelnen Wohnungseigentümer und der Gesamtheit der übrigen Wohnungseigentümer hervorgetreten ist.

Notwendig, aber auch ausreichend ist, dass der Beratungsbedarf gerade in der Versammlung besteht und nur hier sachgerecht erfüllbar ist. Ferner muss die Beratung bei objektiver Betrachtung allen anwesenden Eigentümern zugute kommen.

Jeder Wohnungseigentümer kann sich von einem Dolmetscher begleiten lassen, wenn es einer Übersetzung bedarf.

IX. Informations- und Kontrollrechte

1. Allgemeines

Jeder Wohnungseigentümer hat gegenüber dem Verwalter ein umfassendes **Recht auf Information**. Es bedarf dieses Rechtes vor allem, damit jeder Eigentümer sein **Mitverwaltungsrecht** am gemeinschaftlichen Eigentum **angemessen wahrnehmen** kann, zum Beispiel seine Stimmabgabe über die Abrechnung oder eine bauliche Maßnahme und damit er die Verwaltung kontrollieren kann.

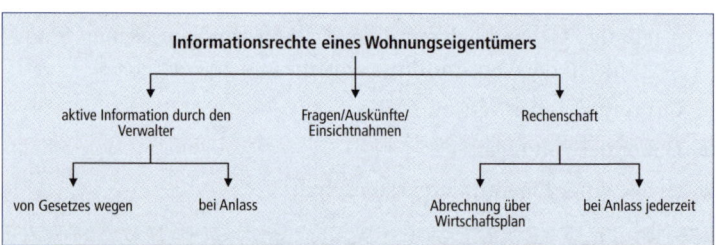

Informationsrechte

2. Informationspflichten des Verwalters

a) Von Gesetzes wegen

Von Gesetzes wegen hat jeder Wohnungseigentümer einen Anspruch und ein Recht darauf, dass ihn der Verwalter unverzüglich darüber unterrichtet, dass ein **WEG-Rechtsstreit** anhängig ist. Der

Verwalter muss zur Erfüllung dieses Rechts über die Klage und Tag, Ort und Zeit von gerichtlichen Verhandlungen informieren. Der Verwalter muss außerdem berichten, wenn ihm anstelle der Wohnungseigentümer oder der Gemeinschaft etwas zugestellt oder erklärt wurde. Ferner muss der Verwalter bereits von Gesetzes wegen den **Instandhaltungs- und Instandsetzungsbedarf** des gemeinschaftlichen Eigentums ermitteln und die Wohnungseigentümer davon unterrichten.

Bei der Beschlussfassung über eine Erhaltungsmaßnahme, etwa die Reparatur der Fassade, muss der Verwalter ferner über einschlägige Gesetze, etwa die Energieeinsparverordnung (EnEV), das Bürgerliche Gesetzbuch (BGB), aber auch über das Wohnungseigentumsgesetz (WEG) oder über bundesweite oder kommunale Fördermöglichkeiten berichten sowie den entsprechenden Beschluss angemessen vorbereiten.

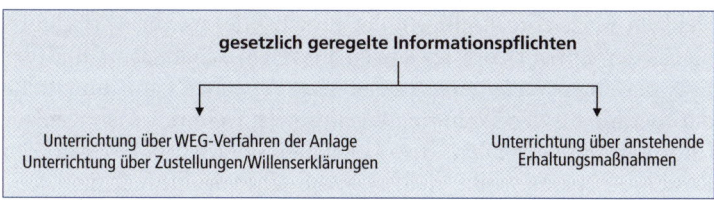

Gesetzlich geregelte Informationspflichten

b) Bei „Anlass"

Der Verwalter einer Wohnungseigentumsanlage muss neben den ausdrücklich geregelten Bereichen die Wohnungseigentümer bei einem **besonderen Anlass** von sich aus informieren. Der Verwalter muss die Wohnungseigentümergemeinschaft und die Wohnungseigentümer in diesem Bereich soweit über den Stand der Dinge unterrichten, dass diese **sachgerechte Entscheidungen** für die Verwaltung des gemeinschaftlichen Eigentums treffen, ihre Rechte als Wohnungseigentümer und Verband wahrnehmen und ihre Pflichten als Wohnungseigentümer/Verband erfüllen können.

BEISPIELE:
- Die Wohnungseigentümer haben beispielsweise ein Recht darauf, dass sie der Verwalter **vor jeder Beschlussfassung** über die Rechtslage aufklärt und ihre Ermessensausübung angemessen, vor allem durch Einholung von Angeboten, vorbereitet.
- Der Verwalter muss bei einem **Beschluss zum Gebrauch** über die Grenzen, was ordnungsmäßig ist, informieren.
- Der Verwalter muss bei einem **Beschluss zur Hausordnung** über die Grenzen von Lärm- oder Tierbestimmungen oder tätiger Mithilfe informieren.
- Der Verwalter muss bei einem **Beschluss zu baulichen Veränderungen** über das notwendige Beschlussquorum aufklären.

Der Verwalter muss den Wohnungseigentümern im Einzelfall auch **Unterlagen** übersenden. Vor einer Versammlung gehören hierzu jedenfalls der Entwurf der Gesamtabrechnung, der Entwurf der jeweiligen Einzelabrechnungen, der Entwurf des Gesamtwirtschaftsplans, der Entwurf des jeweiligen Einzelwirtschaftsplans und der Entwurf eines Verwaltervertrages. Der Verwalter kann und sollte darüber hinaus den Wohnungseigentümern **weitere** Unterlagen zur Information übersenden, etwa Gutachten oder Bauunterlagen. Um Kosten zu sparen, sollte man als Wohnungseigentümer dem Verwalter eine E-Mail-Adresse nennen, damit dieser die entsprechenden Unterlagen – vor allem als pdf-Datei – zusenden kann. Dieses Verfahren ist schnell und kostengünstig und sollte in jeder Anlage genutzt werden.

Gesetzliche Beschlussmehrheiten	
einfache Mehrheiten	Ein normaler positiver Beschluss braucht grundsätzlich nur eine **einfache Mehrheit** der in einer Versammlung **Anwesenden**. Eine einfache Mehrheit ist eine Ja-Stimme mehr als die Nein-Stimmen. Enthaltungen werden nicht mitgezählt. Stimmt in einer Wohnungseigentumsanlage mit 20 Wohnungseigentümern nur ein Wohnungseigentümer mit Ja, aber keiner mit Nein und enthalten sich die anderen Wohnungseigentümer, so ist ein Beschluss zustande gekommen. Stimmen von den 20 Wohnungseigentümern hingegen 9 mit Nein, müssen für einen positiven Beschluss ggf. 11 mit Ja stimmen.

Gesetzliche Beschlussmehrheiten	
qualifizierte Mehrheiten	Eine qualifizierte Mehrheit brauchen folgende Beschlüsse: ■ Dem Beschluss über die Entziehung eines Wohnungseigentums müssen grundsätzlich **50 % sämtlicher** Wohnungseigentümer zustimmen. ■ Dem Beschluss über die Kosten einer **baulichen** Veränderung im weiteren Sinne müssen grundsätzlich **75 % sämtlicher** Wohnungseigentümer zustimmen, die mehr als die Hälfte der Miteigentumsanteile repräsentieren. ■ Dem Beschluss über eine **Modernisierung** müssen grundsätzlich **75 % sämtlicher** Wohnungseigentümer zustimmen, die mehr als die Hälfte der Miteigentumsanteile repräsentieren.
„Allstimmigkeit"	Einer baulichen Veränderung müssen **sämtliche** Wohnungseigentümer zustimmen, die **beeinträchtigt** sind. Beeinträchtigt sind in aller Regel sämtliche Wohnungseigentümer.
Vereinbarung	Alle Wohnungseigentümer

Daneben kommt in ganz unterschiedlichen Bereichen eine Beratung durch Verwalter in Betracht. Was in einer konkreten Anlage gilt, ist Frage des Einzelfalls und nicht pauschal zu beantworten.

BEISPIELE:
– Information über Gesetze mit Bezug auf das gemeinschaftliche Eigentum;
– Informationen zur Modernisierung des gemeinschaftlichen Eigentums;
– Informationen zum drohenden Ablauf der Verjährung.

3. Fragen/Auskünfte

Jeder Wohnungseigentümer kann vom Verwalter zur Kontrolle und zu seiner Information im Prinzip jederzeit Auskunft verlangen. Hat ein Wohnungseigentümer zur Verwaltung des gemeinschaftlichen Eigentums Fragen, muss ihm der Verwalter diese beantworten. Der Verwalter kann den Wohnungseigentümer zwar auf eine Einsichtnahme verweisen, da er nach überwiegender Ansicht grundsätzlich nur **allen** Wohnungseigentümern **gemeinsam** Auskunft schuldet (die Auskunft soll „unteilbar" sein). Im Regelfall wird es aber für

Wohnungseigentümer und Verwalter leichter sein, die offene Frage kurz am Telefon zu besprechen.

Beispiele für Fragen können sein:

- bei welcher Versicherungsgesellschaft das gemeinschaftliche Eigentum versichert ist;

- welches Unternehmen der Wohnungseigentümergemeinschaft vertraglich verbunden ist und der Wohnungseigentumsanlage Heizöl zu welchem Preis liefert;

- welches Unternehmen den Winterdienst macht;

- wann der Verwalter die nächste Versammlung mit welchen Themen plant.

- Der Verwalter muss jedem Wohnungseigentümer ferner darüber Auskunft geben, wer die Miteigentümer (= die anderen Wohnungseigentümer) sind, er schuldet also Erstellung und Herausgabe einer **Eigentümerliste**.

4. Einsichtnahmen

a) Überblick

Von Gesetzes wegen hat jeder Wohnungseigentümer das Recht, zur Information und Kontrolle die über eine Versammlung der Anlage angefertigten **Niederschriften** einzusehen. Ferner hat jeder Wohnungseigentümer das Recht, Einsicht in die **Beschluss-Sammlung** der Anlage zu nehmen. Gerade von letzterem Recht sollte ein Wohnungseigentümer durchaus Gebrauch machen: In der Praxis werden diese Sammlungen im Einzelfall schlampig oder gar nicht geführt. Will man sich von einem missliebigen Verwalter trennen, ist seine Pflichtwidrigkeit dann eine willkommene Möglichkeit für eine Trennung: nach dem Gesetz liegt nämlich regelmäßig ein wichtiger, allerdings kein zwingender Grund zur Abbestellung eines Verwalters vor, wenn er die Beschluss-Sammlung nicht ordnungsmäßig führt.

Entsprechend den ausdrücklich geregelten Einsichtsrechten besteht Einigkeit, dass ein Wohnungseigentümer **sämtliche Verwaltungs-**

unterlagen der Wohnungseigentümergemeinschaft einsehen darf. Hierzu gibt es vor allem im Vorfeld einer Versammlung Anlass.

> ## Datenschutz
>
> Einer Einsichtnahme steht das Bundesdatenschutzgesetz nicht entgegen. Die Gemeinschaft der Wohnungseigentümer ist **keine anonyme Gemeinschaft**. Die Einsichtnahme dient der Gestaltung des Gemeinschaftsverhältnisses. Anders als zum Teil bei einem Verein kann daher kein Wohnungseigentümer seinen Namen vor den anderen geheim halten.

b) Durchführung der Einsichtnahme

Will ein Wohnungseigentümer Einsicht in die Verwaltungsunterlagen nehmen, besteht eine Möglichkeit darin, den Verwalter in dessen Räumen aufzusuchen. Wenigstens ein Gebot der Höflichkeit, aber auch praktisch für das Heraussuchen des Verlangten notwendig ist es, dass sich der Wohnungseigentümer dazu eine angemessene Zeit vorher beim Verwalter **ankündigt**. Ein Wohnungseigentümer muss dem Verwalter sagen, wann er was sehen will (bei der verlangten Zeit ist auf die Bürozeiten und den Bürobetrieb des Verwalters Rücksicht zu nehmen). Einen Grund muss der Wohnungseigentümer aber nicht nennen.

> **Muster Bitte um Einsichtnahme**
> Adresse des Wohnungseigentümers
> Adresse des Verwalters
> Einsichtnahme
> Sehr geehrter Herr ___ [Name],
> ich möchte nächste Woche, nämlich am ___ [Datum] um ___ [Uhrzeit] gemeinsam mit meinem Rechtsanwalt Einsicht in die Verwaltungsunterlagen der Wohnungseigentümergemeinschaft ___ [Adresse] nehmen, insbesondere in die Beschluss-Sammlung. Bitte bereiten Sie das Entsprechende vor.
> Sollte der Termin Ihnen nicht passen, teilen Sie mir bitte unverzüglich einen zeitnahen anderen mit.
> Mit freundlichen Grüßen

Die Einsichtnahme selbst kann an einem Tisch erfolgen. Möglich ist es aber auch, dass die Einsichtnahme etwa in Form gescannter Unterlagen oder als elektronisch geführte Beschluss-Sammlung vor einem Bildschirm stattfindet.

Im Rahmen der Einsichtnahme oder im **begründeten Einzelfall** (zu große Entfernung zur Anlage, zu kurze Ladungsfrist) hat jeder Wohnungseigentümer statt der Einsichtnahme ein Recht, selbst Kopien zu fertigen oder sich – ist das so unter den Wohnungseigentümern bestimmt – gegen **Kostenerstattung** Kopien fertigen zu lassen (für den Material- und Arbeitsaufwand soll für die ersten 50 Kopien eine Vergütung von bis zu 0,50 EUR, danach 0,15 EUR je Kopie verlangt werden können). Ersucht der Wohnungseigentümer den Verwalter um Kopien, muss er sich auf vorhandene und hinreichend genau bezeichnete Unterlagen beziehen, die ohne nennenswerten Vorbereitungsaufwand und ohne Störungen des Betriebsablaufs der Verwaltung herausgesucht und fotokopiert werden können. Zu berücksichtigen ist etwa, ob die Belege möglicherweise vom Verwalter im Rahmen seiner eigenen Verwaltung eingescannt wurden und deswegen leicht auf Datenträger übersandt werden können. Auch die räumliche Entfernung des Berechtigten vom Ort der möglichen Einsichtnahme und die Zumutbarkeit einer Anreise sind zu bedenken, ebenso wie die Anzahl der geforderten Belege sowie der mit einem Kopiervorgang verbundene Zeitaufwand.

Herausgabe von Verwaltungsunterlagen

Ein Wohnungseigentümer kann nicht verlangen, dass ihm die Verwaltungsunterlagen an einem „neutralen", möglicherweise von ihm bestimmten Ort zur Einsicht zur Verfügung gestellt werden. Erhält ein Wohnungseigentümer ausnahmsweise doch die Verwaltungsunterlagen, kommt zwischen dem Verwalter und diesem Wohnungseigentümer ein Leihvertrag zustande. Der Verwalter ist danach berechtigt, aus eigenem Recht die Herausgabe zu verlangen.

5. Rechenschaftspflicht des Verwalters

Der Verwalter legt mit seiner Abrechnung über den Wirtschaftsplan mindestens einmal im Jahr Rechenschaft über sein Tun ab. Die Wohnungseigentümer können außerdem – vor allem bei einem Verwalterwechsel – **jederzeit** beschließen, dass der Verwalter ihnen Rechnung legen muss. Der Verwalter muss den Wohnungseigentümern dann verständlich und nachvollziehbar erklären, was er mit den ihm anvertrauten Geldern der Wohnungseigentümer gemacht, welche Verträge er mit anderen geschlossen, welche Maßnahmen er etwa bei Hausgeldinkasso ergriffen hat. Der Anspruch auf Rechenschaft ist nur dann ausgeschlossen, wenn bereits die Aufstellung der Jahresabrechnung verlangt werden kann, es sei denn, diese wurde durch einen neuen Verwalter erstellt, oder wenn das Verlangen schikanös wäre.

Einzelne Wohnungseigentümer

Einzelne Wohnungseigentümer können vom Verwalter eine Rechnungslegung verlangen, sofern sie durch einen Beschluss dazu ermächtigt wurden. Nach anderen Stimmen besteht dieses Recht sogar bereits dann, wenn sich die anderen Wohnungseigentümer aus nicht nachvollziehbaren Gründen weigern, eine solche Ermächtigung zu erteilen.

X. Verfahrensrechte

1. Allgemeines

Jeder Wohnungseigentümer hat das Recht, seine Miteigentümer gerade als Miteigentümer des gemeinschaftlichen Eigentums zu verklagen. Im Einzelfall kann ein Wohnungseigentümer auch gar nicht anders, als seine Rechte im Ergebnis **gerichtlich durchzusetzen**. So einen Zwang kann es in einer Anlage geben, die (noch) einen Mehrheitseigentümer hat, in einer zerstrittenen Anlage, in einer Anlage ohne Verwalter oder wenn der Wohnungseigentümer eines „Titels" bedarf, in der Regel eines Vollstreckungsbescheids oder Urteils, um zu seinem „gutem Recht" zu kommen (zu den Anspruchsgrundlagen vgl. S. 18).

Gegenstand einer Klage kann etwa die Abwehr einer Störung oder ihre Beseitigung sein. Dieses ist eine Klage gegen einen anderen Wohnungseigentümer. Die wohl wichtigste Klage gegen die anderen Wohnungseigentümer ist aus Sicht eines Wohnungseigentümers die **Anfechtungsklage** gegen einen ordnungswidrigen Beschluss oder die Feststellungsklage, dass ein Beschluss nichtig ist. Vorstellbar ist ferner, dass ein Wohnungseigentümer Geld von der Wohnungseigentümergemeinschaft zu erhalten hat, etwa sein Guthaben aus der Abrechnung oder den Ausgleich eines Aufwendungsersatzanspruchs. Schließlich sind auch Klagen gegen den Verwalter – den aktuellen oder den ausgeschiedenen oder gegen einen „Scheinverwalter" – WEG-Klagen.

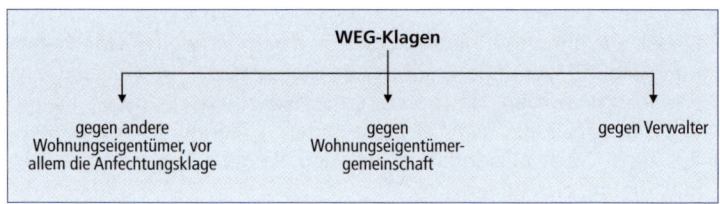

WEG-Klagen

Eine wohnungseigentumsrechtliche Klage kann jeder Wohnungseigentümer selbst führen. In der ersten Instanz, dem Verfahren vor dem Amtsgericht, muss man sich keinen Anwalt nehmen. Von der Idee, eine Klage selbst zu führen, sollten freilich nur **rechtlich erfahrene** Wohnungseigentümer Gebrauch machen. Vom Gericht dürfen sie nämlich – anders als früher – keine Hilfe erwarten. Es gelten tatsächlich scharfe Ausschlussfristen und – vor allem bei der Anfechtungsklage und ihrer Begründung – Anforderungen, die der normale Wohnungseigentümer in der Regel nicht ohne weiteres erfüllen kann.

> **Berufung**
>
> Ist ein Wohnungseigentümer mit einem Urteil des Amtsgerichts als Wohnungseigentumsgericht nicht zufrieden, kann er dagegen häufig – wenn auch nicht immer – in die **Berufung** gehen. Spätestens im Berufungsverfahren bedarf er dann eines Anwalts an seiner Seite, da er die Berufung **nicht selbst** erheben darf.

2. Zuständigkeit

Eine wohnungseigentumsrechtliche Klage ist bei dem **Amtsgericht** zu erheben, in dessen Bezirk das Grundstück liegt. Ist sich ein Wohnungseigentümer nicht sicher, kann er ohne weiteres beim Amtsgericht anrufen und fragen, ob es für seinen Fall zuständig wäre. Ferner finden sich im Internet gute Hilfen. Ein leicht zu bedienendes „Tool" findet man zum Beispiel unter: http://zustaendigesgericht.de.

3. Mahnverfahren

Im Einzelfall ist es vorstellbar, dass ein Wohnungseigentümer statt zu klagen ein kostengünstiges und schnelles Mahnverfahren betreibt. Bei der Abwägung, ob geklagt oder das Mahnverfahren genutzt wird, ist zu beachten, dass in einigen Ländern vor Erhebung der Klage vor einer durch die Landesjustizverwaltung eingerichteten oder anerkannten Gütestelle sogar **versucht werden muss**, die Streitigkeit einvernehmlich beizulegen. Dieses ist in der Regel zeitraubend und meist fruchtlos. Ein Mahnverfahren erspart einem dieses Verfahren.

Entscheidet sich ein Wohnungseigentümer für das Mahnverfahren, ist es am leichtesten, dass Notwendige **online** zu erledigen. Die entsprechende bundesweite Seite findet man unter: https://www.online-mahnantrag.de. Mit der dortigen „Hilfe" vor allem – aber nicht nur – zum Antragsgegner, findet man sich sehr leicht zu Recht und kommt schnell zu einem brauchbaren Ergebnis.

Vergleich Mahnverfahren und Klage		
	Mahnverfahren	**Klage**
Kosten	1/2 Gerichtsgebühr	3 Gerichtsgebühren, in der Regel 2 Anwaltsgebühren
Verhalten des Säumigen	Widerspruch/Einspruch?	Anerkenntnis? Versäumnisurteil?
Schnelligkeit	Titel ohne Widerspruch und Einspruch nach ca. 8 Wochen	Titel abhängig vom Verhalten des Säumigen: ergeht ein Versäumnisurteil ca. 8 Wochen, ansonsten ca. ½ Jahr ggf. § 15a EGZPO (Güteverfahren)
Klageort	Belegenheit der WEG-Anlage	Belegenheit der WEG-Anlage
Vollstreckbarkeit des Titels	30 Jahre	30 Jahre
Anwaltszwang	Nein	Erste Instanz: Nein Zweite Instanz: Ja
Lästigkeit	gering	bei selbst wahrgenommenem Termin hoch

4. Klagen gegen die anderen Wohnungseigentümer

a) Überblick

Die wichtigste Klage aus Sicht eines Wohnungseigentümers ist die Klage gegen seine Miteigentümer, d. h. die anderen Wohnungseigentümer. Eine Klage gegen die anderen Wohnungseigentümer kommt in den Blick, wenn diese sich in ihrer Gesamtheit, in einer Gruppe oder als Einzelne – jedenfalls aus Sicht des klagenden Wohnungseigentümers – nicht ordnungsmäßig verhalten.

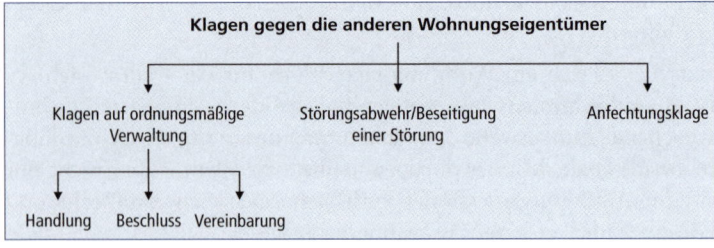

Klagen gegen die anderen Wohnungseigentümer

b) Klagen auf ein „Tun"

Sind die Miteigentümer nicht bereit, sich ordnungsmäßig zu verhalten – beschließen sie beispielsweise keinen Wirtschaftsplan, bestellen sie keinen Verwalter, treffen sie keine Maßnahmen gegen einen verwilderten, im gemeinschaftlichen Eigentum stehenden Garten oder zur Erhaltung des gemeinschaftlichen Eigentums – kann ein Wohnungseigentümer seine Miteigentümer verklagen.

Der Klageantrag richtet sich danach, ob bereits eine Regelung besteht, die nicht eingehalten wird, oder ob es überhaupt an einer notwendigen Regelung fehlt. Fehlt eine Regelung, kann man eine konkrete vorschlagen, etwa eine Hausordnung, und muss beantragen, dass die anderen Wohnungseigentümer dieser Regelung zustimmen. Ist der klagende Wohnungseigentümer sich allerdings nicht so sicher, kann er beantragen, dass das Gericht nach billigem Ermessen eine Regelung trifft. Beispiele:

- „Die Beklagten werden verurteilt, einem Beschluss mit folgendem Inhalt zuzustimmen: ___ [genaue Nennung]".

- „Die Beklagten werden verurteilt, einer Vereinbarung mit folgendem Inhalt zuzustimmen: ___ [genaue Nennung]".

- „Es wird beantragt, dass das Gericht nach billigem Ermessen entscheidet, wie die Hausordnung der Wohnungseigentumsanlage ___ [genaue Nennung] lauten soll".

- „Es wird beantragt, dass das Gericht nach billigem Ermessen einen Verwalter für die Wohnungseigentumsanlage ___ [genaue Nennung], ___ (PLZ, Ort) bestimmt".

c) Störungsabwehr

Das Fehlverhalten eines Wohnungseigentümers kann darin liegen, dass er den Gebrauch der anderen Wohnungseigentümer am gemeinschaftlichen Eigentum oder am Sondereigentum stört und/oder beeinträchtigt. Die möglichen Störungsquellen sind vielfältig. In der Praxis geht es etwa um die Tierhaltung und ihre Grenzen, um Gerüche, um Geräusche, sehr oft um Musik, überhaupt um den Gebrauch der anderen Wohnungseigentümer oder um behauptete unzulässige bauliche Veränderungen.

Beim Vorgehen gegen einen störenden Wohnungseigentümer sind drei Wege vorstellbar: Ein Wohnungseigentümer kann sich mit dem Störer allein auseinandersetzen, es können alle Wohnungseigentümer gegen den Störer vorgehen oder die Wohnungseigentümer „vergemeinschaften" (S. 147) den Anspruch auf Unterlassung und/oder eine Beseitigung und übertragen so die Störungsabwehr zur Ausführung auf die Gemeinschaft der Wohnungseigentümer.

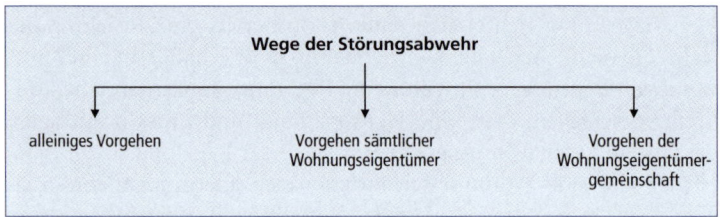

Wege der Störungsabwehr

Muster Beschluss zur Vergemeinschaftung

Die Wohnungseigentümer beschließen, ihre aus dem gemeinschaftlichen Eigentum herrührenden Unterlassungsansprüche gegen ___ [Name; Adresse] wegen ___ [Nennung der Störung nach Art und Umfang] der Wohnungseigentümergemeinschaft___ [Name] zur Ausübung zu übertragen. Der Verwalter wird ermächtigt, die Wohnungseigentümergemeinschaft insoweit zu vertreten und in ihrem Namen für die außergerichtliche und gerichtliche Durchsetzung Rechtsanwalt ___ [Name, Adresse] zu mandatieren.

Beispiel für einen Antrag auf Störungsabwehr durch einen Wohnungseigentümer:
– „Der Beklagte hat es zu unterlassen, ___ [genaue Nennung]".
– „Der Beklagte wird verurteilt, ___ [genaue Nennung] vollständig zu entfernen".

d) Anfechtungsklagen

aa) Überblick. Ist ein Wohnungseigentümer der Ansicht, dass ein in der Versammlung gefasster Beschluss oder ein schriftlicher Beschluss nicht ordnungsmäßig ist, kann er diesen Beschluss **anfechten** und vom Gericht auf seine Rechtmäßigkeit hin überprüfen lassen. Als Gegenstand einer solchen **Anfechtungsklage** in Betracht kommt jeder Beschluss, etwa einer:

- zum Gebrauch (etwa: ist grillen erlaubt?);
- zu den Nutzungen des gemeinschaftlichen Eigentums (etwa: soll die Hausmeisterwohnung vermietet werden?);
- zur Verwaltung des gemeinschaftlichen Eigentums (etwa: ist es richtig, einen Baum zu fällen);
- zum Verwalter (etwa: die Genehmigung des Verwaltervertrags).

bb) Verfahrensfragen. Anders als für alle anderen Klagen gegen die Wohnungseigentümer sind bei einer Anfechtungsklage eine Reihe von Besonderheiten zu beachten.

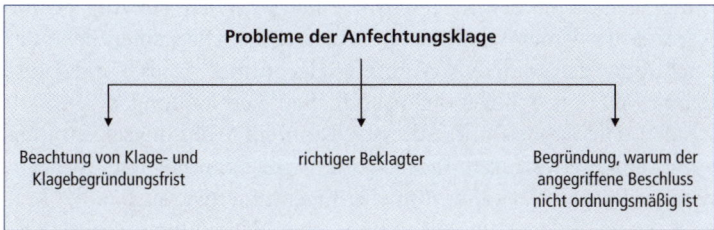

Überblick zur Anfechtungsklage

Bei der Anfechtungsklage sind zunächst **besondere Fristen** zu beachten. Die eine ist die **Klagefrist**. Sie läuft einen Monat lang nach Fassung des Beschlusses.

Berechnungsbeispiel Ist ein Beschluss etwa am 1.3 gefasst, muss die Klage bei Gericht bis zum 1.4. eingehen. Ist der Beschluss hingegen am 1.4. gefasst, muss die Klage am 2.5. eingehen (da der 1.5. ein Feiertag ist).

Die andere Frist ist die **Klagebegründungsfrist**. Der Anfechtungskläger kann die Anfechtungsklage zwar sofort begründen und die Mängel benennen, die seiner Ansicht nach dem Beschluss anhaften. Der Wohnungseigentümer kann mit einer Begründung aber auch zuwarten. Er muss die Anfechtungsklage dann spätestens bis zum Ablauf des zweiten Monats nach Beschlussfassung begründen.

§ 46 Absatz 1 WEG. Anfechtungsklage

Die Klage eines oder mehrerer Wohnungseigentümer auf Erklärung der Ungültigkeit eines Beschlusses der Wohnungseigentümer ist gegen die übrigen Wohnungseigentümer und die Klage des Verwalters ist gegen die Wohnungseigentümer zu richten. 2Sie muss innerhalb eines Monats nach der Beschlussfassung erhoben und innerhalb zweier Monate nach der Beschlussfassung begründet werden. …

Die Anfechtungsklage ist gegen die **anderen Wohnungseigentümer** zu erheben. Hiergegen wird in der Praxis immer wieder verstoßen und es wird zu Unrecht die Wohnungseigentümergemeinschaft verklagt. Für die nähere Bezeichnung der anderen Wohnungseigentümer genügt in der Klageschrift zunächst noch die Angabe der Adresse des gemeinschaftlichen Grundstücks. Die namentliche Bezeichnung der anderen Wohnungseigentümer kann (und muss dann) bis zum Schluss der mündlichen Verhandlung nachgeholt werden. Die Namen und Adressen kann ein Wohnungseigentümer vom Verwalter erfragen. Jeder Wohnungseigentümer hat ein Recht darauf, dass der Verwalter ihm eine Eigentümerliste aushändigt (dazu S. 140). In der Klageschrift sind neben den anderen Wohnungseigentümern außerdem der **Verwalter** und der gegebenenfalls in der Wohnungseigentumsanlage bestellte **Ersatzzustellungsvertreter** zu bezeichnen.

Für eine Begründung muss ein Wohnungseigentümer ausführen, warum seiner Meinung nach der von ihm **angegriffene Beschluss mangelhaft** (oder sogar nichtig) ist. Der Wohnungseigentümer muss mit seiner Klage sämtliche ernsthaft in Betracht kommenden formellen und materiellen Beschlussmängel (dazu S. 181 ff.) ihrem Kern nach selbst und nicht unter Verweisung auf Anlagen, etwa die Niederschrift zur Versammlung, auf- und ausführen. Eine Begründung ist noch nicht darin zu sehen, dass ein Antrag formuliert und einige Anlagen dem Gericht einfach eingereicht werden. Nicht ausreichend ist auch der Vortrag, ein Beschluss sei „nicht ordnungsmäßig" oder der Beschluss sei „rechtswidrig". Die Mitteilung dieser Ansichten ersetzt nicht den notwendigen Vortrag. Der Kläger muss vielmehr mit einer auf seinen Fall zugeschnittenen Begründung erläutern, was seiner Ansicht nach falsch ist. Nach Ablauf der Begründungsfrist ist ein Nachschieben weiterer Anfechtungsgründe, die auch geeignet sind, den angefochtenen Beschluss zu bemakeln, nicht möglich.

Muster einer Anfechtungsklage
An das Amtsgericht ___ [Adresse]
– Abteilung für Wohnungseigentumssachen –

Klage
des Wohnungseigentümers A., ___ [Adresse],
– Kläger –
gegen
die Eigentümer der Wohnungseigentumsanlage ___ [Adresse], namentlich aufgeführt in der anliegenden Eigentümerliste,
– Beklagte –
Verwalter der Wohnungseigentumsanlage: ___ [Name] ___ [Adresse]
Ersatzzustellungsvertreter: ___ [Name] ___ [Adresse]
wegen Ungültigkeit eines Beschlusses
Vorläufiger Streitwert: ___
Ich erhebe Klage und beantrage:
Den Beschluss der Eigentümerversammlung vom ___ zu Tagesordnungspunkt ___ für ungültig zu erklären
Für den Fall, dass das Gericht ein schriftliches Vorverfahren anordnet und die Beklagten ihre Verteidigungsbereitschaft nicht rechtzeitig anzeigen, den Erlass eines Versäumnisurteils.

Begründung
___ [Darstellung, warum der angegriffene Beschluss mangelhaft ist; zu nennen sind sämtliche Gründe, die dem klagenden Wohnungseigentümer einfallen. Empfehlung: lieber zuviel als zu wenige Gründe!]
Unterschrift

cc) Beschlussmängel. Als Mängel eines Beschlusses kommen formelle und materielle in Betracht. Überblick:

Als **formelle Beschlussmängel** werden solche Mängel verstanden, die bei der Entstehung eines Beschlusses vorgekommen sind.

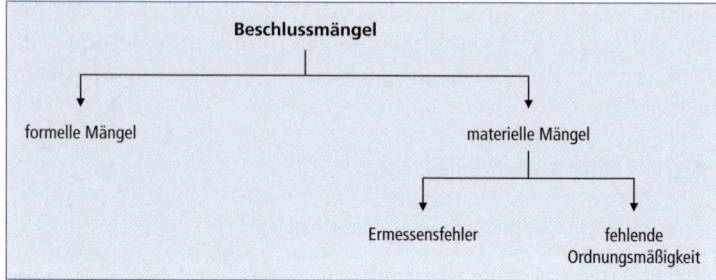

Übersicht zu den Beschlussmängeln

Übersicht:

- Ein Beschlussgegenstand wird in einer Ladung nicht oder nur unzureichend bezeichnet.
- Ein Beschlussgegenstand wird erst in der Eigentümerversammlung benannt.
- Der Einladende ist nicht mehr befugt einzuladen.
- Der Einladende hält bei dem Ladungsschreiben nicht die Textform ein.
- Der Einladende verstößt gegen die Ladungsfrist von 2 Wochen oder die Ladungsfrist ist jedenfalls in einer konkreten Anlage in einer bestimmten Situation zu kurz.
- Der Einladende lädt versehentlich Stimmberechtigte nicht.
- Die Versammlungszeit ist unangemessen, etwa zu früh.
- Der Versammlungstag ist nicht angemessen, etwa ein Sonntag, ein Ferientag oder ein Feiertag.
- Die Versammlung findet an einem ungenügenden Versammlungsort oder einer ungenügenden Versammlungsstätte statt.
- Ein wichtiger Beschluss wird unter dem Punkt „Verschiedenes/Sonstiges" gefasst.
- Die Versammlung fand in der Gegenwart eines nicht teilnahmeberechtigten Dritten statt.
- Bei der Beschlussfassung sind Stimmberechtigte nicht beteiligt worden.
- Bei der Beschlussfassung haben Nicht-Stimmberechtigte gestimmt.
- Ein Beschluss ist nicht bestimmt genug, aber noch nicht völlig unbestimmt.
- Das Rederecht ist unzulässig beschränkt worden.
- Die Versammlungsleitung hat unzulässigerweise einen Wohnungseigentümer aus der Versammlung verwiesen.

Auswirkungen eines formellen Beschlussmangels

Wegen eines bloß formellen Beschlussmangels bleibt eine Anfechtungsklage erfolglos, wenn feststeht, dass sich der Beschlussmangel auf das Abstimmungsergebnis nicht ausgewirkt hat; anders verhält es sich jedoch bei schwerwiegenden Eingriffen in den Kernbereich elementarer Mitgliedschaftsrechte, die dazu führen, dass das Teilnahme- und Mitwirkungsrecht eines Wohnungseigentümers in gravierender Weise ausgehebelt wird.

Ein **materieller Beschlussmangel** liegt vor, wenn ein Beschluss nicht ordnungsmäßig ist. Dies ist zum einen anzunehmen, wenn der Beschluss nicht einem ordnungsmäßigen Gebrauch oder nicht einer ordnungsmäßigen Verwaltung entspricht; außerdem dann, wenn ein Beschluss gegen die deutsche öffentliche Ordnung „ordre public", ein Gesetz oder eine Vereinbarung verstößt. Ferner liegt ein materieller Mangel vor, wenn der Beschlussinhalt mangelhaft ist, etwa weil er gegen den Grundsatz der Gleichbehandlung verstößt (S. 17) oder wenn die Abrechnung über den Wirtschaftsplan oder der Wirtschaftsplan zwar beschlossen wurden, aber fehlerhaft, beispielsweise unvollständig oder rechnerisch falsch sind.

Ein Beschluss ist auch dann materiell nicht in Ordnung, wenn er unter einem **Ermessensfehler** leidet. Von praktischer Bedeutung ist vor allem ein Ermessensfehlgebrauch. Ermessen wird „fehl gebraucht", wenn sich eine bestimmte Entscheidung der Wohnungseigentümer nicht an dem Interesse der Gesamtheit der Wohnungseigentümer nach billigem Ermessen ausrichtet. Ein Verstoß gegen dieses Gebot sind etwa folgende Punkte:

- sachfremde Erwägungen;
- eine Ermessensausübung aus persönlichen Gründen;
- eine Ermessensausübung aus Opportunismus.

dd) Bindung trotz Anfechtung. Wohnungseigentümer und Verwalter sind an einen Beschluss bereits dann **gebunden**, wenn er **gefasst** ist. Dass dieser Beschluss nicht ordnungsmäßig und/oder von einem Wohnungseigentümer angefochten wurde und Gegenstand einer gerichtlichen Überprüfung und eines ggf. langjährigen gerichtlichen Verfahrens ist, ändert an der Bindungswirkung des Beschlusses nichts. Die Bindungswirkung endet erst in dem Moment, in dem das Gericht den Beschluss **rechtskräftig für ungültig** erklärt hat.

Wenn ein Wohnungseigentümer diese (zunächst vorläufige) Bindungswirkung **bekämpfen** will, muss er daher neben seiner Anfechtungsklage beim Gericht zugleich oder später einen **Antrag auf Erlass einer einstweiligen Verfügung** stellen. Es ist zu beantragen, dass der angefochtene Beschluss für die Dauer der Anfechtungsklage bis hin zu ihrem rechtskräftigen Abschluss vom Verwalter nicht durchzuführen ist.

Das renovierte Treppenhaus

Wird ein Eilantrag versäumt, kann es beispielsweise dazu kommen, dass der Verwalter zu Recht einen angefochtenen Beschluss gleichwohl durchführt und den anfechtenden Wohnungseigentümer vor vollendete Tatsachen stellt. Vorstellbar ist etwa, dass vom Verwalter die Durchführung einer Baumaßnahme veranlasst wird – also entsprechende Werkverträge mit Werkunternehmern geschlossen werden, wie z. B. zur Renovierung des Treppenhauses – und diese Renovierung während des Anfechtungsverfahrens bereits beendet wird. Hat der Wohnungseigentümer in diesem Fall mit seiner Anfechtungsklage einen Erfolg und setzt sich gegen den Beschluss durch, ist das Treppenhaus gleichwohl renoviert worden. In einem solchen Falle billigt die Rechtsprechung einem Wohnungseigentümer zwar einen „Folgenbeseitigungsanspruch" zu, der den Inhalt hat, dass auch eine bauliche Maßnahme zurückgebaut wird. Diesem Anspruch kann aber als Bedrohung das die Wohnungseigentümer verbindende Gemeinschaftsverhältnis entgegenstehen (S. 6). Nach dem Gemeinschaftsverhältnis kann es sein, dass ein Wohnungseigentümer, obwohl er einen Beschluss erfolgreich bekämpft und eine Klage gewonnen hat, den Beschluss letztendlich doch hinnehmen muss.

---

e) Feststellungsklagen

Neben der Anfechtungsklage gibt es eine Reihe von Feststellungsklagen, die sich mit der Gültigkeit eines Beschlusses befassen. Die aus Sicht eines Wohnungseigentümers **wichtigste Feststellungsklage** ist es, vom Gericht feststellen zu lassen, dass der angegriffene Beschluss nichtig ist. Diese Klage ist anders als die Anfechtungsklage **nicht fristgebunden** und kann jederzeit erhoben werden.

Ein Wohnungseigentümer kann deshalb grundsätzlich auch noch nach Jahren behaupten, dass ein Beschluss ihn nicht bindet, weil er beispielsweise wegen Verstoß gegen das Gesetz oder die gesetzlichen oder elementaren Mitgliedschaftsrechte **nichtig** ist.

> **Beschlussinhalt**
> Neben der Klage auf Feststellung der Nichtigkeit kann unter anderem auch ein Beschlussinhalt festgestellt werden oder es kann festgestellt werden, dass gar kein Beschluss gefasst wurde.

5. Klagen gegen die Wohnungseigentümergemeinschaft

Klagen gegen die Wohnungseigentümergemeinschaft werden von Wohnungseigentümern selten erhoben. In der Regel klagt nicht der Wohnungseigentümer gegen die Wohnungseigentümergemeinschaft, sondern die Wohnungseigentümergemeinschaft klagt gegen einen Wohnungseigentümer (solche Klagen kommen vor allem dann vor, wenn ein Wohnungseigentümer sein Hausgeld schuldig bleibt).

Es ist aber natürlich möglich, dass auch ein Wohnungseigentümer seine Wohnungseigentümergemeinschaft verklagt. Bei einer solchen Klage kann es um Mitgliedschaftsrechte (dazu S. 183), um Fragen der Ordnungsmäßigkeit der Verwaltung oder um die Kosten des gemeinschaftlichen, aber auch des Sondereigentums gehen. Infrage kommen vor allen Dingen die folgenden Klagen:

- Klage gegen die Wohnungseigentümergemeinschaft, wenn dieser Rechte zur Ausführung zugewiesen sind, etwa Rechte gegen den Bauträger, die Wohnungseigentümergemeinschaft aber untätig bleibt.

- Klage auf Rückerstattung von Verbindlichkeiten, die ein Wohnungseigentümer für die Wohnungseigentümergemeinschaft (gegebenenfalls anteilig) berichtigt hat.

- Klage auf Schadenersatz, wenn das Sondereigentum eines Wohnungseigentümers bei einer Erhaltungsmaßnahme für das gemeinschaftliche Eigentum in Mitleidenschaft gezogen wurde, etwa ein Balkonbelag, der durch Reparaturmaßnahmen am Balkon zerstört wurde.

- Klage auf Erstattung der Aufwendungen, die ein Wohnungseigentümer als Notgeschäftsführer hatte, etwa Kosten zur Reparatur eines durch einen Sturm abgedeckten Daches.

- Klage auf Auszahlung des in der Abrechnung über den Wirtschaftsplan ausgewiesenen Guthabens eines Wohnungseigentümers.

6. Klagen gegen den Verwalter

Jeder Wohnungseigentümer hat das Recht, auch den Verwalter zu verklagen. Im Vordergrund stehen Klagen auf **Schadenersatz**. Der Verwalter schuldet jedem Wohnungseigentümer bei einer Pflichtwidrigkeit Schadenersatz. Bei einer gegen den Verwalter gerichteten Klage auf Schadenersatz ist allerdings Vorsicht geboten: Ein Wohnungseigentümer ist zu einer Klage ohne Ermächtigung seiner Miteigentümer nur dann berechtigt, soweit es um seine Ansprüche geht, etwa um ein Schadenersatzanspruch wegen einer ihm erteilten falschen Auskunft des Verwalters.

Wenn ein Wohnungseigentümer hingegen einen Schadenersatzanspruch geltend machen will, bei dem er mit den anderen Wohnungseigentümern nur Mitberechtigter ist – etwa wegen einer Unterschlagung des Verwaltungsvermögens durch den Verwalter – kann er nur klagen, wenn die anderen Wohnungseigentümer damit einverstanden sind und ihn für eine Klage ermächtigen.

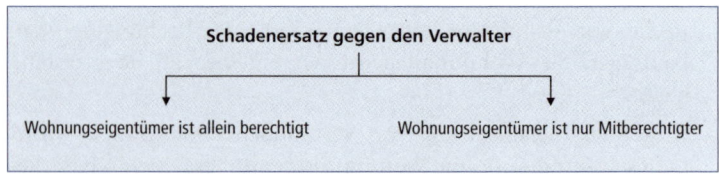

Übersicht zu Schadenersatzansprüchen gegen den Verwalter

Neben Klagen auf Schadenersatz kommen als Klagen gegen den Verwalter vor allem solche auf Auskunft, Einsichtnahme in Verwaltungsunterlagen oder ein Tun des Verwalters in Frage. Auch bei diesen Klagen muss stets geprüft werden, ob es ein Recht sämtlicher Wohnungseigentümer oder ein Recht allein des Klagenden ist. Nur im letzteren Fall ist eine Klage wie ausgeführt ohne weiteres möglich.

XI. Sachenrechtliche Rechte

1. Überblick

Jeder Wohnungseigentümer hat das Recht, auf sein Wohnungseigentum sachenrechtlich einzuwirken. Das bedeutet vor allem, dass ein Wohnungseigentümer seine Eigentumswohnung veräußert. Ferner liegt es nahe und ist geradezu zwingend, dass ein Wohnungseigentümer sein Wohnungseigentum belasten kann.

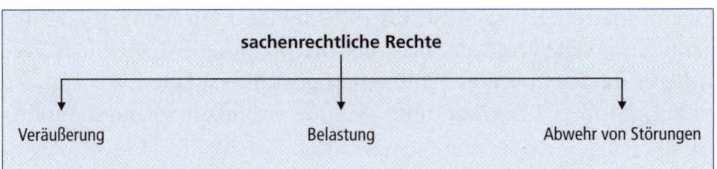

Sachenrechtliche Rechte

2. Veräußerungsrechte

a) Überblick

Jeder Wohnungseigentümer ist berechtigt, sein Sondereigentum **ganz** oder **teilweise**, zum Beispiel nur einen Raum oder einen Garagenstellplatz, jederzeit an jeden beliebigen Dritten zu veräußern. Das Geschäft zwischen dem veräußernden Wohnungseigentümer und dem Erwerber ist **eigentlich keine Frage** des Wohnungseigentumsrechts und wird von diesem auch gar nicht beeinflusst.

Wohnungseigentumsrechtliche Faktoren

Das Wohnungseigentumsrecht ist insoweit nur von Bedeutung, als es bestimmt, ob ein Dritter bereit ist, sich in eine konkrete Wohnungseigentumsanlage mit ihrer ganz eigenen „Verfassung" – beispielsweise der konkret dort geltenden Gemeinschaftsordnung, aber auch dem Erhaltungszustand des gemeinschaftlichen Eigentums, dem energetischen Stand, der Höhe der Instandhaltungsrückstellung, der Außenanlagen, der Zusammensetzung der Gemeinschaft, der Professionalität des Verwalters – „einzukaufen".

b) Eintritt des Eigentümerwechsels

Wenn eine Eigentumswohnung veräußert wird, ist der Rechtsnachfolger des Veräußerers nicht bereits **durch** den Kaufvertrag neuer Wohnungseigentümer (dazu auch S. 4). Der Erwerber wird erst zum Wohnungseigentümer im rechtlichen Sinne, wenn der alte Wohnungseigentümer aus dem Wohnungsgrundbuch ausgetragen und zugleich der Erwerber im Wohnungsgrundbuch als neuer Eigentümer **eingetragen** ist. Bis es zu diesen Eintragungen kommt, kann eine Weile vergehen. Bis zur Umschreibung hat allein der Veräußerer die Rechte eines Wohnungseigentümers. Soll etwas anderes gelten, können Erwerber und Veräußerer Entsprechendes vereinbaren.

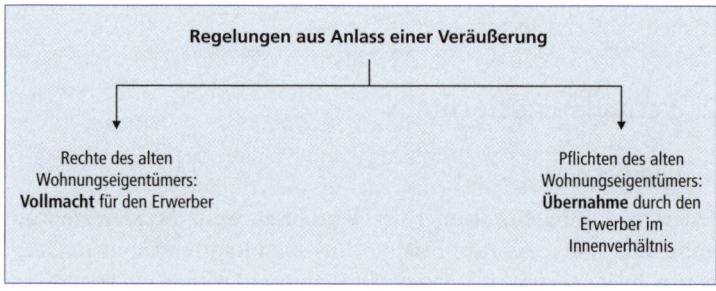

Vereinbarungen aus Anlass eines Eigentümerwechsels

Der Veräußerer kann den Erwerber durch eine **Vollmacht** in sämtliche Rechte einsetzen, die er als Wohnungseigentümer hat. Veräußerer und Erwerber können außerdem vereinbaren, dass den Erwerber im Verhältnis der Kaufvertragsparteien sämtliche Pflichten treffen sollen, die der Veräußerer als Wohnungseigentümer hat. Dieser Vertrag berührt allerdings nur die Rechte der Kaufvertragsparteien, wenn er nicht ausnahmsweise als ein Vertrag zu Gunsten der anderen Wohnungseigentümer und/oder der Wohnungseigentümergemeinschaft ausgestaltet ist.

Außenverhältnis

Gegenüber den anderen Wohnungseigentümern, gegenüber der Wohnungseigentümergemeinschaft und gegenüber Dritten – etwa für Verbindlichkeiten der Wohnungseigentümergemeinschaft – bleibt der Veräußerer bis zur Eigentumsumschreibung verpflichtet. Die Regelungen des Kaufvertrages ändern hieran nichts.

Der Verwalter ist von Gesetzes wegen nicht verpflichtet, eine Abrechnung über den Wirtschaftsplan für den Veräußerer und für den Erwerber zu machen. Die Abrechnungspflicht trifft den Verwalter nur gegenüber dem im Grundbuch Eingetragenen. Wünschen die Kaufvertragsparteien zwei Abrechnungen, können sie den Verwalter hierum gegen Zahlung eines Sonderentgelts bitten.

c) Veräußerungsbeschränkungen

An der grundsätzlich freien Veräußerbarkeit einer Eigentumswohnung **ändert** sich etwas, wenn die Wohnungseigentümer für eine Veräußerung eine „Veräußerungsbeschränkung" vereinbart haben. Eine Veräußerungsbeschränkung kann vor allem in kleineren Gemeinschaften, Ferienanlagen und Anlagen im ländlichen Raum dafür sorgen, dass Unerwünschte nicht ohne weiteres Eigentum erwerben können. In Falle einer solchen Veräußerungsbeschränkung bedarf jeder Wohnungseigentümer zur Veräußerung seines Wohnungseigentums der **Zustimmung** der anderen Wohnungseigentümer oder – wie es häufig vereinbart wird – der Zustimmung eines Dritten, in der Regel der des Verwalters.

Wichtiger Grund

Die bei einer Veräußerungsbeschränkung für den Grundbuchvollzug notwendige Zustimmung darf nur aus einem **wichtigen Grunde** versagt werden. Ein wichtiger Grund für eine Versagung liegt vor, wenn der Erwerbsinteressent im Hinblick auf seine Person **finanziell** oder **persönlich** unzuverlässig ist.

- Ein Erwerbsinteressent ist finanziell unzuverlässig, wenn aufgrund von Tatsachen zu erwarten ist, dass er das Hausgeld nicht bedienen kann.

- Persönliche Unzuverlässigkeit liegt vor, wenn der Erwerbsinteressent aufgrund von Tatsachen voraussichtlich gegen die Wohnungseigentümerpflichten aus § 14 WEG, gegen Gebrauchsbestimmungen oder gegen Bestimmungen der Hausordnung verstoßen wird.

Für die Prüfung des wichtigen Grundes sollte der Veräußerer – zum Beispiel über seinen Notar – den Kaufvertrag, möglicherweise in Auszügen und ohne Mitteilung des Kaufpreises, überreichen. Diese ist allerdings nur bloßer Anhalt, da er zur Zuverlässigkeit des Erwerbers wenig sagt. Der veräußernde Wohnungseigentümer ist nach der Rechtsprechung daher verpflichtet, dem Zustimmungsberechtigten jede ihm mögliche Information über den Erwerber zu erteilen. Der Veräußerer ist verpflichtet, den Erwerber zu einer Selbstauskunft zu veranlassen. Der Veräußerer muss allerdings keine Bonitätsauskunft oder ein polizeiliches Führungszeugnis des Erwerbers vorlegen.

Aufhebung einer Veräußerungsbeschränkung

Stören sich die Wohnungseigentümer einer Wohnungseigentumsanlage an einer Veräußerungsbeschränkung, kann sie mit einfacher Mehrheit „wegbeschlossen" werden.

d) Tausch

Ein Wohnungseigentümer hat ein Recht darauf, einzelne Räume seines Wohnungseigentums – in Frage kommen vor allem Keller-, Abstell- oder sonstige Nebenräume oder Garagen – mit einem anderen Wohnungseigentümer zu **tauschen**. Einer Änderung der den Wohnungseigentümern jeweils zugeordneten Miteigentumsanteile, etwa weil einer der Räume viel größer als der andere ist, bedarf es nicht, ist aber möglich.

3. Belastungsrechte

a) Sondereigentum

Jeder Wohnungseigentümer ist berechtigt, sein Wohnungseigentum (also den Miteigentumsanteil und das dazu gehörige Sondereigentum) zu „belasten". Ohne die Möglichkeit einer Belastung könnte Wohnungseigentum größtenteils weder erworben noch veräußert werden. Als eine solche Belastung in Betracht kommen vor allem **Grundpfandrechte** (Grundschulden, Hypotheken). Als Belastung des Sondereigentums möglich sind aber auch:

- Vorkaufsrechte;
- Reallasten;
- ein Nießbrauch;
- Wohnrechte und auch Dienstbarkeiten, allerdings keine Grunddienstbarkeiten.

b) Gemeinschaftliches Eigentum

Die Wohnungseigentümer haben das Recht, das im gemeinschaftlichen Eigentum stehende Grundstück gemeinsam zu Gunsten eines Dritten zu belasten. Dass das Grundbuchblatt des Grundstücks geschlossen ist (es bestehen nur Blätter für die Miteigentumsanteile), stört nicht. Das im gemeinschaftlichen Eigentum stehende Grundstück wird nämlich belastet, indem die Belastung auf den Blättern für sämtlichen Wohnungs- bzw. Teileigentumseinheiten eingetragen wird.

Folgende Belastungen kommen unter anderem in Betracht:

- Grundpfandrechte (Grundschulden, Hypotheken);
- Reallasten;

- Dienstbarkeiten (etwa Duldungsverpflichtungen gegenüber Immissionen, Wegerechte am nicht überbauten Grundstück, Geh- und Fahrtrechte, Mitbenutzungsrechte an Kinderspielplätzen, Mitbenutzungsrechte an Feuerwehrzufahrten oder an Mülltonnenhäuschen, Trafostations- und Erdkabelrechte);

- Nießbrauch;

- Baulasten (zu Gunsten eines Nachbarn, etwa wegen einer Unterschreitung des gebotenen Abstands).

c) Sondernutzungsrecht

Ob eine einem Sondernutzungsrecht unterliegende Fläche des gemeinschaftlichen Eigentums isoliert belastet werden kann, ist umstritten, wird aber **überwiegend abgelehnt**. Auch eine Dienstbarkeit, die primär das Sondereigentum belastet, deren Ausübungsbereich aber nur das Sondernutzungsrecht am Gemeinschaftseigentum ist, gilt nach der überwiegend vertretenen Ansicht als unzulässig.

Zulässig soll es allerdings sein, dass eine Dienstbarkeit am Sondereigentum, etwa ein Wohnungsrecht, auch die dem Sondernutzungsrecht unterliegenden Flächen des gemeinschaftlichen Eigentums erfasst.

d) Dauerwohn- und Dauernutzungsrechte

Ein Wohnungseigentum kann mit einem Dauerwohn- oder Dauernutzungsrecht belastet werden. Dauerwohn- oder Dauernutzungsrecht kommen einem Sondernutzungsrecht nahe, wenn sie auch **selbstständig** sind und der Berechtigte anders als bei einem Sondernutzungsrecht „Nichtwohnungseigentümer" sein kann.

4. Abwehrrechte/Schutzrechte

a) Überblick

Fühlt sich ein Wohnungseigentümer in seinem Gebrauch des Sondereigentums oder des gemeinschaftlichen Eigentums gestört, etwa durch Rauch oder Lärm oder durch eine unzulässige bauliche Veränderung, hat er das Recht, sich gegen diese Störung zu wehren und/oder sich bereits vorher davor zu schützen. Welche Wege möglich sind, hängt – wie stets – davon ab, ob es um eine Abwehr von Störungen des gemeinschaftlichen Eigentums oder des Sondereigentums geht.

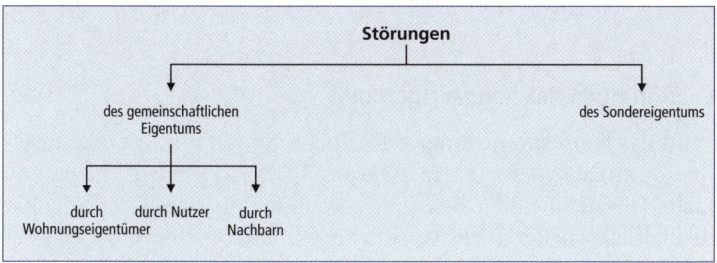

Störungen des Eigentums

b) Nachbarrecht

Wohnungseigentümer sind Miteigentümer des gemeinschaftlichen Eigentums. Unter ihnen gelten daher unmittelbar nicht die Vorschriften, die zwischen „Nachbarn" gelten, zum Beispiel das Bauordnungsrecht oder das bürgerlich-rechtliche Nachbarrecht. Die auf dem Gemeinschaftsverhältnis der Miteigentümer beruhenden Schranken haben gegenüber den Schranken, die das allgemeine Nachbarrecht errichtet, Vorrang.

Das Nachbarrecht ist aber auch nicht bedeutungslos. Es wird dazu genutzt zu beschreiben, welche Nachteile ein Wohnungseigentümer noch hinnehmen muss. Das Nachbarrecht prägt damit die Generalklauseln des Wohnungseigentumsrechts. In geeigneten Fällen kann das Nachbarrecht daher auf Grund seiner Leitbildfunktion in die Abwägung der gegenseitigen Interessen einbezogen werden. Dieses gilt etwa für das Bauordnungsrecht und die dort geregelten Höhen von Hecken und Sträuchern zwischen zwei Sondernutzungsberechtigten an Gartenflächen.

Sonderfall

Die nachbarrechtlichen Vorschriften des Privatrechts und/oder des öffentlichen Rechts sind für die Beurteilung einer Störung unmittelbar anwendbar, wenn die wohnungseigentumsrechtlichen Vorschriften **ausgeschlossen** wurden.

c) Störungen des Sondereigentums

Wird das Sondereigentum „gestört", etwa durch positive oder negative Immissionen wie Lärm, Wärme, Blätter oder den Entzug von Licht, Wegnahme oder Besetzung, wenn beispielsweise der Nachbar den falschen Keller nutzt, Beleidigungen oder Beschimpfungen oder Straftaten wie eine Sachbeschädigung , muss der Sondereigentümer entscheiden, ob er etwas unternehmen will und wenn ja, was (gehört die Eigentumswohnung mehreren, etwa Eheleuten, kann jeder von ihnen handeln und die Störung abwehren).

Pöbelnder Gefährte
Ein Wohnungseigentümer ist verpflichtet, psychische Beeinträchtigungen durch seinen Lebensgefährten zu verhindern oder abzustellen. Gelingt ihm dieses nicht, haftet er etwa einem vermietenden Wohnungseigentümer auf Ersatz des Mietausfallschadens, der dadurch entsteht, dass dessen Mieter infolge der dauerhaften massiven Verbalattacken seitens dieses Lebensgefährten das Mietverhältnis kündigt.

Wegen der Abwehr einer Störung des Sondereigentums haben die anderen Wohnungseigentümer **kein Mitspracherecht**. Die anderen Wohnungseigentümer können über die Abwehrrechte eines Wohnungseigentümers auch nicht beschließen. Tun sie es dennoch, ist der Beschluss in Ermangelung einer Kompetenz hierfür nichtig (zu den Beschlusskompetenzen siehe S. 47 ff.). Ob der Sondereigentümer beispielsweise gegen einen sein Sondereigentum störenden Lärm vorgehen will, der ihm aus der Nachbarwohnung entgegenschallt, weil der dort wohnende Wohnungseigentümer gern und laut Hardrock hört, kann und muss er selbst entscheiden. Der Gestörte muss aber auch allein handeln. Er kann zum Beispiel nicht den Verwalter bitten oder gar auffordern, gegen den störenden Miteigentümer vorzugehen und diesen abzumahnen. Die Macht allein zu handeln, kann so auch Last sein. Auch wenn ein Sondereigentümer sich entschließt, gegen einen Miteigentümer außergerichtlich mit Hilfe eines Anwalts vorzugehen oder gar zu klagen, muss er dieses jeweils auf eigene Kosten tun.

Ein Sondereigentümer kann die Wohnungseigentümergemeinschaft nach zurzeit allgemeiner Ansicht allerdings ermächtigen, seine Rechte gegen den Störer durchzusetzen. Eine Ermächtigung gegen den Willen der Wohnungseigentümergemeinschaft kann allerdings nicht erteilt werden. Die anderen Wohnungseigentümer müssen daher durch Beschluss entscheiden, ob die Wohnungseigentümergemeinschaft als „Ermächtigte" und „gewillkürter Prozessstandschafter" handeln soll.

Muster Ermächtigung der Wohnungseigentümergemeinschaft
Ich ermächtige die Wohnungseigentümergemeinschaft ___ [Name], meine Rechte gegen ___ [Name] wegen ___ [Nennung der Störung] außergerichtlich und gerichtlich in meinem Namen und mit Wirkung für und gegen mich wahrzunehmen.

d) Störungen des gemeinschaftlichen Eigentums

Das gemeinschaftliche Eigentum, etwa das Treppenhaus, kann vor allem durch die anderen Wohnungseigentümer, durch den Nutzer eines Sondereigentums, vor allem einen Mieter, oder durch einen Nachbarn des im gemeinschaftlichen Eigentum stehenden Grundstücks gestört werden.

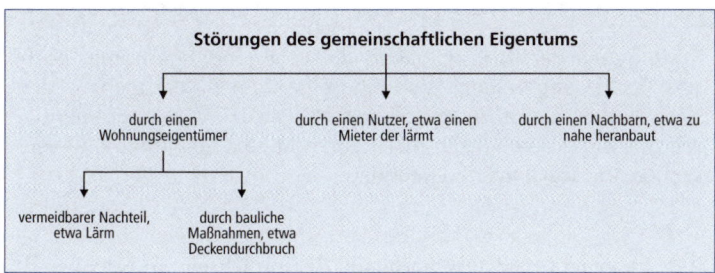

Störungen des gemeinschaftlichen Eigentums

aa) Durch andere Wohnungseigentümer. Wird das gemeinschaftliche Eigentum von einem anderen Wohnungseigentümer gestört, etwa durch zu lautes Trompetenspiel, durch einen Kampfhund oder durch Gerüche, kann jeder Wohnungseigentümer von ihm Unterlassung verlangen und – wenn nötig – auch Beseitigung, etwa den Rückbau einer unzulässigen baulichen Veränderung.

Will ein Wohnungseigentümer **nicht allein vorgehen**, kann er im Einzelfall auch den Verwalter bitten, den Störer an die Einhaltung der Hausordnung zu erinnern. Wollen alle Wohnungseigentümer gegen einen Störer vorgehen, können sie den Verwalter ermächtigen, gegen den Störer vorzugehen. Schließlich können die Wohnungseigentümer den Störungsanspruch „vergemeinschaften" (dazu auch S. 147) und zur Durchführung der Wohnungseigentümergemeinschaft zuweisen.

bb) Durch Nutzer, vor allem Mieter. Wird das gemeinschaftliche Eigentum von einem Nutzer gestört (Nutzer sind Personen, die dem Hausstand eines Wohnungs- oder dem Geschäftsbetrieb eines Teileigentümers angehören oder denen ein Wohnungs- oder Teileigentümer sonst die Benutzung der in Sonder- oder Miteigentum stehenden Grundstücks- oder Gebäudeteile überlässt), kann jeder Wohnungseigentümer von diesem Unterlassung verlangen. Dass dem Störer, etwa dem Betreiber eines Restaurants, die Störung **mietrechtlich** erlaubt ist, ist im Verhältnis zu den anderen Wohnungseigentümern und den unter diesen geltenden Bestimmungen nach überwiegender Ansicht **unerheblich**.

Vorgehen gegen Wohnungseigentümer

Statt gegen den Nutzer, haben die Wohnungseigentümer auch das Recht, gegen den Wohnungseigentümer vorzugehen, der dem Nutzer die Störung „gestattet". Dieser Wohnungseigentümer muss auf den Nutzer, meist einen Mieter, einwirken und versuchen, die Störungen zu beenden.

cc) Durch einen Grundstücksnachbarn. Beeinträchtigt ein Nachbar das gemeinschaftliche Eigentum, sind **sämtliche Wohnungseigentümer**

in gleicher Weise als Miteigentümer betroffen. Ein einzelner Wohnungseigentümer ist daher nicht berechtigt, wegen Beeinträchtigung des gemeinschaftlichen Eigentums allein ein Abwehrrecht, etwa gegen ein Bauvorhaben auf einem Nachbargrundstück, geltend zu machen. Abwehrrechte kann nur die Wohnungseigentümergemeinschaft durchsetzen. Dass die Wohnungseigentümergemeinschaft handeln soll, müssen die Wohnungseigentümer – wie stets – beschließen.

Notgeschäftsführung

Ein einzelner Wohnungseigentümer kann ein Abwehrrecht nur in den engen Grenzen der Notgeschäftsführung geltend machen. Geschieht dieses, nimmt der Wohnungseigentümer Rechte der Wohnungseigentümer wahr, denn die Wohnungseigentümergemeinschaft ist nicht Rechtsinhaber, sie ist nur ausübungsbefugt. Ein Notgeschäftsführungsrecht steht auch dem Verwalter zu.

3. Kapitel

Besondere Wohnungseigentumsanlagen

I. Wohnungseigentümer einer Mehrhausanlage

1. Überblick

Von einer Mehrhausanlage spricht man vor allem, wenn im gemeinschaftlichen Eigentum mehrere „Wohnblöcke" stehen, beispielsweise mehrere Reihenhäuser. Für eine Mehrhausanlage gelten nach dem Wohnungseigentumsgesetz – ist nichts anderes vereinbart – keine Besonderheiten: Eine Mehrhausanlage wird von Gesetzes wegen (zu Unrecht) tatsächlich so behandelt, als bestünden **keine** tatsächlichen oder rechtlichen Unterschiede gegenüber einem einzelnen Haus.

2. Vereinbarungen und Beschlüsse

Um die Angelegenheiten der Eigentümer einer Mehrhausanlage **besonders** zu regeln, bedarf es grundsätzlich – es sei denn, etwas anderes ist vereinbart – einer Vereinbarung sämtlicher Wohnungseigentümer oder einer Versammlung **sämtlicher** Wohnungseigentümer. Ein Beschluss etwa nur der Eigentümer eines von mehreren Mehrfamilienhäusern einer Wohnungseigentumsanlage ist in der Regel nichtig.

Gegenständlich beschränktes Stimmrecht

Teilweise wird vertreten, dass sich ein gegenständlich beschränktes Stimmrecht „aus der Natur der Sache" ergeben könne. Danach soll eine Teilversammlung von Wohnungseigentümern einer Mehrhausanlage ausnahmsweise auch aufgrund ihrer bloßen Gruppenbetroffenheit für solche Angelegenheiten in Betracht kommen, die sich ausschließlich auf einen eindeutig abgegrenzten oder abgrenzbaren Teil eines Hauses oder einer Mehrhausanlage beziehen. Dieses soll beispielsweise gelten für:

- den Einbau eines Treppenliftes;
- für eine Gebrauchsregelung für die nur von den Wohnungseigentümern eines Hauses in einer Mehrhausanlage zu nutzende Waschküche;
- für Verwaltungsregelungen in Bezug auf eine Tiefgarage.

Diese Ansicht vermag kaum zu überzeugen.

3. Teileigentümerversammlung

Die Wohnungseigentümer können zur Ordnung und Beschlussfassung derjenigen Gegenstände, die nach ihren Vereinbarungen zur Beschlussfassung nur wenigen von ihnen zugeordnet sind, die Abhaltung einer Teilversammlung („Gruppenversammlung") **vereinbaren**.

Zu einer solchen Teilversammlung sind in diesem Falle nur die Wohnungseigentümer zu laden, die in der Teilversammlung auch stimmberechtigt sind. Ob die nicht stimmberechtigten Wohnungseigentümer wenigstens ein Teilnahmerecht haben, ist umstritten.

4. Kosten

Die Betriebs- und Verwaltungskosten (etwa Kosten für Wasser, Wärme, Strom oder Verwalter), die Kosten für Instandhaltungen und Instandsetzungen (Erhaltungsmaßnahmen wie eine Reparatur der Fassade) sowie die auf dem gemeinschaftlichen Eigentum ruhenden Lasten (etwa die Kehr- und Überprüfungsgebühren des Schornsteinfegers) einer Wohnungseigentumsanlage sind – soweit nichts

anderes vereinbart oder beschlossen wird – auf **sämtliche Wohnungseigentümer** zu verteilen.

Auch die Kosten, die **nur auf eines** von mehreren Häusern entfallen
und nach einer entsprechenden Erfassung, Messung oder Zählung
auf deren Wohnungseigentümer verteilt werden könnten, sind
grundsätzlich **von allen** Wohnungseigentümern zu tragen.

Abgrenzungen

Ist angeordnet, dass die jeweils an einem Haus allein zum Gebrauch berechtigten Wohnungseigentümer die auf sie entfallenden ausscheidbaren und tatsächlich messbaren Kosten allein zu
tragen haben, so fallen darunter solche Kosten, die „absonder-
bar" sind und ohne Weiteres bestimmten Wohnungseigentümern
allein zugeordnet werden können. Nicht darunter fallen also solche Kosten, die die Wohnungseigentümer gemeinsam treffen.
Hierzu gehören in der Regel unter anderem:
- Gehwegreinigung (Winterdienst);
- öffentliche Lasten des Gesamtgrundstücks;
- Versicherungen;
- Verwaltungsgebühren.

---

5. Wirtschaftsplan und Jahresabrechnung

Auch in einer Mehrhausanlage muss der Verwalter einen **einzigen
Wirtschaftsplan** und eine **einzige Abrechnung über den Wirtschaftsplan** erstellen. Fehlt es an einer etwas anderes bestimmenden
Vereinbarung, gelten auch in einer Mehrhausanlage keine Besonderheiten; die Wohnungseigentümer können Besonderheiten auch
nicht beschließen. Für eine Abweichung vom Gesetz besteht keine
Beschlusskompetenz.

Etwas anderes gilt bei einer Vereinbarung. In einer Mehrhausanlage
sind Vereinbarungen zum Wirtschaftsplan und Jahresabrechnung
vorstellbar und kommen unter anderem vor zu:
- dem anzuwendenden Umlageschlüssel;
- zur Buchführung des Verwalters, etwa zur Verbuchung von
  „mehreren" Instandhaltungsrückstellungen;

■ für die Form der Abrechnung über den Wirtschaftsplan;

■ Zu der Frage, ob es neben der Abrechnung für die Gesamtanlage Abrechnungen für die Mehrhäuser geben soll;

■ zur Beschlussfassung.

Wirtschaftspläne für einzelne Häuser machen einen Gesamtwirtschaftsplan – auch in einer Addition – nicht entbehrlich. Dies gilt auch für die Abrechnung. Möglich ist es, dass der Verwalter in einer Mehrhausanlage die Abrechnung über den Wirtschaftsplan nach einzelnen Häusern untergliedert; eine solche Darstellung kann, muss aber nicht vereinbart werden. Eine Untergliederung bewirkt eine Information der Wohnungseigentümer über „ihr" Haus, hat aber rechtlich – soweit nichts anders vereinbart ist – keine Bedeutung. Ebenso muss ungeachtet einer Kostentrennung natürlich immer auch eine **Abrechnung für die Gesamtanlage** erstellt werden. Die Abrechnungen der Unterhäuser sind in der Summe nicht die vom Gesetz geforderte Abrechnung.

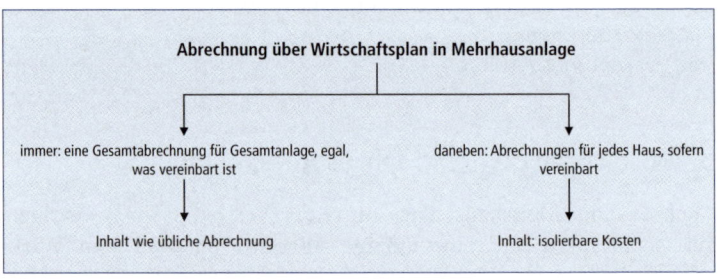

Abrechnung in Mehrhausanlage

Ist eine **isolierte** Abrechnung über den Wirtschaftsplan in einer Mehrhausanlage vereinbart („hausbezogene Abrechnung"), sollte die Abrechnung für ein Einzelhaus vor allem als Inhalt haben:

■ eine Gesamtabrechnung der isolierbaren Lasten und Kosten;

■ Einzelabrechnungen der isolierbaren Lasten und Kosten;

■ eine Heizkostenabrechnung, soweit isolierbar.

II. Die Zweiergemeinschaft

1. Überblick

In manchen Wohnungseigentumsanlagen gibt es nur **zwei** Wohnungseigentümer. Von Gesetzes wegen gelten hier ebenso wie bei Mehrhausanlagen dennoch keine Besonderheiten. Eine **Zweiergemeinschaft** hat gegenüber anderen Gemeinschaften in der Regel freilich **größere** Probleme. Gilt in der Zweiergemeinschaft das gesetzliche Kopfstimmrecht (jeder Wohnungseigentümer hat eine Stimme), kommt es nämlich regelmäßig zu einem Patt bei Beschlussfassungen und damit zu keinem positiven Beschluss. Dann gibt es häufig weder Wirtschaftsplan noch Abrechnung und damit Abrechnungschaos; in der Regel können sich die Wohnungseigentümer auf keinen Verwalter einigen, sodass es schon einer Abrechnung mangelt.

Das Blatt wendet sich zwar, wenn einer der Wohnungseigentümer Verwalter ist. Dieser Verwalter wird häufig aber nicht über das Wissen und Können verfügen, um den Verwalteraufgaben gerecht zu werden. Das Blatt kann sich auch wenden, wenn die Wohnungseigentümer ein vom Gesetz **abweichendes Stimmprinzip** vereinbart haben. Dann wird häufig ein Wohnungseigentümer über den anderen „herrschen".

Kleinstgemeinschaften

Ähnliche Probleme stellen sich logischer Weise in anderen Kleinstgemeinschaften. Dass die im Folgenden dargestellten Besonderheiten auch dort gelten sollen, ist aber nicht anerkannt.

2. Kosten

Ist kein Verwalter bestellt und kommen auch keine Beschlüsse zustande, kann nach herrschender Meinung eine Begleichung gemeinschaftlicher Kosten und Lasten in einer Zweiergemeinschaft in der

Weise durchgeführt werden, dass ein Wohnungseigentümer in „Vorlage" tritt – die Verbindlichkeiten der Wohnungseigentümergemeinschaft mithin auf eigene Kosten bedient – und anschließend vom anderen Wohnungseigentümer **ohne** Beschluss Erstattung des auf diesen entfallenden Anteils verlangt. Dieses ist eine sehr pragmatische Sichtweise. Sie leidet darunter, dass sie das Gesetz „mit Füßen tritt".

3. Entziehung

Vor einer Entziehungsklage (dazu S. 39) können – und müssen – die Wohnungseigentümer zunächst über das Verlangen **beschließen**, ob einer von ihnen sein Wohnungseigentum veräußern muss. Dieses gilt nach herrschender Meinung aber nicht bei Zweiergemeinschaften. Eines Beschlusses bedürfe es dort nicht, weil die für einen solchen Beschluss erforderliche, nach Köpfen zu bestimmende absolute Mehrheit nicht erreicht werden könne. An die Stelle des Beschlusses trete unmittelbar die Klage des anderen Wohnungseigentümers gegen den Störer auf Veräußerung.

4. Kapitel

Der Verlust von Wohnungseigentümerrechten

I. Überblick

Ein Wohnungseigentümer kann Rechte, die er gerade als Wohnungseigentümer genießt, im Einzelfall verlieren. Der einfachste Weg ist es, dass ein Wohnungseigentümer mit dem Verlust **einfach einverstanden** ist und dem Verlust zustimmt. Zu einem unfreiwilligen Verlust kommt es hingegen, wenn es das Gesetz anordnet, wenn ein Wohnungseigentum zwangsverwaltet oder über das Vermögen eines Wohnungseigentümers das Insolvenzverfahren eröffnet wird.

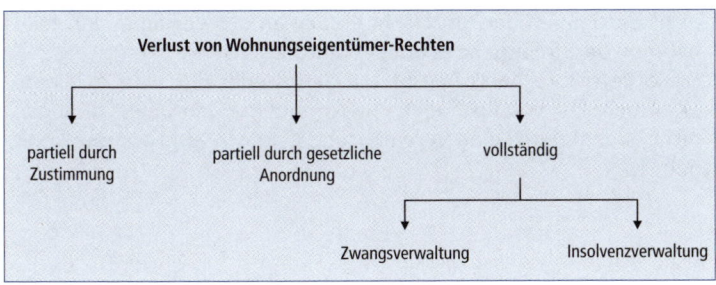

Verlust von Rechten

II. Einwilligung

Ein Wohnungseigentümer kann **zustimmen**, dass ihm bestimmte Rechte, die ihm als Wohnungseigentümer eigentlich zustehen, nicht mehr zustehen. Überwiegend wird beispielsweise vertreten, dass ein Wohnungseigentümer sich zwar nicht durch einen Beschluss, aber durch eine Vereinbarung binden kann, sein Sondereigentum nicht selbst zu gebrauchen, sondern dass er es vermieten muss (etwa in einer Ferien- oder Seniorenanlage). Umgekehrt kann eine Vereinbarung auch regeln, dass ein Wohnungseigentümer sein Sondereigentum gerade nicht durch Vermietung nutzen, sondern nur gebrauchen, es also nur selbst bewohnen darf.

Grenzen

Vereinbarungen, die die Rechte eines Wohnungseigentümers betreffen, unterliegen nach herrschender Meinung einer Inhaltskontrolle nach Treu und Glauben.
So wurde etwa eine Vereinbarung, die das Aufstellen von Parabolantennen verbot (hier geht es wie bei der Vermietung letztlich um den Gebrauch), nach einer Inhaltskontrolle ebenso für unwirksam erachtet, wie eine Vereinbarung, dass ein Hausgeldschuldner nicht abstimmen darf und nicht einmal an der Versammlung teilnehmen darf (hier geht es um Verwaltungsrechte).
Diese Rechtsprechung beruht auf dem Gedanken, dass es einen „Kernbereich" von Rechten eines Wohnungseigentümers gibt, die nicht einmal durch eine Vereinbarung eingeschränkt werden können.

III. Gesetzlich angeordneter Verlust

Das Gesetz greift zurzeit eigentlich nur in die Versammlungsrechte eines Wohnungseigentümers ein. Ein Wohnungseigentümer ist nämlich von Gesetzes wegen in der Versammlung **nicht mehr** stimmberechtigt, wenn er rechtskräftig verurteilt ist, sein Wohnungseigentum zu veräußern. Im Übrigen schließt es das Gesetz aus, dass ein Pfandgläubiger eines Wohnungseigentümers die Aufhebung der Gemeinschaft verlangen kann. Dieses gilt auch für den Insolvenzverwalter.

IV. Zwangsverwaltung

Steht ein Wohnungseigentum unter Zwangsverwaltung, rückt der Zwangsverwalter in die Rechte des Wohnungseigentümers als Wohnungseigentümer ein. Der Zwangsverwalter hat also das Recht (und die Pflicht), alle Handlungen vorzunehmen, die erforderlich sind, um das Wohnungseigentum in seinem wirtschaftlichen Bestande zu erhalten und ordnungsmäßig zu benutzen. Der Zwangsverwalter hat die Ansprüche des Wohnungseigentümers, auf welche sich die Beschlagnahme erstreckt, geltend zu machen und die für die Verwaltung entbehrlichen Nutzungen in Geld umzusetzen.

Im Grundsatz kommt es durch eine Zwangsverwaltung zu einem **totalen Rechtsverlust** des Wohnungseigentümers (anders ist es mit seinen Pflichten: die Pflichten bleiben im Prinzip alle bestehen, selbst die Pflicht, das Hausgeld zu zahlen).

Im Überblick stellt sich dieser Rechtsverlust eines Wohnungseigentümers durch die Anordnung einer Zwangsverwaltung vor allem wie folgt dar:

- **Beschluss und Vereinbarung:** Ein Zwangsverwalter beschließt in der Regel anstelle des Wohnungseigentümers.

- **Gebrauchsrechte:** Ein Wohnungseigentümer kann sein Wohnungseigentum weiterhin gebrauchen. Die für seinen Hausstand unentbehrlichen Räume sind ihm trotz der Zwangsverwaltung zu belassen. Stellplätze oder Sondernutzungsflächen außerhalb der Räume sind allerdings nicht unentbehrlich. Bei Gefährdung des Wohnungseigentums oder der Verwaltung kann dem Hausgeldschuldner die Räumung des Wohnungseigentums aufgegeben werden.

- **Nutzungsrechte:** Ein Wohnungseigentümer kann sein Wohnungseigentum nicht mehr frei nutzen. Der Zwangsverwalter tritt etwa in einen Mietvertrag ein und kann die Miete einziehen.

- **Verwaltungsrechte:** Die Verwaltungsrechte gehen grundsätzlich vollständig auf den Zwangsverwalter über. Der Wohnungseigentümer kann nur solche Rechte geltend machen, die in keinen Konflikt mit der Zwangsverwaltung kommen.

- **Versammlungsrechte:** Der Zwangsverwalter hat in der Versammlung ein Teilnahme-, Rede- und Antragsrecht unabhängig von der Tagesordnung oder dem zu besprechenden Punkt. Der Zwangsverwalter übt in allen Fällen das Stimmrecht des Wohnungseigentümers aus, sein Stimmrecht ist zu vermuten. Liegt ein Beschlussgegenstand außerhalb des Aufgabenbereichs des Zwangsverwalters und außerhalb des Zwecks der Zwangsverwaltung, ist allerdings der Wohnungseigentümer stimmberechtigt (diese Sichtweise ist streitig).

- **Verfahrensrechte:** Der Zwangsverwalter ist klagebefugt. Durch die Anordnung der Zwangsverwaltung geht die aktive und passive Prozessführungsbefugnis hinsichtlich aller zur Zwangsverwaltung gehörenden Rechte und Pflichten auf den Zwangsverwalter über. Daneben kann aber auch ein Wohnungseigentümer klagen, jedenfalls gegen einen Beschluss (diese Sichtweise ist streitig).

- **Sachenrechtliche Rechte:** Der Zwangsverwalter kann das Wohnungseigentum weder veräußern noch kann er es belasten.

V. Insolvenzverwaltung

Durch die Eröffnung eines Insolvenzverfahrens geht das Recht eines Wohnungseigentümers, sein Wohnungseigentum zu verwalten und darüber zu verfügen, auf den Insolvenzverwalter über. Der Wohnungseigentümer bleibt zwar Eigentümer. Ansprechpartner der Wohnungseigentümergemeinschaft, der Wohnungseigentümer und des Verwalters wird mit der Eröffnung des Insolvenzverfahrens grundsätzlich aber der Insolvenzverwalter. Wohnungseigentums-

rechtlich wird mit Eröffnung des Insolvenzverfahrens der Insolvenzverwalter Wohnungseigentümer, wenn auch nur temporär. Zu den
Rechten eines Wohnungseigentümers gilt grundsätzlich das zum
Zwangsverwalter Ausgeführte entsprechend. Anders als der Zwangsverwalter darf der Insolvenzverwalter das Wohnungseigentum allerdings **veräußern.**

Freigabe

Ein Insolvenzverwalter kann ein von ihm verwaltetes Wohnungseigentum „freigeben" (die Freigabe ist eine Willenserklärung gegenüber dem Wohnungseigentümer, das Wohnungseigentum aus
dem Haftungsverband der Insolvenzmasse und damit aus dem In-
solvenzbeschlag zu lösen). Eine Freigabe erfolgt, wenn sich aus
der Verwertung des Wohnungseigentums keine Vermehrung der
Aktivmasse erwarten lässt (das ist etwa der Fall, wenn das Wohnungseigentum über den Verkehrswert hinaus belastet ist und
nicht vermietet werden kann). Mit einer Freigabe tritt der Wohnungseigentümer wieder in vollem Umfang in seine Rechte als
Wohnungseigentümer ein.

5. Kapitel

Die Rechte eines Wohnungseigentümers als Mitglied der Wohnungseigentümergemeinschaft

I. Grundlegendes zur Wohnungseigentümergemeinschaft

Neben den Wohnungseigentümern steht in einer Wohnungseigentumsanlage immer zusätzlich auch eine Wohnungseigentümergemeinschaft (selbst in einer „Zweiergemeinschaft"). Es wäre ein Irrtum anzunehmen, dass „Wohnungseigentümergemeinschaft" in diesem Sinne ein bloßer Sammelbegriff für die Wohnungseigentümer einer Wohnungseigentumsanlage als Gemeinschaft ist. Die Wohnungseigentümergemeinschaft ist vielmehr ein von Gesetzes wegen **selbstständiger und in bestimmten Bereichen rechtsfähiger Verband** (mit anderen Worten: eine Personengesellschaft, die mit der Fähigkeit ausgestattet ist, Rechte zu erwerben und Verbindlichkeiten einzugehen).

Die Wohnungseigentümergemeinschaft tritt den Wohnungseigentümern manchmal wie ein „Verein", manchmal wie eine „Gesellschaft" gegenüber. Aufgabe und Zweck einer Wohnungseigentümergemeinschaft bestehen im Wesentlichen darin, **Verträge** mit Bezug auf das gemeinschaftliche Eigentum zu **schließen**, etwa mit dem Verwalter, einem Anwalt, den Trägern der Daseinsvorsorge wie den Wasserbetrieben, sowie als **Trägerin des Verwaltungsvermögens** aufzutreten (zum Verwaltungsvermögen gehören beispielsweise die Mittel, die die Wohnungseigentümer gemeinsam ansammeln, etwa die Instandhaltungsrückstellung, oder auch die Verwaltungsunterlagen, etwa eine Schneeschaufel).

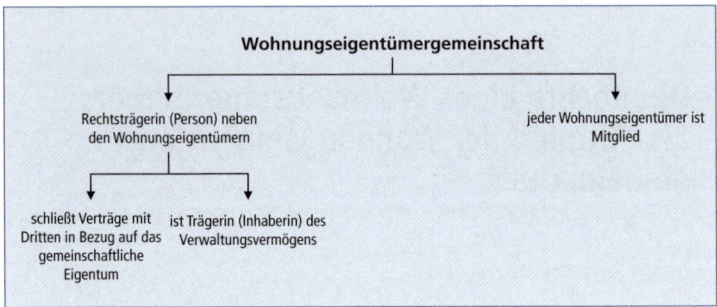

Überblick zur Wohnungseigentümergemeinschaft

Um ihre Aufgaben wahrnehmen zu können, bedarf die Wohnungseigentümergemeinschaft **ausreichender Mittel**, um die gegenüber Dritten eingegangenen Verbindlichkeiten auch erfüllen zu können. Aus diesem Grunde weist das Gesetz der Wohnungseigentümergemeinschaft die von den Wohnungseigentümern gemäß dem Wirtschaftsplan, aufgrund von Sonderumlagen oder der Abrechnung über den Wirtschaftsplan angesammelten Mittel zu (Verwaltungsvermögen).

Um gegenüber anderen Stellen handeln zu können, hat das Gesetz der Wohnungseigentümergemeinschaft auch eine gewisse „**Handlungsorganisation**" verschafft: Für die Wohnungseigentümergemeinschaft handelt im Rechtsverkehr als Organ normaler Weise der Verwalter. Kann dieser nicht handeln, sind die Wohnungseigentümer aufgerufen, die Wohnungseigentümergemeinschaft zu vertreten.

§ 27 Absatz 3 WEG.

(3) Der Verwalter ist berechtigt, im Namen der Gemeinschaft der Wohnungseigentümer und mit Wirkung für und gegen sie
1. Willenserklärungen und Zustellungen entgegenzunehmen;
2. Maßnahmen zu treffen, die zur Wahrung einer Frist oder zur Abwendung eines sonstigen Rechtsnachteils erforderlich sind, insbesondere einen gegen die Gemeinschaft gerichteten Rechtsstreit gemäß § 43 Nummer 2 oder Nummer 5 WEG im Erkenntnis- und Vollstreckungsverfahren zu führen;

3. die laufenden Maßnahmen der erforderlichen ordnungsmäßigen Instandhaltung und Instandsetzung gemäß § 27 Absatz 1 Nummer 2 WEG zu treffen;

4. die Maßnahmen gemäß § 27 Absatz 1 Nummer 3 bis 5 und 8 WEG zu treffen;

5. im Rahmen der Verwaltung der eingenommenen Gelder gemäß § 27 Absatz 1 Nummer 6 WEG Konten zu führen;

6. mit einem Rechtsanwalt wegen eines Rechtsstreits gemäß § 43 Nummer 2 oder Nummer 5 WEG eine Vergütung gemäß § 27 Absatz 2 Nummer 4 WEG zu vereinbaren;

7. sonstige Rechtsgeschäfte und Rechtshandlungen vorzunehmen, soweit er hierzu durch Vereinbarung oder Beschluss der Wohnungseigentümer mit Stimmenmehrheit ermächtigt ist.

Fehlt ein Verwalter oder ist er zur Vertretung nicht berechtigt, so vertreten alle Wohnungseigentümer die Gemeinschaft. Die Wohnungseigentümer können durch Beschluss mit Stimmenmehrheit einen oder mehrere Wohnungseigentümer zur Vertretung ermächtigen.

Kann der Verwalter nicht handeln, weil ihm das Gesetz oder eine Vereinbarung oder ein Beschluss eine Rechtsmacht dazu nicht einräumen, eine Interessenskollision vorliegt oder es keinen Verwalter gibt, müssen hingegen sämtliche Wohnungseigentümer (oder nach Beschluss einige von ihnen) als Organ der Wohnungseigentümergemeinschaft handeln.

II. Mitgliedschaft des Wohnungseigentümers

1. Mitgliedschaftsrechte

Aus Sicht eines Wohnungseigentümers spielen vor allem seine Rechte als Mitglied der Wohnungseigentümergemeinschaft eine Rolle. Diese Rechte bestehen, weil jeder Wohnungseigentümer mit Erwerb einer Eigentumswohnung **zwingend Mitglied** der entsprechenden Wohnungseigentümergemeinschaft seiner Wohnungseigentumsanlage wird. Als Mitgliedschaftsrecht eines Wohnungseigentümers in der Wohnungseigentümergemeinschaft ist **vor allem** das Recht zu begreifen, an der **Willensbildung** teilzunehmen.

Kauf eines Rasenmähers

Steht der Kauf eines Rasenmähers durch die Wohnungseigentümergemeinschaft an, kann beispielsweise jeder Wohnungseigentümer mitstimmen, ob gekauft wird und wenn ja welcher und wo und zu welchem Preis.

Ferner hat jeder Wohnungseigentümer ein Recht auf einen **Anteil am Verwaltungsvermögen**. Dieses ist der Fall, das Verwaltungsvermögen „ausgekehrt" wird, etwa die von der Wohnungseigentümergemeinschaft erwirtschafteten Mieten oder im Falle der Aufhebung der Gemeinschaft. Weiter kann jeder Wohnungseigentümer verlangen, dass die Wohnungseigentümergemeinschaft ihren gesetzlichen und gewillkürten Aufgaben in angemessener Zeit nachkommt. So kann jeder Wohnungseigentümer beispielsweise verlangen, dass die Wohnungseigentümergemeinschaft:

- Hausgelder beitreibt;

- die gesetzlichen, vereinbarten und beschlossenen Ausübungsrechte und Ausübungspflichten erfüllt;

- Verträge mit Dritten in Bezug aus das gemeinschaftliche Eigentum schließt, soweit diese ordnungsmäßiger Verwaltung entsprechen;

- das Verwaltungsvermögen angemessen verwaltet;

- ihn gegenüber Dritten – soweit möglich – vor einer Haftung freistellt.

Treuepflicht der Wohnungseigentümergemeinschaft

Nach der neueren Rechtsprechung schuldet auch die **Wohnungseigentümergemeinschaft** dem einzelnen Wohnungseigentümer **Treue**. Die Wohnungseigentümergemeinschaft soll deshalb jedem einzelnen Wohnungseigentümer gegenüber etwa dazu verpflichtet sein, die unverzügliche Umsetzung eines Beschlusses zur Sanierung des gemeinschaftlichen Eigentums gegenüber dem Verwalter durchzusetzen, wenn der Beschluss den Zweck hat, einen Schaden am gemeinschaftlichen Eigentum zu beseitigen, der das

Sondereigentum des Wohnungseigentümers unbenutzbar macht. Verletzt die Wohnungseigentümergemeinschaft diese Pflicht soll sie dem Wohnungseigentümer einen **Schadenersatz** schulden.

2. Mitgliedschaftspflichten

Ein Wohnungseigentümer hat als Mitglied der Wohnungseigentümergemeinschaft natürlich auch eine Reihe von **Pflichten**. Solche Pflichten sind unter anderem:

- Jeder Wohnungseigentümer schuldet der Wohnungseigentümergemeinschaft eine adäquate Ausstattung mit Vermögen; verstößt er hiergegen, macht er sich schadenersatzpflichtig.

- Jeder Wohnungseigentümer schuldet bei einem Anlass dazu eine Vertretung der Wohnungseigentümergemeinschaft.

- Jeder Wohnungseigentümer schuldet der Wohnungseigentümergemeinschaft als dessen Mitglied „Treue".

- Jeder Wohnungseigentümer muss helfen, die Grundlagen zu schaffen, damit die Wohnungseigentümergemeinschaft Pflichten erfüllen kann. Vor allem muss er helfen, der Wohnungseigentümergemeinschaft eine ausreichende Handlungsorganisation zu geben.

- Jeder Wohnungseigentümer haftet einem Gläubiger der Wohnungseigentümergemeinschaft in Höhe seines Miteigentumsanteils.

6. Kapitel

Vermietung eines Sondereigentums

I. Überblick

Jeder Wohnungseigentümer hat – ist nichts anderes vereinbart – das **Recht**, sein Sondereigentum nicht selbst zu gebrauchen, sondern es an einen Dritten zu vermieten oder zu verpachten. Der Mieter darf dann sowohl die Mietsache als auch das gemeinschaftliche Eigentum in der Weise gebrauchen, wie es der vermietende Wohnungseigentümer dürfte.

> **Wäschekeller**
> Der Mieter darf etwa einen Wäschekeller gebrauchen oder einen Fahrradständer oder Stellplätze, die im gemeinschaftlichen Eigentum stehen und an denen kein Sondernutzungsrecht besteht.

Der vermietende Wohnungseigentümer muss dafür sorgen, dass der Mieter oder Personen, die seinem Hausstand oder Geschäftsbetrieb angehören oder denen er sonst die Benutzung der in Sonder- oder Miteigentum stehenden Grundstücks- oder Gebäudeteile überlässt, die ihm obliegenden Pflichten einhalten.

II. Problemfall kurzfristige Vermietungen

Jeder Wohnungseigentümer ist berechtigt, seine Eigentumswohnung für nur wenige Stunden oder Tage zu vermieten. Der Gesetzgeber wird ursprünglich zwar davon ausgegangen sein, dass eine Vermietung oder Verpachtung in der Regel mit dem Willen einer **längerfristigen** Bindung erfolgt – wenn auch es schon immer die Zeitmiete gab. Zulässige Nutzung eines Wohnungseigentums ist es nach heutigem Verständnis aber auch, eine Eigentumswohnung nur **sehr kurzfristig** und nur für ein Wochenende wechselnd etwa an Städtereisende zu vermieten. Etwas anderes gilt etwa dann, wenn die konkrete Ausgestaltung einer Vermietung einer Eigentumswohnung an Feriengäste zu wiederholten gröblichen Verstößen gegen die Pflichten eines Wohnungseigentümers führt.

Häufig wechselnde Vermietung

Eine bloß kurzfristige, häufig wechselnde Vermietung kann für die Miteigentümer höchst ärgerlich sein. Um ihr ansatzweise zu begegnen, können die Wohnungseigentümer eine Umzugskostenpauschale anordnen, die jedenfalls manche vermietende Wohnungseigentümer von wechselnden, kurzfristigen Vermietungen abhalten wird.

Die **konkrete** Ausgestaltung einer kurzfristigen Vermietung etwa an Feriengäste kann durch die Entsorgung von Müll, das Abstellen von Gepäck auf den im Gemeinschaftseigentum stehenden Flächen oder durch dessen übermäßige Abnutzung für die anderen Wohnungseigentümer Nachteile haben, die über das bei einem geordneten Zusammenleben unvermeidliche Maß hinausgehen. Diese Nachteile führen aber nur zu Unterlassungs- und/oder Beseitigungsansprüchen gegen den vermietenden Wohnungseigentümer.

Hinweis Landesgesetzgeber

Einige Länder denken darüber nach, kurzfristige Vermietungen anzuordnen, etwa Berlin

III. Unterlassungsansprüche gegen Mieter

Ein Mieter, Pächter oder anderer berechtigter Nutzer eines Sondereigentums ist an die Bestimmungen der Wohnungseigentümer gebunden und kann zum Beispiel bei einem unzulässigen Gebrauch auf **Unterlassung** in Anspruch genommen werden. Im Schrifttum und neuerdings auch in der Rechtsprechung ist dabei streitig, ob es einen Unterschied macht, woher die Gebrauchsregelung stammt. Stört der Mieter eines Wohnungseigentümers, hört dieser beispielsweise zu laut Musik oder gebraucht er die Mietsache im Widerspruch zu den auf ihn bindenden Bestimmungen der Wohnungseigentümer, haben die anderen Wohnungseigentümer das **Recht**, wahlweise unmittelbar gegen den Mieter oder gegen den vermietenden Wohnungseigentümer vorzugehen.

Sperrmüll
Stellt der Mieter eines Wohnungseigentums gemeinschaftliche Flächen zu, muss auch der vermietende Wohnungseigentümer die störenden Dinge räumen.

IV. Schadenersatzansprüche gegen Mieter

Beschädigt der Mieter das gemeinschaftliche Eigentum, schuldet er den Wohnungseigentümern als Miteigentümern Schadenersatz. Diesen Anspruch können allerdings **nicht** die einzelnen Wohnungseigentümer geltend machen. Schadenersatzansprüche gegen Mieter muss die Wohnungseigentümergemeinschaft geltend machen. Allerdings besteht die Möglichkeit, einen Wohnungseigentümer zu ermächtigen, den Anspruch gegen den Mieter im eigenen Namen zu verfolgen.

> **Verjährung**
>
> Auf Schadenersatzansprüche der Wohnungseigentümergemeinschaft gegen den Mieter einer Eigentumswohnung wegen Beschädigung des gemeinschaftlichen Eigentums sind die mietrechtlichen, kurzen Verjährungsvorschriften **nicht** anzuwenden.

V. Erhaltung der Mietsache und des gemeinschaftlichen Eigentums

Der vermietende Wohnungseigentümer muss nach den mietrechtlichen Bestimmungen die Mietsache in einem gebrauchsfähigen Zustand erhalten und muss Mängeln der Mietsache entgegentreten. Im Einzelfall müssen in diesem Rahmen die Wohnungseigentümer zusammenwirken. Dieses ist der Fall, wenn das gemeinschaftliche Eigentum zu erhalten ist. Hierauf hat der vermietende Wohnungseigentümer einen **Anspruch**.

VI. Mietvertrag

Um einer **Kollision** des Mietvertrages mit wohnungseigentumsrechtlichen Besonderheiten auszuweichen, sollte der Vermieter versuchen, die jeweiligen Rechtskreise miteinander so weit wie möglich zu **harmonisieren**. Um dieses Ziel zu erreichen, sind vom Vermieter eine Reihe von Punkte zu beachten und wenn möglich, im Mietvertrag durch entsprechende Klauseln angemessen zu berücksichtigen.

Checkliste Mietvertrag

> Wenn man seine Eigentumswohnung vermieten will, muss man unter anderem auf folgende Punkte achten:
> - Stehen die zu vermieteten Räume im Sondereigentum oder unterliegen die vermieteten Flächen wenigstens einem Sondernutzungsrecht?
>   - Wichtig für die Frage, ob der Mietvertrag überhaupt erfüllt werden kann?

- Ist die Mietsache ein Wohnungs- oder Teileigentum?
  - Wichtig für die Frage, welcher Gebrauch dem Mieter erlaubt ist.
- Was ist der beabsichtigte Mietzweck: Gebrauch als Wohnraum oder Gebrauch zu gewerblichen Zwecken?
  - Wichtig für die Frage, ob die Störungen, die der Mieter durch seinen Gebrauch voraussichtlich verursacht, zulässig sind.
- Welchen Störungen sind durch den beabsichtigten Mietzweck zu erwarten?
  - Wichtig für die Frage, ob die Störungen, die der Mieter durch seinen Gebrauch voraussichtlich verursacht, zulässig sind.
- Gibt es ein Vermietungsverbot?
  - Gibt es ein Vermietungsverbot, wäre eine Vermietung (möglicherweise teilweise) unzulässig.
- Gibt es eine die Vermietung beschränkende Regelung der Wohnungseigentümer?
  - Gibt es eine die Vermietung beschränkende Regelung, wäre diese zu berücksichtigen.
- Gibt es einen Zustimmungsvorbehalt?
  - Zum Teil muss der Verwalter einer Vermietung zustimmen.
- Würden die dem Mieter eingeräumten Rechte das Maß übersteigen, in dem der Vermieter das gemeinschaftliche Eigentum gebrauchen dürfte?
  - Wichtig für die Frage, ob die Störungen, die der Mieter durch seinen Gebrauch voraussichtlich verursacht, zulässig sind.
- Bestehen wohnungseigentumsrechtliche Gebrauchsbestimmungen, die im Mietvertrag berücksichtigt werden müssten?
  - Wichtig für die Frage, ob die Störungen, die der Mieter durch seinen Gebrauch voraussichtlich verursacht, zulässig sind.
- Gibt es eine Hausordnung der Wohnungseigentümer, die im Mietvertrag berücksichtigt werden muss?
  - Gibt es eine Hausordnung der Wohnungseigentümer, muss diese im Mietvertrag berücksichtigt werden.
- Welcher Abrechnungsmaßstab und welches Abrechnungsprinzip sollen im Mietvertrag für die Umlage der Betriebskosten gelten?
  - Es ist ratsam, als Abrechnungsmaßstab die Miteigentumsanteile zu wählen. Dies geht aber nur, wenn die Größe der als Abrechnungsmaßstab möglicherweise dienenden Miteigentumsanteile angemessen festgesetzt worden ist.
  - Wird als Abrechnungsmaßstab die Wohnfläche der Mieträume gewählt, muss der Vermieter die ihm gegenüber erstellte, auf Miteigentumsanteilen beruhende Abrechnung umrechnen.
- Stimmen der Abrechnungszeitraum der Wohnungseigentumsanlage und der mietvertraglich vorgesehene überein?

Um zu verhindern, dass die Regelungen des Mietvertrages und die Bestimmungen der Wohnungseigentümer **später auseinanderfallen**, ist neben **Änderungsvorbehalten** vorstellbar, den Mieter durch eine Bestimmung im Mietvertrag an die jeweils zwischen den Wohnungseigentümern geltenden Bestimmungen zu binden (**dynamische Klausel**). Die Einzelheiten sollte man hier mit dem örtlichen Grundeigentümerverein oder einem Anwalt klären.

VII. Rechte gegen den Verwalter in Bezug auf die Betriebskostenabrechnung

Der vermietende Wohnungseigentümer kann vom Verwalter verlangen, dass die Einnahmen und Ausgaben – soweit diese umlagefähig sind – in der Jahresabrechnung so aufgegliedert werden, dass der vermietende Wohnungseigentümer imstande ist, daraus **die Mietnebenkostenabrechnung zu erstellen**. Der Verwalter muss die Einnahmen und Ausgaben innerhalb der Gesamt- und Einzeljahresabrechnung daher jedenfalls so weit aufschlüsseln, dass sich ihre Berechtigung und die Frage, **ob** sie auf den Mieter umzulegen sind, durch die einzelnen Wohnungseigentümer ohne besondere Fachkenntnisse überprüfen lässt.

Dazu genügt in der Regel allerdings bereits eine **Aufgliederung nach Kostenarten**, wobei eine schlagwortartige Bezeichnung der Kostengruppen genügt. Eine Bezugnahme auf bestimmte Belege oder gar eine Aufgliederung nach Buchungsdaten, Gegenstand, Belegnummer und Betrag ist **nicht erforderlich**. Inwieweit Einzelpositionen **zusammengefasst** werden dürfen, ist eine Frage des Einzelfalls, wobei **kein kleinlicher Maßstab** angelegt werden darf. Vom Verwalter kann **ohne gesonderte Vereinbarung hingegen nicht** verlangt werden, dass er bei einem vermieteten Sondereigentum in der jeweiligen Einzelabrechnung die umlagefähigen Nebenkosten nach Maßgabe der Betriebskostenverordnung ausweist. Der Verwalter haftet auch nicht für eine mietrechtlich unbrauchbare, aber **WEG-konforme Jahresabrechnung**.

Wirkungen der Beschlussfassung

Eine Beschlussfassung über die wohnungseigentumsrechtliche Abrechnung ist – auch wenn sie die mietrechtliche Abrechnung erleichtert und nützlich ist – keine Voraussetzung für die Betriebskostenabrechnung des vermietenden Eigentümers.

7. Kapitel

Rechte eines Wohnungseigentümers in Bezug auf Steuern

I. Überblick

Ein Wohnungseigentümer kann in **vielfältiger** Hinsicht in Bezug auf seine Eigentumswohnung mit dem **Steuerrecht** „in Berührung kommen". In den Blick kommen unter anderem die Einkommenssteuer, die Erbschaft- und Schenkungsteuer, die Gewerbesteuer, die Grunderwerbsteuer und die Grund- oder Umsatzsteuer. Im Rahmen dieses Ratgebers können und sollen nur die Gesichtspunkte erwähnt werden, soweit ein Wohnungseigentümer **Rechte** gegen die Wohnungseigentümergemeinschaft oder die anderen Miteigentümer in Bezug auf seine **individuellen** Steuern hat.

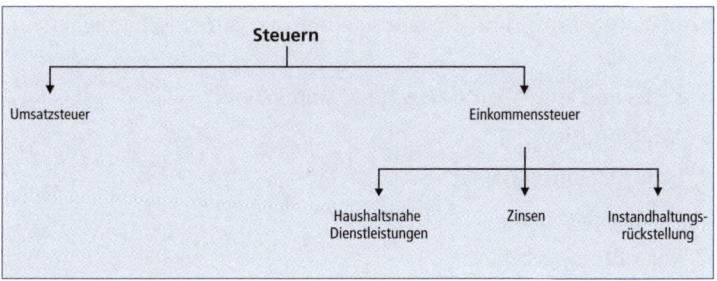

Überblick Steuern

> ### Steuerpflichtiger
>
> Wer eine Steuer schuldet (mithin für eine Steuer haftet, eine Steuer für Rechnung eines Dritten einzubehalten und abzuführen, wer eine Steuererklärung abzugeben, Sicherheit zu leisten, Bücher und Aufzeichnungen zu führen oder andere ihm durch die Steuergesetze auferlegte Verpflichtungen zu erfüllen hat), ist im Sinne des Gesetzes ein **Steuerpflichtiger**. Nach Auffassung der Finanzverwaltungen ist in Bezug auf die **Wohnungseigentümergemeinschaft** nicht der einzelne Wohnungseigentümer, sondern der **Verwalter** verpflichtet, deren steuerliche Pflichten zu erfüllen.

II. Umsatzsteuer

Die Wohnungseigentümergemeinschaft erbringt gegenüber den Wohnungseigentümern zahlreiche Leistungen. Neben nicht steuerbaren Gemeinschaftsleistungen stehen dabei **steuerbare** Sonderleistungen, etwa für:

- Entwässerung;
- Feuer- und Haftpflichtversicherung;
- Flurbeleuchtung;
- Hausmeisterlohn;
- Instandhaltung und Instandsetzung des gemeinschaftlichen Eigentums,
- Lieferung von Wärme (Heizung) und Wasser;
- Müllabfuhr;
- Schornsteinreinigung;
- Straßenreinigung;
- Verwaltungsgebühren;
- Waschküchen- und Waschmaschinenbenutzung.

Diese Sonderleistungen sind **grundsätzlich** von der Umsatzsteuer **befreit**. Die Wohnungseigentümergemeinschaft kann aber durch einen einfachen Mehrheitsbeschluss für einzelne oder alle steuerbare Leistungen jedem Wohnungseigentümer gegenüber getrennt für eine Steuerpflicht „optieren", sich also entscheiden, darauf Steuern zu entrichten.

> ## Anspruch auf Option
>
> In der Regel dürfte ein Wohnungseigentümer **keinen** Anspruch darauf haben, dass die Wohnungseigentümergemeinschaft zur Steuerpflicht optiert. Die Option verursacht einen erheblichen Verwaltungsaufwand und damit Kosten. Etwas anderes kann gelten, wenn in einer Anlage mehrheitlich vermietetes Teileigentum besteht.

Hat neben der Wohnungseigentümergemeinschaft auch der Wohnungseigentümer (in der Regel ein Teileigentümer) seinerseits zur Umsatzsteuer optiert, hat dieser einen **Anspruch** darauf, dass der Verwalter ihm die auf **seine Einheit entfallende Umsatzsteuer nennt**. Die Umsatzsteuer ist dabei auf **alle** Kostenpositionen auszuweisen, auch auf solche, die vom Leistenden gegenüber der Gemeinschaft nicht mit Umsatzsteuer berechnet wurden.

III. Einkommensteuer

1. Steuerermäßigung bei Aufwendungen für haushaltsnahe Dienstleistungen und Handwerkerleistungen

Besteht ein **Beschäftigungsverhältnis** zu einer Wohnungseigentümergemeinschaft (etwa bei Reinigung und Pflege von Gemeinschaftsräumen) oder ist eine Wohnungseigentümergemeinschaft Auftraggeberin einer **haushaltsnahen Dienstleistung** bzw. einer handwerklichen Leistung, kann für den einzelnen Wohnungseigentümer eine Steuerermäßigung wegen der gegenüber der Wohnungseigentümergemeinschaft erbrachten Leistungen in Betracht kommen. Dieses ist der Fall, wenn in der **Jahresabrechnung**

- die im Kalenderjahr unbar gezahlten Beträge nach den begünstigten haushaltsnahen Beschäftigungsverhältnissen, Dienstleistungen und Handwerkerleistungen jeweils gesondert aufgeführt sind;
- der Anteil der steuerbegünstigten Kosten ausgewiesen ist;
- der Anteil des jeweiligen Wohnungseigentümers individuell errechnet wurde.

Ergeben sich die Angaben nicht aus der Jahresabrechnung, ist der Nachweis durch eine **anderweitige** Bescheinigung des Verwalters über den Anteil des jeweiligen Wohnungseigentümers zu führen.

Muster für eine Bescheinigung

....
(Name und Anschrift des Verwalters)   (Name und Anschrift des Eigentümers)

Anlage zur Jahresabrechnung für das Wirtschaftsjahr ....
Datum der Beschlussfassung der Jahresabrechnung: ...
In der Jahresabrechnung für das Objekt ...(Ort, Straße, Hausnummer und ggf. genaue Lagebezeichnung der Wohnung) sind Ausgaben im Sinne des § 35a Einkommensteuergesetz enthalten, die wie folgt zu verteilen sind:

A) Aufwendungen für sozialversicherungspflichtige Beschäftigungen		
Bezeichnung	Gesamtbetrag (in Euro)	Anteil des Miteigentümers

B) Aufwendungen für die Inanspruchnahme von haushaltsnahen Dienstleistungen				
Bezeichnung	Gesamtbetrag (in Euro)	nicht zu berücksichtigende Materialkosten (in Euro)	Aufwendungen bzw. Arbeitskosten (in Euro)	Anteil des Miteigentümers

C) Aufwendungen für die Inanspruchnahme von Handwerkerleistungen für Renovierungs-, Erhaltungs- und Modernisierungsmaßnahmen				
Bezeichnung	Gesamtbetrag (in Euro)	nicht zu berücksichtigende Materialkosten (in Euro)	Aufwendungen bzw. Arbeitskosten (in Euro)	Anteil des Miteigentümers

....
(Ort und Datum)   (Unterschrift des Verwalters)

Neben den Kosten für die Instandhaltung (Gartenpflege, Wartungsarbeiten, etwa am Aufzug, Winterdienst) und Instandsetzung des gemeinschaftlichen Eigentums (sämtliche klassischen Reparaturen, aber auch das Abfallmanagement, eine Graffiti-Beseitigung, Sanierungsmaßnahmen in Zusammenhang mit einer Legionellen-Kontamination, der Einkauf von Schmier-, Reinigungs- oder Spülmitteln, der Einkauf von Streugut, Kosten für die Taubenabwehr) kommt eine Steuerermäßigung unter anderem für folgende Kosten in Betracht:

- bauliche Veränderungen;
- Modernisierungen;
- modernisierende Instandsetzungen.

Eine beispielhafte, **ausführliche** Aufzählung begünstigter und nicht begünstigter haushaltsnaher Dienstleistungen und Handwerkerleistungen findet sich im **Anhang**.

„Zuschuss-Crasher"

Die Möglichkeit, eine Steuerermäßigung in Anspruch zu nehmen, kann mit der Möglichkeit, öffentliche Fördermittel zu beantragen zusammenfallen. Im Einzelfall ist es dann sinnvoll, auf § 35a Einkommensteuergesetz zu verzichten. Dieses ist vor allem der Fall:
- wenn es viele Kapitalanleger in der Immobilie gibt;
- bei hohem Materialkostenanteil des Sanierungsgewerkes;
- bei einer Großsanierung über die Anrechnungsgrenze von 1.200 Euro;
- wenn der Effizienzhausstatus erreicht werden soll.

2. Instandhaltungsrückstellung

In der Regel muss ein Wohnungseigentümer jährlich Beiträge zur Ansammlung einer angemessenen Instandhaltungsrückstellung leisten. Nach Auffassung der Finanzverwaltungen dürfen diese Beiträge zunächst zwar nicht als Werbungskosten oder Betriebsausgaben geltend gemacht werden. Ein Abzug ist aber dann möglich, wenn Mittel der Instandhaltungsrückstellung **zweckentsprechend eingesetzt** werden und tatsächlich einem Dritten, zum Beispiel einem Werkunternehmer für die Instandsetzung des Treppenhauses, zufließen.

> **Mitteilung des rechnerischen Anteils**
>
> Damit ein Wohnungseigentümer einen rechnerischen Anteil an den Abflüssen aus der Instandhaltungsrückstellung, bemessen nach der Höhe seines Miteigentumsanteils, als Werbungskosten geltend machen kann, muss ihm sein Anteil als Anlage zur Jahresabrechnung **mitgeteilt** werden. Hierauf hat jeder Wohnungseigentümer einen **Anspruch**.

3. Zinsen

Hat die Wohnungseigentümergemeinschaft gegenüber einer Bank Anspruch auf **Guthabenzinsen**, wird das Konto führende Institut diese **nicht vollständig** gutschreiben. Das Institut wird vielmehr einen Teil der Zinsen als Kapitalertrag einbehalten und an das Finanzamt abführen. Ein Bankinstitut muss von den Zinsen, die es gutschreibt, zurzeit 25 % Abgeltungsteuer und davon 5,5 % Solidaritätszuschlag einbehalten.

> Erhält die Wohnungseigentümergemeinschaft beispielsweise 100 Euro Zinsen, verbleiben ihr nach Abzug der Steuern nur 73,625 Euro.

Jeder Wohnungseigentümer hat einen **Anspruch** darauf, dass ihm die von der Wohnungseigentümergemeinschaft auf die Zinseinnahmen gezahlten Steuern mitgeteilt werden.

> **Auskehrung Guthabenzinsen**
>
> Guthabenzinsen sind an die Eigentümer auszukehren oder durch Beschluss der Instandhaltungsrückstellung zuzuweisen.

8. Kapitel

Heizkosten im Wohnungseigentumsrecht

I. Überblick

Nach der **Heizkostenverordnung** hat ein Gebäudeeigentümer den anteiligen Verbrauch der Nutzer an **Wärme** und **Warmwasser** zu **erfassen**. Zur Erfassung des anteiligen Wärmeverbrauchs sind Wärmezähler oder Heizkostenverteiler, zur Erfassung des anteiligen Warmwasserverbrauchs Warmwasserzähler oder andere geeignete Ausstattungen zu verwenden. Aufgrund der Erfassung sind die Kosten der Versorgung mit Wärme und Warmwasser auf die einzelnen Nutzer zu verteilen.

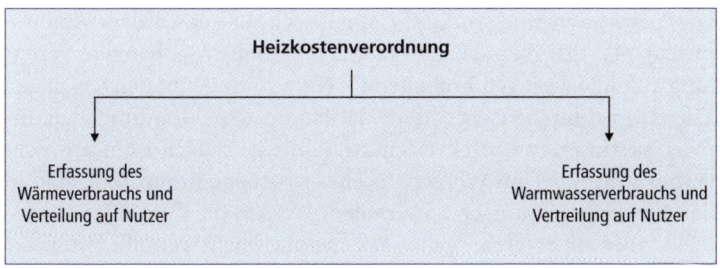

Überblick zur Heizkostenverordnung

Die Heizkostenverordnung gilt auch für die Wohnungseigentümer. Auch diese sind im Sinne der Heizkostenverordnung „Gebäudeeigentümer". Die Wohnungseigentümer müssen daher weder vereinbaren noch beschließen, dass zwischen ihnen die Heizkostenverordnung gilt.

II. Kostenverteilungsschlüssel

Die Wohnungseigentümer müssen für die Kosten des Betriebs der zentralen Warmwasserversorgungsanlage und des Betriebs der zentralen Heizungsanlage einen der Heizkostenverordnung entsprechenden Schlüssel bestimmen.

Kein Kostenverteilungsschlüssel

Bestimmen Wohnungseigentümer keinen Kostenverteilungsschlüssel, sind die Kosten in der Regel auf Grundlage des Verbrauchs der betroffenen Räume in vergleichbaren Zeiträumen zu ermitteln. Haben die Wohnungseigentümer einen anderen Kostenverteilungsschlüssel bestimmt, ist danach abzurechnen, bis dieser Schlüssel **wirksam abgeändert** wird.

III. Verteilung

Die Heizkosten sind in die Gesamtabrechnung nach dem Abflussprinzip als Ausgaben einzustellen. Die verbrauchsabhängige Verteilung auf die jeweiligen Einheiten (= Nutzer) findet in den jeweiligen Einzelabrechnungen nach dem dafür von den Wohnungseigentümern bestimmten Kostenverteilungsschlüssel statt. Kosten für nicht verbrauchte, aber im Wirtschaftsjahr erworbene Brennstoffe sind in den Einzelabrechnungen zu verteilen. Werden die Kosten für erworbene, aber nicht verbrauchte Brennstoffe nicht verteilt, muss die Abweichung der Einzel- von der Gesamtabrechnung verständlich erläutert werden.

9. Kapitel

Erwerb einer Eigentumswohnung vom Bauträger

I. Kurzüberblick

Erwirbt man eine Eigentumswohnung von einem Bauträger, so hat dieses mit dem Wohnungseigentumsgesetz und den Rechten eines Wohnungseigentümers auf den ersten Blick gar nichts zu tun. Mit einem Bauträgervertrag werden keine Rechte eines Wohnungseigentümers berührt. Es geht vielmehr um Rechte des Erwerbers (des späteren Wohnungseigentümers), die ihm aus seinem Erwerbsvertrag mit dem Bauträger erwachsen.

Dass der Bauträgervertrag dennoch hier im Zusammenhang mit den Rechten eines Wohnungseigentümers kurz zu erwähnen ist, liegt daran, dass es drei Bereiche des Bauträgervertrags gibt, die dann doch einen engen Zusammenhang mit den Rechten eines Wohnungseigentümers haben.

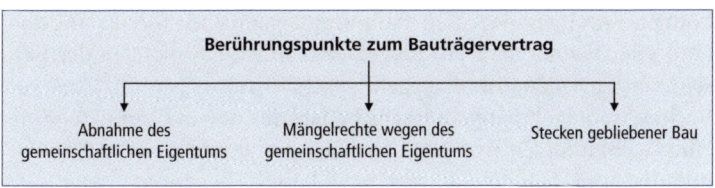

Berührungspunkte zum Bauträgervertrag

II. Abnahme der Werkleistung

Wer eine Eigentumswohnung vom Bauträger erwirbt, muss am Ende des Vertrages das Sonder- und das gemeinschaftliche Eigentum „abnehmen". Diese Abnahme ist unter anderem eine **rechtsgeschäftliche** Erklärung des Erwerbers, dass die geschuldete Bauleistung im Wesentlichen mangelfrei ist. Die Erklärung zur Abnahme des Sondereigentums muss jeder Erwerber für sich **individuell** abgeben. Anders ist es für die Abnahme des gemeinschaftlichen Eigentums. Diese Erklärung müssen sämtliche Erwerber abgeben. Eine Abnahme ist dabei wegen **sämtlicher** Flächen und Gegenstände des gemeinschaftlichen Eigentums zu erklären. Überblick:

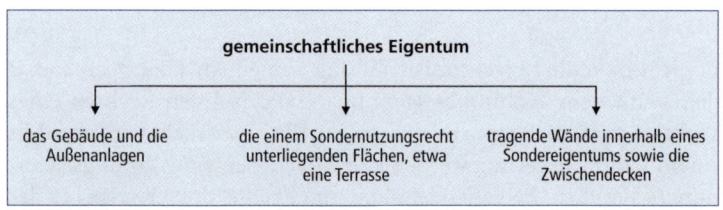

Flächen des gemeinschaftlichen Eigentums

Vorstellbar und rechtlich völlig in Ordnung ist es, wenn **jeder Erwerber für sich** gegenüber dem Bauträger die Abnahme des gemeinschaftlichen Eigentums erklärt (ist im Bauträgervertrag nichts anderes vereinbart und verstößt der Vertrag insoweit nicht gegen die gesetzlichen Bestimmungen). Solche individuellen Erklärungen können für einen einzelnen Wohnungseigentümer aber auch belastend sein. Häufig wird ein Einzelner nämlich gar nicht in der Lage sein, festzustellen, ob das gemeinschaftliche Eigentum frei von Rechts- und Sachmängeln ist. Es bedarf aus diesen Gründen häufig einer sachkundigen Beratung, zum Beispiel durch einen von der Industrie- und Handelskammer unabhängig benannten, neutralen Sachverständigen. Diesen Sachverständigen zu beauftragen und zu bezahlen, will häufig nicht jeder Wohnungseigentümer selbst auf sich nehmen. Es bietet sich stattdessen an, dass die Erwerber das gemeinschaftliche Eigentum **gemeinsam abnehmen** und sich dazu eines **gemeinsamen Beraters** bedienen.

III. Mängelrechte wegen des gemeinschaftlichen Eigentums

1. Überblick

Jedem Wohnungseigentümer können aus seinem individuellen Erwerbsvertrag mit dem Bauträger verschiedene **Mängelrechte** in Bezug auf das gemeinschaftliche Eigentum zustehen. Bei diesen Rechten ist eine **Koordinierung** der Wohnungseigentümer zwingend notwendig. Zu unterscheiden ist nach heutigem Stand zwischen drei verschiedenen Gruppen von Mängelrechten.

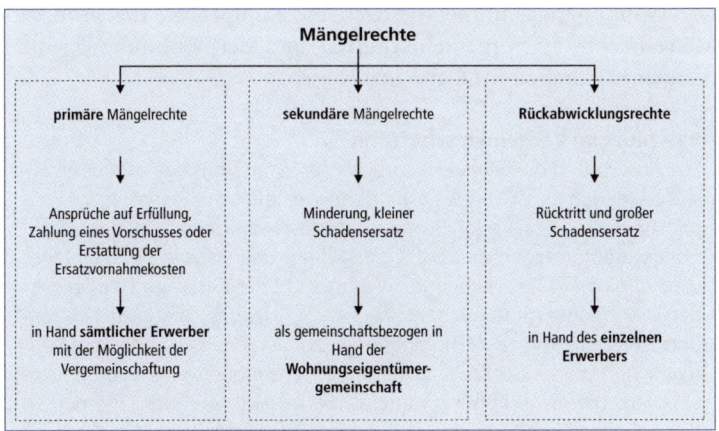

Überblick zu den Mängelrechten

2. Sekundäre Mängelrechte

Die Wohnungseigentümergemeinschaft ist ausnahmslos für Geltendmachung und Durchsetzung solcher Rechte zuständig, die „ihrer Natur nach gemeinschaftsbezogen" sind und ein eigenständiges Vorgehen des einzelnen Wohnungseigentümers nicht zulassen. Gemeinschaftsbezogen in diesem Sinne sind nach allgemeiner Ansicht die **Minderung** und der **kleine Schadenersatz.**

3. Primäre Mängelrechte

Ist ein Mängelrecht nicht gemeinschaftsbezogen, kann jeder Wohnungseigentümer dieses Mängelrecht **zunächst individuell** durchsetzen und selbstständig verfolgen. Dieses gilt für folgende Rechte:

- den Mängelbeseitigungsanspruch = Nacherfüllung;

- den Anspruch auf Selbstvornahme;

- den Anspruch auf Ersatz der Aufwendungen;

- den Anspruch auf Vorschuss (der Vorschuss ist allerdings zu Händen der Wohnungseigentümergemeinschaft zu verlangen).

Die Wohnungseigentümer besitzen die Kompetenz, die primären Mängelrechte zu **vergemeinschaften** und der Wohnungseigentümergemeinschaft als Aufgabe zuzuweisen.

Beschluss zu Vergemeinschaftung

Die Ausführung der Mängelansprüche der Wohnungseigentümer als Erwerber gegen ___ [Bauträger] am gemeinschaftlichen Eigentum werden mit Ausnahme des großen Schadenersatzes und des Rücktritts der Wohnungseigentümergemeinschaft ___ [Name] übertragen. Der Verwalter wird ermächtigt, im Namen der Wohnungseigentümer und im Namen der Wohnungseigentümergemeinschaft ___ [Name] die erforderlichen und zweckdienlichen Handlungen vorzunehmen sowie die notwendigen und zweckdienlichen Erklärungen abzugeben und entgegenzunehmen. Die Ermächtigung umfasst die gerichtliche und außergerichtliche Geltendmachung der Ansprüche. Der Verwalter ist befugt, mit Rechtsanwalt ___ [Name] zur außer- und prozessualen Durchsetzung der Ansprüche der Wohnungseigentümer als Erwerber im Namen der Wohnungseigentümergemeinschaft ___ [Name] einen Vertrag zu schließen.

Für die Frage einer Vergemeinschaftung der Mängelrechte wegen des gemeinschaftlichen Eigentums besitzen die Wohnungseigentümer ein „Ermessen" (die Wohnungseigentümer dürfen also abwägen, ob sie eine Vergemeinschaftung wollen, ihren Umfang und was geschehen soll).

Nach der überwiegend vertretenen Ansicht erfordert es eine ordnungsmäßige Verwaltung **in aller Regel**, einen gemeinschaftlichen Willen darüber zu bilden, wie die ordnungsgemäße Herstellung des Gemeinschaftseigentums zu bewirken ist. Die Wohnungseigentümer müssen sich daher in einer Versammlung jedenfalls mit der Frage einer Vergemeinschaftung **befassen**. Die Wohnungseigentümer können von einer gemeinschaftlichen Rechtsverfolgung dabei nur dann absehen, wenn **besondere Gründe** diese Entscheidung rechtfertigen. Nach einer Vergemeinschaftung ist allein die Wohnungseigentümergemeinschaft für die Durchsetzung der auf die Beseitigung von Mängeln des gemeinschaftlichen Eigentums gerichteten gemeinschaftlichen Ansprüche und die Schaffung ihrer Voraussetzungen zuständig. Überblick:

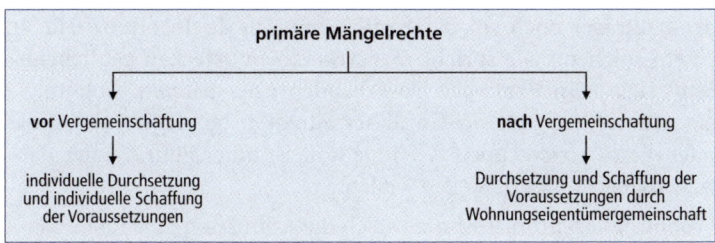

Folge einer Vergemeinschaftung

4. Rückabwicklungsrechte

Ein Wohnungseigentümer als Erwerber kann die Rechte auf großen Schadenersatz (Schadenersatz statt der ganzen Leistung) oder sein Recht auf Rücktritt **selbstständig** geltend machen. Jeder Erwerber/ Wohnungseigentümer kann auch die Voraussetzungen der Rückabwicklungsrechte grundsätzlich ohne Mitwirkung der anderen Wohnungseigentümer oder der Wohnungseigentümergemeinschaft herbeiführen. Etwas anderes gilt, wenn die Schaffung der Voraussetzungen mit den Interessen der anderen Wohnungseigentümer und der Wohnungseigentümergemeinschaft kollidiert.

> **Vergleich**
> Hat sich die Wohnungseigentümergemeinschaft zulässigerweise für ein Mängelrecht entschieden oder sich mit dem Bauträger verglichen, dürfte ein Wohnungseigentümer daran **gehindert** sein, dem Bauträger eine Frist zur Mängelbehebung zu setzen. Seine Rechte auf großen Schadenersatz oder sein Recht auf Rücktritt gehen faktisch also unter, wenn die Wohnungseigentümergemeinschaft mit dem Bauträger eine Einigung erzielt.

IV. Stecken gebliebener Bau

Es ist vorstellbar und kommt in der Praxis leider auch gar nicht selten vor, dass ein Bauträger das Bauwerk **nicht fertig stellt**, sondern der Bauträger noch vor der Fertigstellung in die Insolvenz fällt. In einem solchen Falle spricht man von einem **„stecken gebliebenen Bau"**. Die vom Bauträger Erwerbenden (die späteren Wohnungseigentümer) müssen sich in dieser Situation überlegen, ob sie das oder die zu errichtenden Gebäude – meist unter Führung der Bauträgerbank – zu Ende stellen wollen.

Wohnungseigentumsrechtlich spielt diese Situation eine Rolle, wenn bereits **mehr als die Hälfte** des Bauwerks errichtet ist. Nur für diesen Fall wird nämlich überwiegend angenommen, dass jeder Wohnungseigentümer gegenüber den anderen Wohnungseigentümern das Recht und den Anspruch hat, dass das Gebäude (also das gemeinschaftliche, aber auch das Sondereigentum, jedenfalls soweit es das Mauerwerk und die Zwischendecken angeht) auf Kosten der Wohnungseigentümer **fertig gestellt** wird.

10. Kapitel

Die geerbte Eigentumswohnung

Erbt man eine Eigentumswohnung, gibt es in der Regel keine Besonderheiten, wenn man die Wohnung behalten will und entweder dort einzieht oder sie vermietet oder auch veräußert. Im Einzelfall ist es indes möglich, dass man die geerbte Eigentumswohnung als eine **Last** empfindet. Dieses wird dann der Fall sein, wenn der Erblasser **viele Schulden** hatte. Als Erbe tritt man nämlich grundsätzlich an die Position des Erblassers und erbt damit auch dessen Schulden. Das Gesetz spricht davon, dass der Erbe für die „Nachlassverbindlichkeiten haftet".

Beschränkung der Haftung

Der Erbe hat allerdings das Recht binnen bestimmter Fristen, durch entsprechenden Antrag die Haftung für Nachlassverbindlichkeiten auf den Nachlass zu beschränken. Dadurch tritt rückwirkend auf das Datum des Erbfalls eine „Vermögenssonderung" zwischen Nachlass und dem restlichen Vermögen des Erben ein. Die Folge ist, dass der Erbe nicht mehr mit seinem sonstigen Vermögen, sondern nur noch mit dem abgesonderten Vermögen haftet. Nur auf dieses kann die Wohnungseigentümergemeinschaft zurückgreifen, nicht aber auf das übrige Vermögen des Erben.

War der Erblasser Hausgeld schuldig geblieben, ist die Forderung der Wohnungseigentümergemeinschaft eine Nachlassverbindlichkeit. Bloße Nachlassverbindlichkeit sind ferner die Hausgelder, die während der Dauer einer Testamentsvollstreckung fällig werden, wenn ein Testamentsvollstrecker für den Erben mit Nachlassmitteln ein Wohnungseigentum erworben hat. Soweit der Nachlass ausreichend ist, wird damit neben dem Eigentümer auch der Testamentsvollstrecker zum Hausgeldschuldner.

Streitig ist hingegen, was für Hausgeld gilt, das **nach** dem Tod des ehemaligen Wohnungseigentümers **fällig** wird. Nach herrschender Meinung soll es darauf ankommen, ob sich der Erbe entschlossen hat, die Wohnung zu **behalten**. Ist dieses der Fall, liegt keine Nachlassverbindlichkeit vor. Anderenfalls seien die Hausgelder bloße Nachlassverbindlichkeit. Nach einer Minderansicht sind Hausgelder, die nach dem Tod des ehemaligen Wohnungseigentümers fällig werden, hingegen Nachlasserbenschulden, bei denen sowohl der Nachlass als auch der Erbe **persönlich** haftet. Nach einer weiteren Minderansicht liegt eine reine Eigenschuld des Erben vor.

Anhang

I. Checkliste gemeinschaftliches Eigentum und Sondereigentum

Gegenstand	gemeinschaftliches Eigentum	Sondereigentum
Abdichtungen	x	
Abfahrtsrampe	x	
Abflussrohr	x	x (von Badewanne zum Hauptstrang und vergleichbare Fälle, jeweils bis an der dafür vorgesehenen Absperrvorrichtung in den Räumen des Sondereigentums)
Abwasserhebeanlage	x	x (als wesentlicher Bestandteil eines im Sondereigentum stehenden Raums, wenn die Anlage nur einem Sondereigentum dient)
Absperrventil	x	x (soweit es nur einer Anlage dient, die im Sondereigentum steht; str.)
Abstellplatz	x	x (in Garage, wenn Zuweisung erfolgt ist)

Gegenstand	gemeinschaftliches Eigentum	Sondereigentum
Anschlussleitungen		x (als wesentlicher Bestandteil eines im Sondereigentum stehenden Raums, jeweils bis an der dafür vorgesehenen Absperrvorrichtung in den Räumen des Sondereigentums)
Anstrich Fassade	x	
Antenne	x	
Antennensteckdose		x (als wesentlicher Bestandteil eines im Sondereigentum stehenden Raums)
Armaturen	x (z. B. im Heizungsraum)	x (als wesentlicher Bestandteil eines im Sondereigentum stehenden Raums)
Attika (Aufmauerung oder eine Abschlusswand zur Verdeckung des Daches)	x	
Aufzug	x	x (ggf. als wesentlicher Bestandteil eines im Sondereigentum stehenden Raums, wenn die Anlage nur einem Sondereigentum dient)
Außenjalousien (Außenrollläden)	x	
Außenwand	x	
Bad- und Duscheinrichtung		x (als wesentlicher Bestandteil eines im Sondereigentum stehenden Raums)
Badezimmertür		x (als wesentlicher Bestandteil eines im Sondereigentum stehenden Raums)
Balken- und Trägerkonstruktionen	x	

Gegenstand		gemeinschaftliches Eigentum	Sondereigentum
Badewanne			x (als wesentlicher Bestandteil eines im Sondereigentum stehenden Raums)
Balkon	Belag	x	x (als wesentlicher Bestandteil eines im Sondereigentum stehenden Raums)
	Bestandteile, konstruktiv	x	
	Brüstung	x	
Baum		x	
Belüftungsanlage		x	
Bewässerungsanlage für das gemeinschaftliche Eigentum		x	
Blitzableiter		x	
Brandmauer		x	
Briefkästen, auch Schilder und Schloss		x	
Brunnenanlage		x	
Bodenbeläge (Laminat, Linoleum, Parkett, Teppich usw.)		x	x (als wesentlicher Bestandteil eines im Sondereigentum stehenden Raums)
Carport		x	
Dach, auch in Mehrhausanlagen		x	
Dachboden		x (ohne Zuweisung zum Sondereigentum)	x
Decken, grundsätzlich auch Zwischendecken		x	
Doppelparker		x (ohne Zuweisung zum Sondereigentum)	x
Dusche			x (als wesentlicher Bestandteil eines im Sondereigentum stehenden Raums)
Estrich		x	
Fallrohr		x	

Gegenstand		gemeinschaftliches Eigentum	Sondereigentum
Fassade		x	
Grundstück		x	
Hauseingangstür		x	
Hecke		x	
Heizung	zentrale Heizungsanlage	x	
	Steigleitungen (Leitungssystem)	x	
	Heizkörper	-	x (es sei denn, der einzelne ist als Heizkörper für den Betrieb der gesamten Heizungsanlage unverzichtbar)
	Anschlussleitungen, Heizungs- und Thermostatventile und ähnliche Aggregate		x (als wesentlicher Bestandteil eines im Sondereigentum stehenden Raums)
	Heizkostenverteiler	x	
	Heizungsraum	x	
Fassade		x	
Fenster, auch Doppelfenster, Beschläge und Scheiben, Fenstergitter		x	
Fundament		x	
Fußbodenheizung		wie Heizung (nach anderen stets gemeinschaftliches Eigentum)	
Garage	Wände	x	
	Raum		x (wenn zugewiesen)
Garten		x	
Gegensprechanlage	bis Abzweigung ins Sondereigentum	x (ggf. anders, wenn nur das Sondereigentum versorgt wird)	
	nach Abzweigung ins Sondereigentum		x (als wesentlicher Bestandteil eines im Sondereigentum stehenden Raums)

Gegenstand		gemeinschaftliches Eigentum	Sondereigentum
Grundstück		x	
Hebeanlage		x	x (als wesentlicher Bestandteil eines im Sondereigentum stehenden Raums, wenn die Anlage nur einem Sondereigentum dient)
Heizöl		Verbandsvermögen	
Hof		x	
Innenanstrich		x (z. B. Treppenhaus)	x (als wesentlicher Bestandteil eines im Sondereigentum stehenden Raums)
Isolierungen		x	
Kabelanschluss	bis Abzweigung ins Sondereigentum	x (ggf. anders, wenn nur das Sondereigentum versorgt wird)	
	nach Abzweigung ins Sondereigentum (z. B. Kabel-anschlussdose)		x (als wesentlicher Bestandteil eines im Sondereigentum stehenden Raums)
Kaltwasserzähler		x	
Kaminzug		x	
Keller		x	x (wenn ins Sonder-eigentum verwiesen)
Kellerdecke		x	
Kellerwände		x	x (ggf. als Nachbar-eigentum)
Kinderspielplatz		x	x (auf der Fläche des Sondernutzungsrechts)
Klimaanlage		x	x (ggf. als wesentlicher Bestandteil eines im Sondereigentum stehenden Raums, wenn es nur Sondereigentum dient)

Gegenstand		gemeinschaftliches Eigentum	Sondereigentum
Klingeltableau		x	
Klingelanlage	bis Abzweigung ins Sondereigentum	x	
	nach Abzweigung ins Sondereigentum		x (als wesentlicher Bestandteil eines im Sondereigentum stehenden Raums)
Lichtschacht		x	
Loggia		x	x (wenn ins Sondereigentum verwiesen)
Luftschacht		x	
Markise		x (str.)	
Mauer		x (tragend)	x (nichttragend als wesentlicher Bestandteil eines im Sondereigentum stehenden Raums)
Messgeräte		x	x (als wesentlicher Bestandteil eines im Sondereigentum stehenden Raums, wenn es nur Sondereigentum dient)
Parabolantenne, fest		x	
Putz		x	x (als wesentlicher Bestandteil eines im Sondereigentum stehenden Raums)
Rauchwarnmelder		x (z. B. im Treppenhaus)	x (str., allerdings als Alleineigentum)
Rollläden (außen)		x	
Rollläden (innen)			x
Schließzylinder		x (Außentüren)	x (als wesentlicher Bestandteil eines im Sondereigentum stehenden Raums)
Schornstein		x	

Gegenstand		gemeinschaftliches Eigentum	Sondereigentum
Schwimmbad		x	x (als wesentlicher Bestandteil eines im Sondereigentum stehenden Raums)
Tankraum		x	
Tapeten			x (als wesentlicher Bestandteil eines im Sondereigentum stehenden Raums)
Terrassen		x	
Tiefgarage	Mauern und Decken	x	
	Stellplätze		x (wenn ins Sondereigentum verwiesen)
tragende Teile		x	
Treppenhaus		x	
Trittschalldämmung		x	
Tür (jeweils mit Beschlägen, Glas, Klinken usw.)	Außentür	x	
	Gartentür	x	
	Hauseingangstür	x	
	Innentür	x (wenn der dazugehörige Raum gemeinschaftliches Eigentum ist)	x (im „Reihenhaus")
	Wohnungseingangstür	x	
Verbrauchserfassungsgeräte		x	x (als wesentlicher Bestandteil eines im Sondereigentum stehenden Raums, soweit nur der Verbrauch eines Wohnungseigentums gemessen wird)
Ventile		hängt davon ab, welchem Bestandteil die Ventile dienen: Eigentum folgt der Hauptsache	

217

Gegenstand	gemeinschaftliches Eigentum	Sondereigentum
Versorgungsleitungen (für Wasser, Abwasser, Heizung oder Gas)	x	x (ab dafür vorgesehener Absperrvorrichtung als wesentlicher Bestandteil eines im Sondereigentum stehenden Raums)
Verwaltungsunterlagen	Eigentum der Gemeinschaft der Wohnungseigentümer	
Verwaltungsvermögen	Eigentum der Gemeinschaft der Wohnungseigentümer	
Wand	x (tragend)	x (nichttragend als wesentlicher Bestandteil eines im Sondereigentum stehenden Raums)
Wärmedämmung	x	
Waschbecken	x	x (als wesentlicher Bestandteil eines im Sondereigentum stehenden Raums)
Waschküche	x	
Wasserhahn	x (im Garten)	x (als wesentlicher Bestandteil eines im Sondereigentum stehenden Raums)
Wasseruhr	x	
Wege und Straßen	x	
Wohnräume	x (ohne Zuweisung zum Sondereigentum)	x
Zaun	x	

II. Checkliste für die Prüfung einer Abrechnung

A. Allgemeines

I.   Ist der Ersteller der Abrechnung angegeben?

☐ Ja   ☐ Nein

II. Ist das abgerechnete Wirtschaftsjahr angegeben?

☐ Ja   ☐ Nein

III. Sind das Wirtschafts- und das Kalenderjahr identisch?

☐ Ja   ☐ Nein

IV. Betrifft die Abrechnung die richtige Wohnungseigentumsanlage?

☐ Ja   ☐ Nein

V.   Ist der gesamte Abrechnungszeitraum erfasst?

☐ Ja   ☐ Nein

VI. Gibt es eine Gesamtabrechnung und Einzelabrechnungen für jede Einheit?

☐ Ja   ☐ Nein

VII. Werden die in der Anlage geltenden Verteilungsschlüssel genutzt?

☐ Ja   ☐ Nein

VIII. Werden besondere Verteilungsschlüssel erläutert?

☐ Ja   ☐ Nein

IX. Liegen zum Abgleich der Wirtschaftsplan und die Abrechnung für das Vorjahr vor?

☐ Ja   ☐ Nein

X.   Sind sämtliche Angaben der Abrechnung klar, verständlich und ohne weiteres nachvollziehbar?

☐ Ja   ☐ Nein

B. Bestandteile

I.   Sind der Abrechnung vor allem folgende Punkte zu entnehmen?

–   sämtliche Einnahmen bei der Verwaltung des gemein-schaftlichen Eigentums (Gesamtabrechnung und Rech-nungslegung des Verwalters)

–   das Hausgeld – auch das aus Vorjahren;

–   Mieten;

–   Pachteinnahmen;

–   Entgelte und sonstige Zahlungen, z. B. einer Versiche-rung;

–   Zinseinnahmen.

☐ Ja   ☐ Nein

–   sämtliche (gegebenenfalls unberechtigte) Ausgaben bei der Verwaltung des gemeinschaftlichen Eigentums (Gesamtab-rechnung und Rechnungslegung des Verwalters)

–   Betriebs-, Verwaltungs- und Erhaltungskosten;

–   Schadenersatzleistungen;

–   Zahlungen aus Verträgen;

–   Lasten des gemeinschaftlichen Eigentums;

–   Zinsausgaben.

☐ Ja   ☐ Nein

–   anteilmäßige Verpflichtung der Wohnungseigentümer zur Lasten- und Kostentragung (Einzelabrechnung) berechnet nach Soll-Zahlungen

☐ Ja   ☐ Nein

–   Entwicklung der Instandhaltungsrückstellung

–   Ist-Stand

–   Soll-Stand

–   Beitragsleistung der Wohnungseigentümer

- offene Forderungen

  ☐ Ja   ☐ Nein

- Stand der Bankkonten

  ☐ Ja   ☐ Nein

- Heizkosten

  - Ausgaben, z. B. für Einkauf

  - Verteilung der Ausgaben auf die Wohnungseigentümer

    ☐ Ja   ☐ Nein

- Steuerangaben

  ☐ Ja   ☐ Nein

- offene Hausgeldforderungen (nicht zwingend)

  ☐ Ja   ☐ Nein

- Information über Forderungen und Verbindlichkeiten der Wohnungseigentümergemeinschaft (nicht zwingend)

  ☐ Ja   ☐ Nein

- Übersicht über das Verwaltungsvermögen (nicht zwingend)

  ☐ Ja   ☐ Nein

- Wirtschaftsbericht, z. B. über das Hausgeldinkasso, Versicherungsfälle, Erhaltungsmaßnahmen (nicht zwingend)

  ☐ Ja   ☐ Nein

II. Beachtet der Verwalter eventuelle Vorgaben der Wohnungseigentümer (Prüfpunkt entfällt in der Regel)?

  ☐ Ja   ☐ Nein

C. Gesamtabrechnung

I. Sind alle tatsächlichen Einnahmen erfasst?

  ☐ Ja   ☐ Nein

II. Sind alle tatsächlichen Ausgaben erfasst?

  ☐ Ja   ☐ Nein

D. Einzelabrechnung

I.   Sind alle tatsächlichen Einnahmen mit den richtigen Vertei-
     lungsschlüsseln umgelegt worden?

     ☐ Ja   ☐ Nein

II. Sind alle tatsächlichen Ausgaben mit den richtigen Vertei-
     lungsschlüsseln umgelegt worden?

     ☐ Ja   ☐ Nein

III. Enthält eine Einzelabrechnung unzulässigerweise Schadener-
     satzansprüche gegen einen Wohnungseigentümer oder sonsti-
     ge Ansprüche, die gesondert zu verfolgen wären?

     ☐ Ja   ☐ Nein

IV. Wird die Abrechnungsspitze errechnet?

     ☐ Ja   ☐ Nein

E. Instandhaltungsrückstellung

I.   Ist die Entwicklung der Instandhaltungsrückstellung darge-
     stellt?

     ☐ Ja   ☐ Nein

II. Wird mitgeteilt, welche Wohnungseigentümer Beiträge zur In-
     standhaltungsrückstellung schuldig geblieben sind?

     ☐ Ja   ☐ Nein

F. Stand der Bankkonten

I.   Schließen die als Anfangsbestände angegebenen Summen und
     Salden an die Vorjahresabrechnung an?

     ☐ Ja   ☐ Nein

II. Wird über alle von der Gemeinschaft der Wohnungseigentü-
     mer gehaltenen Konten berichtet (Angaben zu Kreditinstitut,
     Konto-/Depotnummer, Anlageform)?

     ☐ Ja   ☐ Nein

III. Wird der Anfangsbestand der von der Gemeinschaft der Wohnungseigentümer zu Beginn des Abrechnungszeitraumes gehaltenen Konten berichtet?

☐ Ja ☐ Nein

IV. Wird der Endbestand der von der Gemeinschaft der Wohnungseigentümer zu Ende des Abrechnungszeitraumes gehaltenen Konten berichtet?

☐ Ja ☐ Nein

V. Sind auf den Konten alle Einnahmen und Ausgaben nachvollziehbar?

☐ Ja ☐ Nein

G. Heizkosten

I. Sind die Kosten in der Gesamtabrechnung benannt?

☐ Ja ☐ Nein

II. Sind die verbrauchten Heizkosten nach den richtigen Verteilungsschlüsseln in den Einzelabrechnungen umgelegt worden?

☐ Ja ☐ Nein

III. Sind die nicht verbrauchten Heizkosten nach den richtigen Verteilungsschlüsseln in den Einzelabrechnungen umgelegt worden?

☐ Ja ☐ Nein

H. Steuerangaben

I. Sind die Angaben für die Steuer richtig?

☐ Ja ☐ Nein

II. Sind die Angaben für die Steuer vollständig?

☐ Ja ☐ Nein

J. Übereinstimmung der Summen, Salden und Abrechnungspositionen

I. Stimmen die in Gesamt- und Einzelabrechnung angegebenen Summen und Salden der Höhe nach überein?

☐ Ja   ☐ Nein

II. Schließen die als Anfangsbestände angegebenen Summen und Salden an die Vorjahresabrechnung an?

☐ Ja   ☐ Nein

III. Sind die ermittelten Summen und Salden rechnerisch schlüssig?

☐ Ja   ☐ Nein

III. Checkliste für die Prüfung eines Wirtschaftsplans

A. Allgemeines

I. Ist der Ersteller der Planung angegeben?

☐ Ja   ☐ Nein

II. Ist das Wirtschaftsjahr angegeben?

☐ Ja   ☐ Nein

III. Sind das Wirtschafts- und das Kalenderjahr identisch?

☐ Ja   ☐ Nein

IV. Betrifft der Wirtschaftsplan die richtige Wohnungseigentumsanlage?

☐ Ja   ☐ Nein

V. Gibt es einen Gesamtwirtschaftsplan und Einzelwirtschaftspläne für jeden Wohnungseigentümer?

☐ Ja   ☐ Nein

VI. Werden die in der Anlage geltenden Verteilungsschlüssel genutzt?

☐ Ja ☐ Nein

VII. Werden besondere Verteilungsschlüssel erläutert?

☐ Ja ☐ Nein

VIII. Liegt zum Abgleich die Abrechnung für das Vorjahr vor?

☐ Ja ☐ Nein

IX. Sind sämtliche Angaben der Planung klar, verständlich und ohne weiteres nachvollziehbar?

☐ Ja ☐ Nein

B. Gesamtwirtschaftsplan

I. Aufbau

1. Ist der Gesamtwirtschaftsplan gegliedert in:

   – Einnahmen,

   – Ausgaben und

   – Zuführung zur Instandhaltungsrückstellung?

   ☐ Ja ☐ Nein

2. Beachtet der Verwalter eventuelle Vorgaben der Wohnungseigentümer (Prüfpunkt entfällt in der Regel)?

   ☐ Ja ☐ Nein

II. Einnahmen

1. Sind alle voraussichtlichen Einnahmen erfasst, vor allem:

   – rückständiges Hausgeld früherer Jahre,

   – Zahlungen auf eine Abrechnung,

   – Zahlungen auf Sonderumlagen,

   – Versicherungsleistungen,

   – Darlehensvaluta,

– Früchte im Sinne von § 16 Absatz 1 WEG in Verbindung mit § 99 Absatz 3 BGB (etwa Mieten).

☐ Ja   ☐ Nein

3. Kann der Verwalter angeben, wie er die Einnahmen errechnet hat (Vorjahre, Statistiken, Vergleichswerte, Kostenangebote, Erfahrungswerte)?

☐ Ja   ☐ Nein

4. Sind die Schätzungen nachvollziehbar und rechnerisch richtig?

☐ Ja   ☐ Nein

5. Erscheinen die Planungen als realistisch?

☐ Ja   ☐ Nein

III. Ausgaben

1. Sind die voraussichtlichen Ausgaben erfasst, vor allem:

– die Betriebskosten im Sinne von § 1 Absatz 1 Satz 1, 2 Betriebskostenverordnung,

– die Verwaltungskosten im Sinne von § 2 Nummer 1 Betriebskostenverordnung (Verwalter, Eigentümerversammlung, Bank),

– die Ausgaben für die geplanten Maßnahmen der Instandhaltung oder Instandsetzung,

– die Ausgaben geplanter baulicher Veränderungen,

– die Ausgaben geplanter Modernisierungen,

– die Bedienung der Forderungen Dritter, die im Laufe des Jahres voraussichtlich anfallen werden (z. B. eines Werkunternehmers oder eines Sachverständigen),

– Steuern, Abgaben, Gebühren

– Kreditzinsen

2. Sind die Ausgaben nach Positionen gegliedert (z. B. nach der Betriebskostenverordnung?)

☐ Ja   ☐ Nein

3. Kann der Verwalter angeben, wie er die Ausgaben errechnet hat (Vorjahre, Statistiken, Vergleichswerte, Kostenangebote, Erfahrungswerte)?

    ☐ Ja   ☐ Nein

4. Sind die Schätzungen nachvollziehbar und rechnerisch richtig?

    ☐ Ja   ☐ Nein

5. Erscheinen die Planungen als realistisch?

    ☐ Ja   ☐ Nein

IV. Zuführung zur Instandsetzungsrückstellung

1. Sind Beiträge für die Instandsetzungsrückstellung vorgesehen?

    ☐ Ja   ☐ Nein

2. Kann der Verwalter angeben, wie er die Gesamthöhe errechnet hat und entspricht diese den Bestimmungen der Wohnungseigentümer?

    ☐ Ja   ☐ Nein

C. Einzelwirtschaftspläne

1. Ist berücksichtigt, dass bei Wohnungseigentümern mit einem Hausgeldausfall zu rechnen ist (Prüfpunkt nur bei Anlagen, wo dieses als realistisch erscheint)?

    ☐ Ja   ☐ Nein

2. Werden für die jeweiligen Einheiten die richtigen Verteilungsschlüssel für die Beteiligung an den Einnahmen und Ausgaben sowie für die Errechnung der Beiträge zur Instandsetzungsrückstellung genutzt?

    ☐ Ja   ☐ Nein

IV. Checkliste Haushaltsnahe Dienstleistungen[1]

Maßnahme	Steuerlich begünstigt	Steuerlich nicht begünstigt	Haushaltsnahe Dienstleistung	Handwerkerleistung
A				
Abfallmanagement wie z. B. Müllvorsortierung	Ja, aber nur wenn innerhalb des Grundstücks	Ja, wenn außerhalb des Grundstücks	Ja	Nein
Abflussrohrreinigung	Ja, aber nur wenn innerhalb des Grundstücks	Ja, wenn außerhalb des Grundstücks	Nein	Ja
Ablesedienste und Abrechnung bei Verbrauchszählern, wie z. B. - Strom, - Gas, - Wasser, - Heizung usw.	Nein	Ja	Nein	Nein
Abrechnungskosten, Heizung	Nein	Ja	Nein	Nein
Abriss eines baufälligen Gebäudes mit anschließendem Neubau	Nein	Ja	Nein	Nein
Abwasserentsorgung	Wartung und Reinigung innerhalb des Grundstücks	alle Maßnahmen außerhalb des Grundstücks	Nein	Ja
Abwasser, Rückstau-Sicherungen, Wartung	Nein	Nein	Nein	Nein
Anliegerbeitrag	Nein	Ja	Nein	Nein

Maßnahme	Steuerlich begünstigt	Steuerlich nicht begünstigt	Haushaltsnahe Dienstleistung	Handwerkerleistung
Arbeiten an Zu- und Ableitungen	Soweit innerhalb des Grundstücks	Alle Maßnahmen außerhalb des Grundstücks	Nein	Ja
Architektenleistung	Nein	Ja	Nein	Nein
Asbestsanierung	Ja	Nein	Nein	Ja
Aufstellen eines Baugerüsts	Arbeitskosten	Miete, Material	Nein	Ja
Aufzug, Wartung	Ja	Nein	Nein	Ja
Aufzugsnotruf	Nein	Ja	Nein	Nein
B				
Bodenbeläge wie z. B. Teppichboden, Parkett, Fliesen: - Reparatur, - Wartung und - Pflege	Ja	Nein	Pflege	Reparatur und Wartung
Bodenbelagsarbeiten	Ja	Nein	Nein	Ja
Breitbandkabelnetz	Installation, Wartung und Reparatur innerhalb des Grundstücks	alle Maßnahmen außerhalb des Grundstücks	Nein	Ja
C				
Carport	Arbeitskosten auf dem Grundstück für die Überdachung eines bereits vorhandenen Pkw-Stellplatzes	Materialkosten	Nein	Ja

Maßnahme	Steuerlich begünstigt	Steuerlich nicht begünstigt	Haushaltsnahe Dienstleistung	Handwerkerleistung
CO2- Warngeräte, Wartung	Ja	Nein	Nein	Ja
D				
Dacharbeiten	Ja	Nein	Nein	Ja
Dachrinnenreinigung	Ja	Nein	Nein	Ja
Deichabgaben	Nein	Ja	Nein	Nein
E				
Einbauküche	Ja	Nein	Nein	Ja
Elektroanlagen	Wartung und Reparatur	Nein	Nein	Ja
Energiepass	Nein	Ja	Nein	Nein
Entsorgungsleistung	als Nebenleistung, z. B. Bauschutt, Fliesenabfuhr bei Neuverfliesung eines Bads, Grünschnittabfuhr bei Gartenpflege	als Hauptleistung	Nein	Ja
Erhaltungsmaßnahmen	innerhalb des Grundstücks	alle Maßnahmen außerhalb des Grundstücks	Abgrenzung im Einzelfall	Abgrenzung im Einzelfall
F				
Fäkalienabfuhr	Nein	Ja	Nein	Nein
Fahrstuhlkosten	Wartung und Reparatur	Betriebskosten	Nein	Ja
Fassadenarbeiten	Ja	Nein	Nein	Ja

Maßnahme	Steuerlich begünstigt	Steuerlich nicht begünstigt	Haushaltsnahe Dienstleistung	Handwerkerleistung
Fenster: Austausch oder Modernisierung	Ja	Nein	Nein	Ja
Fenster und Türen (innen und außen): - Reparatur, - Wartung und - Pflege	Ja	Nein	Pflege	Reparatur und Wartung
Fertiggaragen	Nein	Neuerrichtung, wenn die Fläche vorher nicht als Pkw-Stellplatz genutzt wurde	Nein	Nein
Feuerlöscher, Wartung	Ja	Nein	Nein	Ja
Fliesen: Austausch oder Modernisierung	Ja	Nein	Nein	Ja
Fußbodenheizung	- Wartung, - Spülung, - Reparatur - nachträglicher Einbau	Nein	Nein	Ja
G				
Garagen	Ja	Nein	Nein	Ja
Garantiewartungsgebühren, Heizung	Nein	Ja	Nein	Nein

Maßnahme	Steuerlich begünstigt	Steuerlich nicht begünstigt	Haushaltsnahe Dienstleistung	Handwerkerleistung
Gärtner	innerhalb des Grundstücks	alle Maßnahmen außerhalb des Grundstücks	Abgrenzung im Einzelfall	Abgrenzung im Einzelfall
Gartengestaltung	Ja	Nein	Nein	Ja
Gartenpflegearbeiten, z. B. - Rasenmähen, - Heckenschneiden	innerhalb des Grundstücks einschl. Grünschnittentsorgung als Nebenleistung	alle Maßnahmen außerhalb des Grundstücks	Ja	Nein
Gemeinschaftsmaschinen bei Mietern, z. B. - Waschmaschine, - Trockner	Reparatur und Wartung	Miete	Nein	Ja
Gerätemiete für Zähler	Nein	Ja	Nein	Nein
Gewerbeabfallentsorgung	Nein	Ja	Nein	Nein
Graffitibeseitigung	Ja	Nein	Nein	Ja
Gutachtertätigkeiten	Nein	Ja	Nein	Nein
H				
Hausanschlüsse	z. B. für den Anschluss von Stromkabeln, für das Fernsehen, Glasfaser oder per Satellitenempfangsanlagen sowie Weiterführung der Anschlüsse, jeweils innerhalb des Grundstücks	alle Maßnahmen außerhalb des Grundstücks	Nein	Ja

Maßnahme	Steuerlich begünstigt	Steuerlich nicht begünstigt	Haushaltsnahe Dienstleistung	Handwerkerleistung
Haushaltsarbeiten, wie reinigen, Fenster putzen, bügeln usw.	Ja	Nein	Ja	Nein
Haushaltsauflösung	Nein	Ja	Nein	Nein
Haushaltsgegenstände reparieren, warten und pflegen, wie z. B. - Waschmaschine, - Geschirrspüler, - Herd, - Fernseher, - Computer	soweit es sich um Gegenstände handelt, die in der Hausratversicherung mitversichert werden können	Arbeiten außerhalb des Grundstücks des Steuerpflichtigen	Pflege im Haushalt bzw. auf dem Grundstück des Steuerpflichtigen	Reparatur und Wartung im Haushalt bzw. auf dem Grundstück des Steuerpflichtigen
Hausmeister, Hauswart	Ja	Nein	Ja	Nein
Hausreinigung	Ja	Nein	Ja	Nein
Hausschwammbeseitigung	Ja	Nein	Nein	Ja
Hausverwalterkosten oder -gebühren	Nein	Ja	Nein	Nein
Heizkosten, Verbrauch	Nein	Ja	Nein	Nein
Heizung, Heizungswartung und Reparatur	Ja	Nein	Nein	Ja
Heizung, Wartung	Ja	Nein	Nein	Ja

Maßnahme	Steuerlich begünstigt	Steuerlich nicht begünstigt	Haushaltsnahe Dienstleistung	Handwerkerleistung
Heizungsanlagen, Elektro-, Gas- und Wasserinstallationen - Reparatur, - Wartung, - Pflege	auf dem Grundstück des Steuerpflichtigen	außerhalb des Grundstücks des Steuerpflichtigen	Nein	Nein
I				
Innen- und Außenwandarbeiten	Ja	Nein	Nein	Ja
Insektenschutzgitter	Montage und Reparatur	Material	Nein	Ja
K				
Kaminkehrer	Ja	Nein	Nein	Ja
Kellerschachtabdeckungen	Montage und Reparatur	Material	Nein	Ja
Kraftfahrzeug - Reparatur, - Wartung und - Pflege	Nein	Ja (einschl. TÜV-Gebühren)	Nein	Nein
L				
Laubentfernung	auf privatem Grundstück	auf öffentlichem Grundstück	Abgrenzung im Einzelfall	Abgrenzung im Einzelfall

Maßnahme	Steuerlich begünstigt	Steuerlich nicht begünstigt	Haushaltsnahe Dienstleistung	Handwerkerleistung
M				
Material und sonstige im Zusammenhang mit der Leistung gelieferte Waren einschl. darauf entfallende Umsatzsteuer	Nein	Bsp.: Farbe, Fliesen, Pflastersteine, Mörtel, Sand, Tapeten, Teppichboden und andere Fußbodenbeläge, Waren usw.	Nein	Nein
Mauerwerksanierung	Ja	Nein	Nein	Ja
Miete von Verbrauchszählern, wie z. B. für - Strom, - Gas, - Wasser, - Heizung usw.	Nein	Ja	Nein	Nein
Modernisierungsmaßnahmen, z. B. Badezimmer, Küche	innerhalb des Grundstücks	alle Maßnahmen außerhalb des Grundstücks	Nein	Ja
Montageleistung, z. B. beim Erwerb neuer Möbel	Ja	Nein	Nein	Ja
Müllabfuhr	Nein	Ja	Nein	Nein
Müllentsorgungsanlage (Müllschlucker)	Wartung und Reparatur	Nein	Nein	Ja

235

Maßnahme	Steuerlich begünstigt	Steuerlich nicht begünstigt	Haushaltsnahe Dienstleistung	Handwerkerleistung
N				
Notbereitschaft/Notfall-dienste	Soweit es sich um eine nicht gesondert berechnete Neben-leistung z. B. im Rahmen eines Wartungsvertrags handelt	alle anderen reinen Be-reitschaftsdienste	Ja	Nein
O				
Öltankanlagen einschl. Tankreinigung, Wartung	Ja	Nein	Nein	Ja
P				
ParkettAustausch oder Modernisierung	Ja	Nein	Nein	Ja
Pflasterarbeiten	innerhalb des Grundstücks	alle Maßnahmen außerhalb des Grundstücks	Nein	Ja
Pflege der Außenanlagen	innerhalb des Grundstücks	alle Maßnahmen außerhalb des Grundstücks	Ja	Nein
Pilzbekämpfung	Ja	Nein	Nein	Ja
Prüfdienste/Prüfleistung, z. B. bei Aufzügen	Nein	Ja	Nein	Nein
Pumpen, Wartung	Ja	Nein	Nein	Ja
R				
Rechtsberatung	Nein	Ja	Nein	Nein

Maßnahme	Steuerlich begünstigt	Steuerlich nicht begünstigt	Haushaltsnahe Dienstleistung	Handwerkerleistung
Reinigung der Wohnung, des Treppenhauses und der Zubehörräume	Ja	Nein	Ja	Nein
Reinigungsmittel, Spülmittel sowie Streugut	Ja	Nein	als Nebenleistung – Abgrenzung im Einzelfall	als Nebenleistung – Abgrenzung im Einzelfall
S				
Schadenfeststellung, Ursachenfeststellung, z. B. bei Wasserschaden, Rohrbruch usw.	Nein	Ja	Nein	Nein
Schädlings- und Ungezieferbekämpfung	Ja	Nein	Abgrenzung im Einzelfall	Abgrenzung im Einzelfall
Schmiermittel	Ja	Nein	als Nebenleistung – Abgrenzung im Einzelfall	als Nebenleistung – Abgrenzung im Einzelfall
Schornsteinfeger	Ja	Nein	Nein	Ja
Sperrmüllabfuhr	Nein	Ja	Nein	Nein
Statikerleistung	Nein	Ja	Nein	Nein
Steuererklärung, Erstellung oder Hilfe	Nein	Ja	Nein	Nein
Straßenreinigung	auf privatem Grundstück	auf öffentlichem Grundstück	Ja	Nein
T				
Taubenabwehr	Ja	Nein	Abgrenzung im Einzelfall	Abgrenzung im Einzelfall

Maßnahme	Steuerlich begünstigt	Steuerlich nicht begünstigt	Haushaltsnahe Dienstleistung	Handwerkerleistung
Technische Prüfdienste, z. B. bei Aufzügen	Nein	Ja	Nein	Nein
Teppichboden (Austausch oder Modernisierung)	Ja	Nein	Nein	Ja
Terrassenüberdachung	Arbeitskosten auf dem Grundstück für die Überdachung einer bereits vorhandenen Terrasse	Materialkosten	Nein	Ja
Trockenlegung von Mauerwerk	Arbeiten mit Maschinen vor Ort	ausschließliche Maschinenanmietung	Nein	Ja
Türen: Austausch oder Modernisierung	Ja	Nein	Nein	Ja
TÜV-Gebühren, z. B. für den Fahrstuhl oder den Treppenlift	Nein	Ja	Nein	Nein
U				
Überprüfung von Anlagen, z. B. - Gebühr für den Schornsteinfeger oder - für die Kontrolle von Blitzschutzanlagen	Ja	TÜV-Gebühren	Nein	Ja

Maßnahme	Steuerlich begünstigt	Steuerlich nicht begünstigt	Haushaltsnahe Dienstleistung	Handwerkerleistung
Umzugsdienstleistungen	für Privatpersonen, soweit nicht Betriebsausgaben oder Werbungskosten	soweit durch Dritte erstattet	Ja	Nein
V				
Verwaltergebühr	Nein	Ja	Nein	Nein
W				
Wachdienst	innerhalb des Grundstücks	außerhalb des Grundstücks	Ja	Nein
Wandschränke- Reparatur, - Wartung - Pflege	Ja	Nein	Nein	Ja
Wärmedämmmaßnahmen	Ja	Nein	Nein	Ja
Wasserschadensanierung	Ja	soweit Versicherungsleistung	Nein	Ja
Wasserversorgung	Wartung und Reparatur	Nein	Nein	Ja
Winterdienst	innerhalb des Grundstücks	alle Maßnahmen außerhalb des Grundstücks	Ja	Nein
Z				
Zähleraustausch nach dem Eichgesetz	Nein	Nein	Nein	Nein

V. Checkliste für den Erwerb einer Eigentumswohnung

I. Allgemeines

☐ Lage der Wohnungseigentumsanlage
  ☐ Erreichbarkeit mit öffentlichem Personennahverkehr?
  ☐ Anbindung an Straßen? Nebenstraße? Hauptstraße?
  ☐ Straßenlärm?
  ☐ Fluglärm?
  ☐ Nähe zu Grünanlagen?
  ☐ Erreichbarkeit des Arbeitsplatzes?
☐ Infrastruktur
  ☐ Einkaufsmöglichkeiten?
  ☐ Kindergärten?
  ☐ Schulen?
  ☐ Restaurants?
  ☐ Ärzte?
  ☐ Krankenhaus?
☐ handelt es sich um ein Anlageobjekt oder wohnen (überwiegend) die Eigentümer in den Einheiten?
☐ wie viele Miteigentümer gibt es?
☐ welche Eigentümer haben in der Anlage Einheiten (Alter, Ethnie, finanzielle Verhältnisse)?
☐ welche Miteigentümer wären die unmittelbaren Nachbarn (Einheiten über, unter und neben der Eigentumswohnung)?
☐ gibt es in der Anlage Mieter? welche sind es?
☐ gibt es einen Hausmeister?
☐ gibt es Stellplätze?

☐ leben Kinder in der Anlage?

☐ wird in der Anlage viel gestritten (zu sehen durch Blick in die Beschluss-Sammlung)?

    ☐ gibt es viele WEG-Verfahren? Gegenstand der Verfahren?

    ☐ muss Hausgeld häufig eingeklagt werden?

II. Einzusehende Unterlagen

☐ Wohnungsgrundbuch

☐ Teilungsvertrag oder Teilungserklärung nebst Ergänzungen

☐ Aufteilungspläne

☐ Gemeinschaftsordnung

☐ Hausordnung

☐ Niederschriften der Versammlungen

☐ Beschluss-Sammlung (nur mit Ermächtigung dazu)

☐ aktueller Wirtschaftsplan

☐ letzte Jahresabrechnung und letzte Einzelabrechnung für die betroffene Eigentumswohnung

III. Gemeinschaftliches Eigentum

☐ Probleme mit Feuchtigkeit?

☐ Gebäude

    ☐ Alter?

    ☐ wann wurde das Gebäude zuletzt (umfassend) instand gesetzt?

    ☐ Instandsetzungsstau?

    ☐ gibt es Schäden?

    ☐ gibt es einen Instandsetzungsplan?

    ☐ welche Höhe hat die Instandsetzungsrückstellung erreicht?

    ☐ barrierefrei?

☐ welchen energetischen Zustand hat das Gebäude? Energieausweis?

☐ welchen allgemeinen Zustand hat das Grundstück?

    ☐ Altlasten?

    ☐ sind die Außenanlagen gepflegt? wer muss pflegen?

    ☐ bestehen an den Außenanlagen Sondernutzungsrechte?

☐ welche Gemeinschaftseinrichtungen gibt es?

    ☐ Wäschekeller?

    ☐ Fahrradkeller?

    ☐ Kinderwagenkeller?

    ☐ Grillplatz?

    ☐ Tiefgarage?

    ☐ Garten?

    ☐ Spielplatz?

☐ wie steht es um die Außenbeleuchtung?

☐ welchen Zustand hat der Eingangsbereich? Zustand oder Hauseingangstür?

☐ welchen Zustand hat die Briefkastenanlage?

☐ gibt es eine Aufzugsanlage?

    ☐ Zustand?

    ☐ Alter?

    ☐ Nutzung?

    ☐ Kosten?

☐ Heizung

    ☐ Zustand

    ☐ Contracting?

    ☐ Art der Heizung?

    ☐ Alter?

    ☐ Lage?

- ☐ Technik
    - ☐ welchen Zustand hat die Antennenanlage?
    - ☐ sind Parabolantennen zulässig?
    - ☐ gibt es Kabelfernsehen?
    - ☐ gibt es DSL?
- ☐ welchen Zustand hat die Fassade?
- ☐ welchen Zustand haben Balkone?
- ☐ welchen Zustand haben Terrassen oder/und Dachterrassen?
- ☐ welchen Zustand hat die Garagenanlage?
- ☐ welchen Zustand haben die Fenster?
- ☐ welchen Zustand hat das Treppenhaus?
- ☐ welchen Zustand hat das Dach?
- ☐ welchen Zustand haben die Steigleitungen für Elektrik, Wasser, Strom, Gas, Heizung?

IV. Gebrauch

- ☐ welche Teileigentumseinheiten gibt es?
- ☐ welcher Gebrauch ist im Teileigentum zulässig?
- ☐ gibt es für den Gebrauch des Sondereigentums einschränkende Bestimmungen?
- ☐ wie steht es um Regelungen für Musik?
- ☐ sind Tiere erlaubt? welche?
- ☐ was bestimmt die Hausordnung?

V. Kosten

- ☐ Hausgeld
    - ☐ angemessene Höhe?
    - ☐ wie setzt sich das Hausgeld zusammen?

☐ zahlen die Miteigentümer ihr Hausgeld?

☐ gibt es Hausgeldrückstände?

☐ wie läuft das Hausgeldinkasso?

☐ welche Verteilungsschlüssel gelten für:

    ☐ Betriebskosten?

    ☐ Verwaltungskosten?

    ☐ Instandhaltung?

    ☐ Instandsetzung?

    ☐ Höhe der Ansammlung der Instandhaltungsrückstellung?

☐ wie hoch sind die Kosten für Warmwasser und Heizung?

☐ wird der Verbrauch des Kaltwassers gemessen?

☐ gibt es (ggf. nicht bezahlte) Sonderumlagen?

VI. Die Eigentumswohnung

☐ Höhe des Miteigentumsanteils? Wie berechnet?

☐ Wohn-/Nutzfläche?

☐ Anzahl der Räume?

☐ Zuschnitt der Räume?

☐ Verteilung der Anschlussdosen für Strom, Telefon, Internet, Kabelfernsehen?

☐ Zustand der Wohnungseingangstür?

☐ Zustand der Böden?

☐ Zustand der Türen?

☐ Zustand der Küche?

☐ Zustand der sanitären Einrichtungen?

☐ Anzahl und Zustand der Fenster? Wer trägt die Kosten?

☐ Balkon?

☐ Keller?

☐ Sondernutzungsrechte? Welche?

☐ Schimmel?

☐ Besteht Barrierefreiheit?

VII. Verwalter

☐ wer verwaltet die Anlage? Profiverwalter?

☐ welche Expertise hat der Verwalter

☐ wie versichert?

VI. Verwaltervertrag

§ 1 Vertragsparteien

Vertragsparteien des Verwaltervertrags sind die Gemeinschaft der Wohnungseigentümer _____ (Auftraggeber) und _____ (Auftragnehmer). Der Verwaltervertrag ist Vertrag zu Gunsten der Wohnungseigentümer.

§ 2 Vertragsdauer

(1) Der Verwaltervertrag beginnt am _____. Er gilt für den Zeitraum der Bestellung des Auftragnehmers zum Verwalter, längstens aber für 5 Jahre. Er endet automatisch, wenn der Auftragnehmer abbestellt wird oder sein Amt niederlegt. Die Pflichten des Auftragnehmers enden in diesem Falle, wenn die Wohnungseigentümer einen neuen Verwalter bestellt haben, spätestens aber nach Ablauf eines Jahres.

(2) Der Verwaltervertrag kann vom Auftraggeber jederzeit ohne Angabe von Gründen gekündigt werden. Der Auftragnehmer kann nur aus wichtigem Grund kündigen.

§ 3 Pflichten des Auftragnehmers

(1) Der Auftragnehmer ist verpflichtet, die Pflichten zu erfüllen, die ihm das Wohnungseigentumsgesetz in seiner jeweiligen

Fassung, andere Gesetze, Vereinbarungen der Wohnungseigentümer oder Beschlüsse der Wohnungseigentümer auferlegen.

(2) Neben den Pflichten gemäß Absatz 1 hat der Auftragnehmer folgende Pflichten:

(a) Wenigstens alle drei Monate die Wohnungseigentumsanlage zu begehen. Zusätzlich die Wohnungseigentumsanlage aus besonderem Anlass zu begehen. Die Pflicht gemäß Satz 1 bleibt von diesen Begehungen unberührt.

(b) Sämtliche Verwaltungsunterlagen dauerhaft aufzubewahren.

(c) Eigentümerversammlung

(aa) Die reguläre jährliche Eigentümerversammlung grundsätzlich an einem Donnerstag im Monat Mai um 18.00 Uhr einzuberufen. Abweichungen sind nur erlaubt, wenn Belange des Auftraggebers es erfordern. Diese Belange muss der Auftragnehmer in der Eigentümerversammlung darlegen und glaubhaft machen.

(bb) Die Niederschrift über eine Eigentümerversammlung spätestens 1 Woche nach der Eigentümerversammlung an sämtliche Wohnungs- und Teileigentümer zu versenden.

(cc) Die Beschluss-Sammlung elektronisch zu führen.

(d) Jedem Wohnungseigentümer angemessen Auskunft zu erteilen.

(e) Verwaltungsbeirat

(aa) Auf Verlangen eines Mitglieds des Verwaltungsbeirats zweimal jährlich an den Versammlungen des Verwaltungsbeirats teilzunehmen.

(bb) Den Mitgliedern des Verwaltungsbeirats den Wirtschaftsplanentwurf und die Abrechnung über den Wirtschaftsplan nebst den Rechnungsunterlagen spätestens 6 Wochen) vor der Eigentümerversammlung vorzulegen. Monatliche schriftliche Information der Mitglieder des Verwaltungsbeirats über den Stand des Verwaltungsvermögens.

(f) Sämtliche geldwerten Vorteile, die er im Rahmen seiner Tätigkeit für den Auftraggeber erlangt, unverzüglich und unaufgefordert herauszugeben.

§ 4 Vergütung

(1) Die Grundvergütung für die Pflichten gemäß § 3 des Auftragnehmers beträgt je Wohnungs-/Teileigentum monatlich _____ EUR zuzüglich der gesetzlichen Mehrwertsteuer und je Garage/Tiefgarage Einstellplatz/Außeneinstellplatz monatlich _____ EUR zuzüglich der gesetzlichen Mehrwertsteuer.

(2) Die Vertragsparteien gehen davon aus, dass die Wohnungseigentümer Sondervergütungen des Auftragnehmers für folgende Punkte beschließen:

(a) Nichtteilnahme eines Wohnungs- und oder Teileigentümers am SEPA-Lastschriftverfahren.

(b) Fertigung von Kopien.

(c) Veräußerungszustimmung.

(d) Mahnungen.

(e) Hausgeldverfahren.

Sondervergütungen soll dem Auftragnehmer der jeweils aus dem Beschluss verpflichtete Wohnungs- und oder Teileigentümer schulden. Der Auftraggeber schuldet die Sondervergütungen nicht, auch nicht subsidiär.

(3) Der Auftragnehmer erhält vom Auftraggeber folgende Sondervergütungen:

(a) Für jede weitere Eigentümerversammlung _____ EUR zuzüglich der gesetzlichen Mehrwertsteuer. Ist eine weitere Versammlung erforderlich aus Gründen, die der Verwalter zu vertreten hat, hat er keinen Anspruch auf die Sondervergütung. Dies gilt auch bei einer im Jahr der Verwaltungsübernahme erforderlichen zweiten Eigentümerversammlung.

(b) Für die Bescheinigung haushaltsnaher Dienstleistungen _____ EUR je Wohnungs-/Teileigentum zuzüglich der gesetzlichen Mehrwertsteuer.

(c) Für die Wahrnehmung der Verkehrssicherungspflichten für die Gemeinschaft der Wohnungseigentümer und die Wohnungseigentümer ＿＿＿ EUR je Wohnungs-/Teileigentum zuzüglich der gesetzlichen Mehrwertsteuer.

(4) Der Auftragnehmer ist berechtigt, fällige Vergütungen nach Absatz 1 und 3 dem Verwaltungsvermögen zu entnehmen.

(5) Wenn sich während der Laufzeit des Verwaltervertrages die Pflichten des Auftragnehmers nach § 3 ändern, nehmen die Vertragsparteien in Aussicht, die Grundvergütung angemessen zu erhöhen; entsprechendes gilt bei einer Änderung der Tariflöhne der Wohnungswirtschaft. Der Auftragnehmer ist berechtigt, binnen 2 Wochen nach erfolglosem Abschluss der Verhandlungen auf Erhöhung der Grundvergütung den Verwaltervertrag außerordentlich zu kündigen, sofern dem Auftraggeber dadurch kein Schaden droht. Die Pflichten des Auftragnehmers enden dann, wenn die Wohnungseigentümer einen neuen Verwalter bestellt haben, spätestens aber nach Ablauf eines Jahres.

§ 5 Versicherungen

Der Auftragnehmer ist verpflichtet, auf eigene Kosten eine Vermögensschadenhaftpflichtversicherung und eine Vertrauensschadenshaftpflichtversicherung abzuschließen. Er hat den Mitgliedern des Verwaltungsbeirats die jeweiligen Versicherungspolicen jährlich unaufgefordert vorlegen. Änderungen hat der Auftragnehmer unverzüglich den Mitgliedern des Verwaltungsbeirats anzuzeigen. Die Versicherungssumme pro Schadensfall darf eine Mindestsumme von ＿＿＿ EUR nicht unterschreiten.

§ 6 Wirksamkeit des Vertrages

Sollte eine Bestimmung dieses Vertrages ganz oder teilweise unwirksam oder undurchführbar sein oder werden, so wird dadurch die Gültigkeit der übrigen Bestimmungen dieses Vertrages nicht berührt. Das Gleiche gilt, wenn und soweit sich in diesem Vertrag eine Lücke herausstellen sollte. Anstelle der unwirksamen oder undurchführbaren Bestimmung oder zur Ausfüllung der Lücke soll eine angemessene Regelung gelten, die soweit rechtlich möglich, dem am

Nächsten kommt, was die Vertragsparteien wirtschaftlich gewollt haben oder nach dem Sinn und Zweck des Vertrages gewollt hätten, sofern sie bei Abschluss dieses Vertrages oder der späteren Aufnahme der Bestimmung diesen Punkt bedacht hätten.

Anmerkung: Der vorstehende Verwaltervertrag ist aus **Sicht der Wohnungseigentümer** abgefasst. Er sieht unter anderem von Klauseln ab, die die Haftung des Verwalters einschränken, die Verjährung begrenzen wollen oder den Verwaltervertrag automatisch verlängern. Er sollte auf die Bedürfnisse einer konkreten Anlage angepasst werden. Stellen die Wohnungseigentümer den Verwaltervertrag und lässt sich der Verwalter auf diesen ein, unterliegt der Vertrag zu Gunsten der Wohnungseigentümer allerdings keiner Klauselkontrolle.

Welche Grundvergütung angemessen ist, ist regional verschieden. Die großen Verwalterverbände veröffentlichen regelmäßig Umfragen, aus denen sich ein Bild ablesen lässt.

Ein Verwaltervertrag ist in der Regel durch folgende Vollmachten, die zu beschließen sind und kein Teil des Vertrages sein können, zu ergänzen:

- Vertretungsmacht für die Führung von Mahnverfahren und Hausgeldprozessen.

- Vertretungsmacht für den Verwalter, Verträge für Erhaltungsmaßnahmen bis zu 2.000,00 EUR im Einzelfall und nicht mehr als 6.000,00 EUR insgesamt im Jahr.

- Vertretungsmacht für die Gemeinschaft der Wohnungseigentümer, sofern diese gemeinschaftliches Eigentum oder ihr Eigentum vermietet.

Anmerkungen

1 Anlage 1 des Anwendungsschreibens des Bundesministerium der Finanzen zu § 35a EstG vom 15. Februar 2010

Sachverzeichnis

H

Neues Recht für Wohnungseigentümer

Elzer
Meine Rechte als Wohnungseigentümer
Gebrauch, Sondernutzung, Verwaltung,
Versammlung, Bauen, Information usw.
Rechtsberater
2. Aufl. 2013. Rund 200 S.
Ca. € 9,90. dtv 50735
In Vorbereitung für August 2013

Dieser Rechtsberater klärt leicht verständlich,
übersichtlich und besonders anschaulich die
Rechte des Wohnungseigentümers, u.a. zu
folgenden Fragen:

· Verhalten in der Wohnung und im Gemein-
  schaftseigentum
· Gebrauchsrechte
· Sondernutzungsrechte
· Verwaltungsrechte
· Rechte des Wohnungseigentümers in der
  Versammlung
· Recht zu bauen und zu renovieren
· Informationsrechte
· Wohnungseigentümer als Verwalter
· Verfahrensrechte
· Pflichten der anderen Wohnungseigentümer.

Mietrecht nach der Reform

MietR
Textausgabe
46. Aufl. 2013. 507 S.
€ 7,90. dtv 5013
In Vorbereitung für August 2013

Das Gesetz über die energetische Modernisierung von vermietetem Wohnraum und über
die vereinfachte Durchsetzung von Räumungs-
titeln (Mietrechtsänderungsgesetz – MietRÄndG)
hat viele Neuerungen mit sich gebracht. Die
Neuauflage dieser bewährten Textausgabe
bringt die Sammlung wieder auf aktuellen
Stand und berücksichtigt außerdem alle
weiteren, seit März 2010 ergangenen Änderungen. Insbesondere die BGB-§§ über Er-
haltungs- und Modernisierungsmaßnahmen
werden durch das MietRÄndG grundlegend
geändert, des weiteren auch die ZPO. Auch
soll etwa das umstrittene »Münchner Modell«
bei der Umwandlung von Miet- in Eigentumswohnungen unterbunden, stattdessen die zü-
gige »Berliner Räumung« gefördert werden.

Erben und Vererben richtig regeln

Winkler
Erbrecht von A-Z
Über 240 Stichwörter zum aktuellen Recht.
Rechtsberater
13. Aufl. 2013. 367 S.
€ 15,90. dtv 50729
Neu im April 2013

Dieser bewährte Ratgeber gibt in lexikalischer Form einen umfassenden Überblick über das Erbrecht.

Verständlich, übersichtlich und praxisorientiert werden unter anderem die folgenden Themen eingehend behandelt:

- Testament und Erbvertrag
- Schenkung und Erbrecht
- gesetzliche Erbfolge, Pflichtteilsrecht
- Besonderheiten bei Ehepaaren, Alleinstehenden, Lebensgemeinschaften, Verwitweten und Geschiedenen
- Rechte und Pflichten sowie Haftung des Erben und der Erbengemeinschaft
- Vor- und Nacherbschaft
- Erbschein und Erbschaftsteuer
- Testamentsvollstreckung und Vollmacht.

Ritter
Ratgeber Erbrecht
Erben und Vererben.
Rechtsberater
2. Aufl. 2013. Rd. 190 S.
Ca. € 14,90. dtv 50726
In Vorbereitung für Ende 2013

Angefangen bei der richtigen Vorsorge zu Lebzeiten bis hin zu den Besonderheiten bei Ehepaaren, Alleinstehenden, Lebensgemeinschaften oder Geschiedenen werden in diesen systematischen Ratgeber zum deutschen Erbrecht die rechtlichen Zusammenhänge verständlich erklärt.

Der kompakte Band bietet umfassende Informationen, sowohl für die Vorsorge zu Lebzeiten als auch für den eingetretenen Erbfall:

- Leicht verständlich aufbereitet
- Mit zahlreichen Beispielen, Musterformulierungen, Checklisten und Tipps
- Mit allen Reformen – der Novellierung der Erbschaftsteuer sowie der Reform des Pflichtteilsrechts.

Aktueller Rechtsrat zu Trennung und Scheidung

Grziwotz/Kappler/Kappler
Trennung und Scheidung richtig gestalten
Getrenntleben, Scheidung, Lebenspartner-
schaftsaufhebung, Vermögensauseinanderset-
zung und Unterhalt.
Rechtsberater
8. Aufl. 2013. Rund 250 S.
Ca. € 11,90. dtv 50731
In Vorbereitung für September 2013

Trennung, was nun? Nicht nur Paare, die in
Trennung und Scheidung leben, sondern
auch heiratswillige Partner sollten ihre Rechte
und Pflichten im Falle des Scheiterns der Ehe
kennen:

In diesem Band sind die rechtlichen Aspekte
einfach aufbereitet und in einer verständli-
chen Sprache dargestellt.

Zahlreiche Beispiele, Musterberechnungen
und Übersichten machen die Ausführungen
besonders anschaulich.

Zusätzlich: ein Überblick zu den Vereinba-
rungsmöglichkeiten in Scheidungsverträgen,
um Trennungsfolgen einvernehmlich und
vorsorglich zu regeln.

Schlickum
Scheidungsberater für Männer
Meine Rechte und Ansprüche bei Trennung
und Scheidung.
Rechtsberater
3. Aufl. 2013. Rund 180 S.
Ca. € 12,90. dtv 50725
In Vorbereitung für August 2013

Dieser Rechtsberater speziell für Männer
informiert umfassend und verständlich über
alle wesentlichen Aspekte, die bei Trennung
und Scheidung zu beachten sind, u.a.:
• Sorge- und Umgangsrecht
• Ehewohnung und Hausrat
• Kindesunterhalt
• Ehegattenunterhalt
• Trennung und Scheidung
• Scheidungsverfahren und Kosten
• steuerliche Besonderheiten.

Zahlreiche Beispiele, Muster, Hinweise und
Praxistipps erklären verständlich und umfassend die rechtliche Lage.

Die Neuauflage berücksichtigt aktuelle Recht-
sprechungstendenzen und neue Urteile.

Guter Rat zur Pflegeversicherung

Leitfaden für Nonprofit-Organisationen

Schmidt/Merkel
Pflegeversicherung in Frage und Antwort
Versicherungspflicht, Beitragsbemessung, Pflegeleistungen.
Rechtsberater
5. Aufl. 2013. 224 S.
€ 9,90. dtv 50738
Neu im Juni 2013

Dieser bewährte Rechtsberater informiert über alle relevanten rechtlichen Aspekte rund um Pflege und Pflegeversicherung:
• Versicherungspflicht, Finanzierung und Organisation
• Leistungsberechtigter Personenkreis
• Leistungen der Pflegeversicherung
• Pflegekassen, Leistungserbringer
• Andere Leistungen bei Pflegebedürftigkeit
Die rechtlichen Fragen sind gut verständlich dargestellt. Besonders anschaulich ist der Band durch zahlreiche Beispiele, Musterberechnungen und Übersichten.

Aktuell berücksichtigt ist das »Gesetz zur Neuausrichtung der Pflegeversicherung«, mit Verbesserungen für Demenzkranke.

Menges
Gemeinnützige Einrichtungen
Nonprofit-Organisationen gründen, führen und optimieren: Vereine, Stiftungen, gemeinnützige GmbH & Co.
Rechtsberater
2. Aufl. 2013. 295 S.
€ 17,90. dtv 50727
In Vorbereitung für August 2013

Dieser Ratgeber richtet sich an alle, die eine Nonprofit-Organisation, z.B. eine Stiftung oder einen gemeinnützigen Verein, gründen wollen, leiten, für sie arbeiten oder als Jurist mit ihr Berührung haben.

Alle rechtlichen, steuerlichen und betriebswirtschaftlichen Grundlagen der Nonprofit-Organisationen sind umfassend dargestellt. Praxisnah behandelt werden insbesondere die Rechtsformwahl, die ideelle und wirtschaftliche Betätigung, vermögensrechtliche und Haftungsfragen, das einschlägige Dienst- und Arbeitsrecht, Steuerprivilegien sowie alle mit der Beendigung der Organisation verbundenen Fragestellungen.

Jugend und Recht

JugR · Jugendrecht
SGB VIII – Kinder- und Jugend-
hilfe, AdoptionsvermittlungsG,
UnterhaltsvorschussG, Jugend-
schutzG.
Textausgabe `Toptitel`
34. Aufl. 2013. 560 S. `Neu`
€ 8,90. dtv 5008

Schule und Hochschule

Staupe
Schulrecht von A–Z
Noten und Zeugnisse ·
Schüler- und Elternrechte ·
Haftung und Rechtsschutz.
Rechtsberater
6. Aufl. 2007. 332 S.
€ 13,50. dtv 5232
Das umfassende Lexikon für
Eltern, Lehrer und Schüler.

Lenßen
**Dein Recht: Jugend und
Schule**
Beck im dtv
1. Aufl. 2009. 108 S.
€ 6,90. dtv 50453
Der kompakte Ratgeber für Ju-
gendliche, um auch schwierige
Lebenssituationen zu meistern.

Birnbaum
Mein Recht bei Prüfungen
Grundlagen · Anfechtung ·

Rechtsschutz.
Rechtsberater
1. Aufl. 2007. 230 S.
€ 9,50. dtv 50647
Effektive Hilfe für Prüflinge,
Prüfer und Behörden.

Brehm/Zimmerling
Erfolgreich zum Studienplatz
ZVS · NC · Auswahlgespräche
und -tests · Rechtsschutz ·
Studienplatzklage.
Rechtsberater
1. Aufl. 2007. 231 S.
€ 11,50. dtv 50652
Macht mit Tipps und Hin-
weisen den Weg zum Wunsch-
studium frei.

BAföG · Bildungsförderung
Textausgabe
30. Aufl. 2011. 260 S.
€ 9,–. dtv 5033
BundesausbildungsförderungsG mit Durchführungs-
verordnungen und Ausbil-
dungsförderungsgesetzen der
Länder, BerufsbildungsG,
StipendienprogrammG und
Meister-BAföG.

Peyerl

Unterhalt in Frage und Antwort

Anspruch und Höhe für Kinder, Getrenntlebende, Geschiedene und Eltern.

Rechtsberater

1. Aufl. 2008. 151 S.

€ 7,90. dtv 50639

Dieser Ratgeber beantwortet zahlreiche praktische Fragen zum Unterhalt für Getrenntlebende, Geschiedene und Kinder.

Heiß/Heiß

Die Höhe des Unterhalts von A–Z

Mehr als 400 Stichwörter zum aktuellen Unterhaltsrecht.

Rechtsberater **Toptitel**

11. Aufl. 2012. 557 S.

€ 19,90. dtv 5059

Dieser Rechtsberater bietet als umfassendes Lexikon Antwort zu allen Unterhaltsfragen.

Lindemann-Hinz

Elternunterhalt

Das müssen Kinder für ihre Eltern zahlen.

Rechtsberater **Toptitel**

2. Aufl. 2013. 169 S. **Neu**

€ 12,90. dtv 50690

Alles Wichtige zum Unterhalt für Eltern: Ansprüche, Höhe, Vermögen, Überleitung, Verfahren u.v.m.

Schulte/Heider

Eltern und Kinder

Elterliche Sorge · Umgang · Unterhalt.

Rechtsberater

3. Aufl. 2011. 255 S.

€ 15,90. dtv 5648

Rechte und Pflichten gegenüber Partnern und Kindern sowie alles zu Jugendamt, Familiengericht, Unterhaltsvorschuss und Sozialhilfe, Namensrecht sowie Erbrecht.

Wernitznig

Meine Rechte und Pflichten als Vater

Vaterschaft, Sorgerecht, Umgang, Namensrecht, Unterhaltsfragen, erbrechtliche und steuerrechtliche Fragen.

Rechtsberater

1. Aufl. 2010. 136 S.

€ 9,90. dtv 50692

Oberloskamp/Hoffmann

Wir werden Adoptiv- oder Pflegeeltern

Verfahren im In- und Ausland.

Rechtsberater

5. Aufl. 2006. 399 S.

€ 13,50. dtv 5215

Alles Wichtige zu Voraussetzungen und Rechtsfolgen, insbesondere bei Auslandsadoptionen; Erziehungsrechte, Unterhalt und Kindergeld.

Raack/Doffing/Raack

Recht der religiösen Kindererziehung

Unser Kind und seine Religion.

Rechtsberater

1. Aufl. 2003. 275 S.

€ 11,50. dtv 567